图案与仪式

融合发展中的云南多民族文化

贾蔓 著

人民出版社

序 言

钟进文

被誉为"彩云之南"的云南少数民族自古以来创造了灿烂的文化，这些璀璨夺目的文化世世代代为世人瞩目，激情踏歌、饕餮美食、燃烧的节日、响亮的鼓舞，庙堂壁画、藏红建筑、绚丽服饰以及雪域神山、吉祥门饰等等，皆以灵动的叙事和神圣的仪式，深深扎根各民族心灵深处，成为支配人们信仰、观念和生产生活方式的重要手段。随着岁月的更迭，人类的进步，如今又融入寻常百姓平凡的日子里，散发着精神文化的光芒，成为人们新时代新征程的精神航标。

时空意识是各民族文化和精神的基本符号，要理解一个民族的文化，首先要从时空观念入手；而一个民族的时空观念往往与其民族的图案或各种仪式展演有关。贾蔓教授的新著《图案与仪式：融合发展中的云南多民族文化》正是从云南各少数民族的时空意识入手，通过自己的"看"与"听"精心绘制了各民族共同筑就的"七彩云南"的空间之美。

云南之美就是空间之美，有一首《云南美》这样唱道："天也云南美，地也云南美，冰川伴热海，蓝天追彩云，山也云南美，水也云南美，江河淌碧玉，群山竞翠微……"但云南之美不仅仅是自然之美，"村也云南美，寨也云南美"，"歌也云南美，舞也云南美"。云南空间之美中镶嵌的是浓郁多彩的各民族物质和精神文化，是流动的歌舞之美和静谧的建筑之美。

踏歌是西南少数民族中普遍存在的一种舞蹈，它既是一种舞蹈，又是典型的农耕文化，更有其独特的文化内涵，即崇拜葫芦、种植稻谷、猎头习俗、干栏式建筑，踏歌在西南少数民族中长期传承保留，已成为人们日常生活中喜闻乐见，并普遍存在的兼娱乐与艺术于一体的舞蹈形式，而且已深烙于祭祀、节庆、庙会、婚恋、丧葬、建房、娱乐等日常生产生活之中，参与者面对面、手牵手、面向圆心，心连心地教化民众，传承文明，蕴藏着深厚的文化价值与底蕴。

富有地域特色的纳西族勒巴舞是流传于纳西族民间的一种古老而神圣的原生态鼓舞，从外部形态到精神内涵都饱含朴素而丰富的生态意蕴：其以鼓为介的人神对话和大量逼真的仿生舞体现了纳西民众"天人合一"的生态思想；奇异的服饰道具、充满野性的体态动作形成了朴拙粗犷的舞蹈风格，充盈着和谐的生态感应力；作为族际文化和谐交融的产物，反过来对建设一个多种宗教共存、多元文化和谐相生的边地家园起到了促进作用。同样，主要流传于云南玉溪市峨山彝族自治县的花鼓舞，随着近代社会的发展，不仅用于丧葬仪式，也用于贺新房、欢度节庆等场合，花鼓舞在节庆仪式中展演强化了民族精神，塑造了民族品格，也是形成云南民俗之美的核心要素之一。

云南歌舞丰富多彩，舞蹈是借助形体造型和有规律、有节奏运动来表达情感、观念，并保存和传播文化的一种艺术形式。舞蹈往往和歌声、乐器、服装、服饰以及特殊的化装相伴形成一道流动的空间美景。舞蹈可以说是某一社会群体生活中必不可少的一部分，人们高兴时跳舞，忧伤时跳舞。人们通过舞蹈充分展示自我，释放自己情感，群体共同参与还可以联络彼此感情，强化集体意识，成为云南各民族生活不可缺少的重要文化活动。当然各民族舞蹈也不是单独存在，都和特定的语境，如民间节日、礼仪、聚会和各种祭祀仪式结合在一起。

云南空间之美不仅有上述风俗之美，更有物质之美。

社会为我们人类提供了生存的物质空间，为了自己的生存和发展，每一种文化都形成了独特的利用和改造自然的方法和技巧。把自然资源转变为人类文化产品的行为，我们通常称为物质文化。人类在把自然之物转变为文化产物的过程中，不可避免地要把自己的审美需求、观念、价值和信仰融入其中。这些有形的文化产品一方面是传统文化观念和思想的承载物；另一方面也是一种交流工具，它传达着一种无法用其他方式进行交流和沟通的概念和信息，如美、地位、神圣、平等、尊卑、顺从与反抗等。

贾蔓教授新著的另一大学术板块就是探讨云南各民族物化的民俗之美。民间建筑，尤其民居，可以说是情感的记忆库，我们的思乡和想家的感觉大多会外化为对故居的记忆和回忆。故居往往是我们追寻过去时光的钥匙，时光流逝，可以带走一切，也可以掩盖一切，但是故居也为我们留下了许多美好的回忆。这种对故居的回忆和思念在我们的情感生活中具有非常重要的地位。无论走多远，无论历经多少磨难，民居永远是一个人，或一个民族避风的港湾和永恒的归宿。因此，对任何民族的物化空间的研究都具有重要价值和意义，从中我们可以透视一个民族的性格、理想和审美追求。

纳西族民居建筑文化丰富多彩，融汉族、白族和藏族建筑之神韵，建构出纳西人民的诗意栖居之所，檐廊与天井、吉祥图纹以及水景观等所蕴含的文化意蕴，可谓技艺与美学的完美结晶。滇西北藏区民居建筑更是绚丽多彩，其门饰图案集藏传佛教与苯教文化于一体，将物质与精神、宗教与世俗、实用与审美诸要素十分和谐地融为一体。本书对滇西北藏区民居门饰吉祥图案"妙莲""吉祥结""狮子"以及门饰色彩等分析考证，从而探秘藏族门饰吉祥图案所具有的图腾信仰、藏传佛教以及祈福文化等多重内涵。我们从中不仅能感受到藏传佛教艺术蕴含的丰富文化审美内涵，还有藏族人民的风俗习惯和吉祥愿望。

从滇西北藏区民居建筑"家园意识"的美学意蕴中，我们可认识到藏族所崇拜的卡瓦格博不仅是一座自然山，也是一座神圣的山。它的神圣，来源于藏族文化赋予它的独特意义，来源于由神山信仰所体现的人与环境的密切联系，我们从生态审美的交融性原则以及从审美中的主体创造角度来认识卡瓦格博神山仙姿及其各种仪式，由此让更多的世人去理解这种崇拜模式的价值和文化意义。

以上是学习这部新著对云南空间之美的深层认识与理解，但是我认为贾蔓教授不仅通过图案和仪式详细论述了云南少数民族文化的空间之美，更重要的是，她通过对云南空间文化的变迁调查与研究，详细梳理了云南各民族文化的交往交流交融历史，也特别关注到云南各民族文化如何在中华文化框架下传承与发展的问题。

例如第四章，贾蔓教授团队对阿拉街道彝族在城市化进程中的文化变迁作了科学规范的田野调查和分析研究，重点关注昆明少数民族传统节日的变迁，民族服饰和民族饮食文化的改良等，从而为探索云南各民族文化的现代化发展提供了新的思路，也为城市化进程中民族关系的调整和城市民族工作提出了政策性建议。在城镇化进程中加强昆明少数民族文化的建设，有利于培养和加强昆明少数民族对中华民族精神的认同和民族自豪感的树立；降低城市文化建设管理成本，消除文化盲区；促进文化交流与沟通的发展，提高都市文化建设的效率；提升城市品质，促进居民幸福感的增长；增强文化意识，营造和谐氛围。不仅如此，构建和谐多民族文化共同发展的昆明都市文化，对于促进昆明都市经济的全面持续发展，对铸牢中华民族共同体意识具有重要意义。

例如第五章，主要将以村寨形式居于昆明郊区的沙朗乡白族文化变迁作为调查研究对象，重点阐述了民族文化与时俱进的重要意义。调查研究指出传统节日要想在变迁中传承与发展，则必须充分发挥民族传统节日的民族凝聚功能，要把它塑造成精神文化的黏合剂，要通过这些传统节日的精神纽带紧紧凝聚人民，促进当地的文化繁荣和发展。

通览本著作，其中既有娓娓道来涓涓细流汇聚而成的云南各民族绚烂文化，这些文化筑就了云南的空间之美，同时也深深感受到都市化浪潮中云南民族文化河床的暗流涌动与无序漂移。贾蔓教授通过田野调查与分析研究指出，在利用和开发传统节日时需慎重，当今社会，经济、旅游业的发展对当地白族传统节日具有相当的冲击力，因此必须对当地民众进行正确的引导和规范。有效地保留传统节日最真实的一面，不仅需要政府的正确利用及开发，也要当地民众的积极配合，只有将这一切有机结合起来，才能有利于传统文化的现代发展。因此，要建设营造各民族共同走向现代化的社会氛围，大力传播现代理念和行为方式，切实做好文明创建、公民道德建设、时代新人培育等对于新时代高质量推进党的民族工作具有重要意义。

习近平总书记2022年3月5日在参加十三届全国人大五次会议内蒙古代表团审议时讲话指出："铸牢中华民族共同体意识，既要做看得见、摸得着的工作，也要做大量'润物细无声'的事情。推进中华民族共有精神家园建设，促进各民族交往交流交融，各项工作都要往实里抓、往细里做，要有形、有感、有效。"我们必须充分认识到，铸牢中华民族共同体意识是以中华民族从站起来、富起来到强起来的历程为基础，伴随伟大复兴进程提出的重大战略举措，目的是增进各民族对中华民族思想上的自觉认同。是国家认同、民族交融的情感纽带，是民族团结的思想基石，是中华民族绵延不衰、永续发展的力量源泉。

与此同时，我们在开展各类学术调查研究中也必须牢牢把握铸牢中华民族共同体意识中共同性和差异性的关系。增进共同性，必须增强各族人民"五个认同"和国家意识、公民意识、法制意识。尊重和包容差异性，注意对各民族在饮食服饰、风俗习惯、文化艺术、建筑风格等方面的保护和传承，体现共同体的包容性，增强共同体的生命力。必须强调共同性是主导、方向、前提和根本，差异性不能削弱和妨害共同性。做到共同性和差异性的辩证统一，保护差异是需要的，但不能固化强化其中落后的、影响民族进步的因素。要正确认识和把握中华民族共同体意识和各民族意识的关系，中华文化和各民族文化的关系，物质文化和精神文化的关系。值得充分肯定的是，本著中对二者的分析认识、拿捏把握都是比较到位的。是为序。

2022 年 3 月 16 日

北京中关村南大街 27 号

钟进文，男，裕固族，中央民族大学二级教授。现任中央民族大学中国少数民族语言文学学院院长，中国少数民族双语教学研究会会长，中国突厥语研究会会长，裕固族文化研究学会第二届常务副会长。首批高层次人才优秀人才，获首届"国家民委教学名师"称号，同年入选"国家民委领军人才"支持计划人选。教育部高等学校教学指导委员会中国语言文学类教指委委员，国务院学位委员会第八届学科评议组成员。

目　录

第一章　且舞且歌的农耕文化：
踏歌仪式文化之传播带及文化蕴含

中国有着源远流长的历史，伴随着古人类的出现，逐渐发展壮大而形成中华民族。在历史的长河中，有许许多多的古老艺术，其中一种包含着歌、舞、乐三位一体的艺术形式孕育而生，即著名的踏歌。踏歌伴随着早期人类而产生，最早起源于原始人类，产生于他们的日常生产、生活、祭祀等一切活动之中。经数千年的传承与发展，遍及中华民族长城内外、东南西北，在一定时期内盛极唐朝，被誉为"国舞"。唐朝诗人李白的著名诗句"李白乘舟将欲行，忽闻岸上踏歌声"，更是使踏歌成为令数代后人产生无数美好憧憬、无限浪漫情怀的珍贵艺术形式。

所谓踏歌，《辞海》的解释是："踏歌，为中国古代族众歌舞形式，指一种以足踏地为节、载歌载舞的群众自娱性舞蹈。"[1]《辞源》说："踏歌，连手而歌，以足踏地为节奏。"[2] 踏歌是古人类生存至今、经过高度艺术结合而形成的一种艺术形式，踏歌是人类各种本能的体现，是民族价值取向的选择，是族群发展的史书。它在中华大地兴盛一时，并随着族群的迁徙，流传到祖国长城内外，随着国际交流，远传至朝鲜半岛、日本、越南、缅甸等相邻各国。踏歌以超强的生命力在西南边陲，特别是在云南各民族中延续、发展至今。如彝族的左脚舞、打跳、花腰鼓、达踏等，纳西族的打跳、

---

① 辞海编辑委员会编纂：《辞海》，上海辞书出版社 1999 年版，第 5579 页。

② 广东广西湖南河南辞源修订组，商务印书馆编辑部等编：《辞源》1—4 合订本（修订本），商务印书馆 1988 年版，第 1632 页。

云南香格里拉藏族的踏歌（锅庄舞）　贾蔓摄

藏族的锅庄以及白、瑶、苗、傈僳、佤、傣等民族的打歌，成为一种珍贵并蕴含诸多历史价值和文化意义的少数民族非物质文化遗产。打歌曾经在1986年被美国国际民间艺术组织列为"全球十大民间舞蹈"之一。

　　踏歌，又叫打歌，另外还有"打跳""踩脚""跌脚""跳歌""左脚舞""阿乖乐"等称呼。只要有喜庆婚事、节日庆典、民族大事，或者丧葬等，民众都会自发组织踏歌。关于其界定，《云南省志·文化艺术志》指出："打歌，一种自娱性的圆圈集体舞，也称'踏歌'，是一种古老的舞种。和打歌相似的舞蹈还有跳歌、打跳、跌脚、三踩脚；这些都是因为伴奏乐器的不同而有不同的叫法名称。虽然这些舞蹈动作、歌舞、伴奏乐器上各不相同，但基本形式都是集体围成圆圈，并集体载歌载舞，在西南各彝族地区广泛流传。尤其在云南汉、白、苗、藏、纳西、普米、拉祜、傈僳等民族聚居的部分地区流传甚广。打歌，彝族多在农历正月十五日的打歌节、六月二十五日的火把节和二月初八的盛大民族节日及婚丧、盖房立柱时举行，少则几十人，多至上万人，人们围篝火环舞，数昼夜而兴不尽。民众中普遍流传着'一日不打歌，三日脚难过；打歌打得星星落，只见黄灰不见脚'的说法。"①

关于"打歌"的称谓，经云南学者李汉杰先生考证后认为："'打歌'大约是我国民族民间艺术中称谓最多的品种之一。'打歌'在各地又有'跳歌''踏歌''跳乐''跳月''跳笙''跳鼓''跳锣''对脚''左脚''叠脚''躁脚''辗歌''纵歌''打跳''打转'等十多个名称。这些称谓都可以统称为'打歌'。"②

"打歌"中的"打"和"踏"其实都是汉字中"跳"的意思，而"歌"就是"舞"的意思，所以"打歌"其实就是跳舞的意思，当然也有唱歌跳舞的意思，毕竟只是跳舞没有音乐也是不行的。

踏歌是西南少数民族中普遍存在的一种自娱性的群众歌舞，历史悠久。最早是汉代司马相如的《子虚赋》所提到的"颠歌"。唐代樊绰《蛮书》记载："俗传正月初夜，鸣鼓系腰以歌，为踏虎之戏。"③《宋史·南蛮传》亦载："西南牂牁诸蛮来贡方物……上因令作本国歌舞，一人吹瓢笙如蛟蚓声，良久，数十辈连袂转而舞，以足踏地为节。"元明以来的地方史志记载更多。如《滇海虞衡志》载："罗落蛮，男女皆跣足。每踏歌为乐，则作皮屡，男鹊帽、襞积衣，吹芦笙，女三尖冠，衣绯衣，跳舞而歌，各有其节。"④踏歌是古老的传统舞蹈，又是西南少数民族喜闻乐见的民间艺术形式歌舞，现已经成为人民生活中不可缺少的组成部分。

---

① 高登智主编：《云南省志》卷七十三，云南人民出版社 2002 年版，第 555 页。

② 云南省民族艺术研究所编：《云南民族音乐论集——"打歌"考略及其音乐形态浅析》，云南人民出版社 1989 年版，第 23 页。

③ 樊绰：《蛮书》，中国书店出版社 2008 年版，第 53 页。

④ 檀萃著，宋文熙、李东平校注：《滇海虞衡志》，云南人民出版社 1990 年版，第 255 页。

踏歌是一种独特的民间舞蹈，和其他民间舞蹈有着泾渭分明的特征，其独一无二的特征表现在舞蹈动律、组合层次、音乐、衬字风格等方面。踏歌是民族民间歌舞中群众面最为宽广的典型歌舞娱乐活动，渗透进民族民众的社会生活之中，流传至今。

第一节　踏歌曾经存在的区域及其特征

踏歌作为一种古老人类因生产生活劳作而产生的古老艺术，伴随着人类的喜、怒、哀、乐、嗔、痴、癫等。伴随人类最古老的舞蹈艺术形式而产生的踏歌，是随人类的生产、劳动、生活、娱乐而产生的，是在实践中用踏歌记录生活中的美好道德、优良品质。对于人类群体性的活动，例如群体性的劳作、群体性的捕猎、群体性的扑灭山火、合力掀动巨石或重木、群体性的部落战争中，甚至群体性的出行交流，在此类活动中，逐渐产生了相对于之前较为整齐划一的一些简单机械性动作，并伴随有提醒共同发力或共同发出声音吓唬野兽与其他部族敌人。在这些相似或相同的动作中，逐渐演变成了庆祝胜利后的活动、劳作困乏以后的娱乐，甚至是祭祀时取悦神灵、麻木群众的表演，逐渐地成为人类的一种艺术舞蹈形式，上述这些均可通过考古发掘实物得到证实。但目前考古发现和文献所记载的材料，我们还无法断定这种古老体裁的艺术在某地起源，或是由哪一支民族所创造。

一、踏歌舞蹈曾经存在的区域

考古工作者在 1965 年，于云南省沧源佤族自治县境内的糯良山、班考大山与拱弄山之间、澜沧江支流勐董河流域的河谷地带山崖石壁上发现多处崖画，这就是著名的沧源崖画。沧源崖画是约 3000 万年至 2500 万年前的

沧源崖画（局部） 贾蔓摄

新石器早期文化。此处崖画内容丰富多彩，涉及农耕生活、狩猎野兽、迁徙家园、娱乐活动等多处生产生活情景，完美记载了新石器时代本族先民生活生产的历史的画面。在此处第Ⅲ地点悬崖上绘有一组崖画，画中描绘了五位男性执器而动为主、四位纤细的女人随之而跃为辅，似是舞态，也像某种祭祀活动。其实这就是群体性舞蹈的一种起源。除云南沧源崖画之外，还有广西花山、内蒙古狼山等处崖画中都或多或少地存在着原始踏歌的历史踪迹。

云南省博物馆于1972年在江川星云湖畔李家山的古墓，发掘出若干青铜器，其中M24：40a和M24：b两件极具乐器特征，整体用青铜铸成，为球体曲管形，曲管顶端各有一个吹孔并浇铸有立牛的饰品。两件乐器由考古学家判断为铜葫芦笙，可惜出土时年代过于久远，且当时的考古技术水平不达标，内部构造早已腐朽不堪，无法重现此乐器的声音。此两件铜葫芦笙乐器是我国目前为止发现的最早的笙类乐器，据碳元素测定显示其年代约在公元前六百年的春秋时期。此后在湖南长沙、湖北随县等地发掘出类似的葫芦笙乐器，同样是以葫芦的匏为斗，笙管透底，与李家山铜葫芦笙形状大体相同，只是管数较多而已。[①]

青海省大通县孙家寨于 1973 年出土了一个仰韶文化时期的彩陶盆，此盆内壁上绘有三组劳动人民携手绕圈载歌载舞的生动形象。舞者们全身佩戴装饰，全部朝着同一方向欢快地连臂甩臂、踏地为舞，此为古人连臂踏地为舞的踏歌。此幅图上踏歌人舞蹈动作协调一致，气势恢宏，整齐划一，画中的景象活灵活现，手上脚下皆未停止过跳动，是典型的踏歌。

青海省同德县于 1995 年在宗日遗址的 15 号墓穴中发掘出一个更加精美绝伦的舞蹈彩陶盆文物。该彩陶盆文物上部分口宽 26 厘米、腹部口宽 26 厘米、底部宽 5.2 厘米、高 12.3 厘米，造型优美，色彩饱满艳丽，其中该物内壁上绘有两组人物图案，一组 11 人，另一组 13 人，也显示出舞蹈态，此绘画同属于马家窑文化，据碳素测定，距今约 4540 年，是早期踏歌雏形。

在云南省玉溪市江川县（2015 年 12 月 3 日撤县设区）李家山文物考古发掘遗址中，发掘出一个上镶 18 个手牵着手、衣着尾饰的舞蹈浮雕绿松圆扣饰品，这是一种典型的踏歌浮雕。踏歌舞者的首饰是以银饰和玛瑙为主，特别是银饰占据大部分，且以饲养的山羊皮做服饰，有一种野性富贵的美，在现在看来也是非常时尚潮流的。围成圆圈打歌的方式和舞者的尾饰又让人们把此种形式和仰韶文化中的舞蹈彩陶盆关联起来，以此形成了古滇王国古老的踏歌艺术。

---

① 黄翔鹏：《先秦音乐文化的光辉创造——曾侯乙墓的古乐器》，《文物》1979 年第 7 期。

在云南省昆明市晋宁区石寨山出土的古滇国墓葬品文物当中，也发现了踏歌的痕迹。

在云南省大理白族自治州巍山彝族回族自治县巍宝山龙潭殿内、文龙亭桥墩左侧下方，有一幅绘制于清乾隆四十年（1775 年）七月的长 1.2 米、宽 1 米的彝族踏歌壁画——《松下踏歌图》。此图绘有四十几个形态各异的彝族人民，在画面右侧上端的一棵枝条苍劲的古松旁边载歌载舞，彝族人民形态各异，舞者有官有民，男女相杂，动作形象生动，线条纹路清晰。此绘画第一组有三四十人，大家围成一个圆圈，在平坦的土地上载歌载舞，第二组在舞圈中有三个执民族乐器的彝人边吹边跳。第三组是三位长辈，一人站立于大圆圈舞者外的左上方，正对着一众舞者；一个人站立在山边，怀中抱着四弦琴弹奏；最上方的长辈，身着汉族长袍，手持折扇，左手叉腰，口微张，形如摇扇演唱，应为当地有威望之人。

除上述丰富的考古文物以外，史书和文学作品中也有关于踏歌的详细记录。《吕氏春秋·古乐篇》记载："三人操牛尾，投足以歌八阕。"[①] 而《搜神记》和《西京杂记》均记载着这样的话："……共入灵女庙，以豚黍乐神，吹笛击鼓，歌上灵之曲；既而相与连臂，踏地为节，歌赤凤来。"以上这些史料说的是秦汉时期的情况。

北周时，"周宣帝与宫人夜中连臂踏蹀而歌，曰：'自知身命促，提烛夜行游'。"[②] 北魏时，尔朱荣"与左右连手踏地，唱《回波乐》而出"[③]。

唐代是踏歌普及与辉煌巅峰的朝代，各种文学作品以及史书都有踏歌的记载。如唐刘禹锡诗《踏歌行》：

---

① ［战国］吕不韦：《吕氏春秋》卷五，两江总督采进本。
② ［唐］魏徵等：《隋书》卷二十三，武英殿刊本。
③ ［唐］李延寿：《北史》卷四十八，尊经书局刻本。

春江月出大堤平，堤上女郎连袂行。

唱尽新词欢不尽，红霞映树鹧鸪鸣。

与刘禹锡同一时代的诗人张祜《正月十五日夜灯》：

千门开锁万灯明，正月中旬动帝京。

三百内人连袖舞，一时天上著词声。

《宋史·西南夷传》记载了一则西南少数民族打歌的情景："一人吹飘芦，……数十辈连袂宛转而舞，以足顿地为节。"飘芦也就是乐器葫芦笙。从史料中可以得知踏歌在汉族中已经是一种非常流行的舞蹈了，而传到西南边陲以后也在当地迅速发展起来。值得注意的是，在两汉时期，中原地区的汉族打歌伴奏乐器有埙和鼓。后来踏歌在西南边陲少数民族中迅速发展起来后，推陈出新，发扬光大。

元代蒙古人踏歌："干酪瓶争挈，生盐斗日提；日斜看不足，踏歌共扶携。"[1] 而当时的五溪蛮"遇父母死，行鼓踏歌，饮宴一月"。

明汤显祖在《新林浦》中写道："凌阳浦里杂花生，晓屋鸣鸠春树青，昨夜南溪足新雨，辘辘原上踏歌声。"[2] 明田汝成《西湖游览志余·熙朝乐事》关于中秋的记载说："是夕，人家有赏月之宴，或携柏湖船，沿游彻晓。苏堤之上，联袂踏歌，无异白日。"[3]

从以上材料和文献分析得知，踏歌从古至今一直是人民群众热爱的艺术。就考古和民俗材料分析来看，云南的一些少数民族从古至今延续下来用来伴奏踏歌的乐器都是葫芦笙，如今白族和纳西族现存的打歌中已经没

---

① ［清］顾嗣立：《元诗选——初集，上，丙集，清容居士集》，中华书局 1987 年版，第 658 页。

② ［明］汤显祖著，徐朔方笺校：《汤显祖诗文集》卷二十，上海古籍出版社 1982 年版，第 872 页。

③ ［明］田汝成：《西湖游览志余》卷二十，浙江人民出版社 1980 年版，第 361 页。

有葫芦笙了，恰恰相反，他们的伴奏乐器是笛子和三弦。据史料文献记载，中原各民族的踏歌在汉代或汉代以前，为"相与连袂，踏地为节，吹埙击鼓，歌赤凤来"。然而，就"歌赤凤来"说，或许是鸟凤崇拜的原因，昆明就有碧鸡坊，而且相关神话传说从古至今源远流长。《汉书·地理志》："禹同山，有金马碧鸡。"《后汉书·西南夷传》："青蛉县禹同山，有金马碧鸡。"汪宁生先生认为："青蛉即今云南大姚、姚安及其附近地区。"[1] 禹同山，据《后汉书·西南夷传》李贤注，在唐代"波州扬波县"。汪宁生先生又说："唐之扬波即大理国时期之阳派，今姚安尚存公元 1186 年的《褒州阳派郡稽肃峰明帝记》碑，阳派即指今姚安之西地区而言，其名至今未废。"[2] 从文献史记和后人的研究中知道了鸟凤崇拜于中原地区存在，也在云南等西南地区流传着。踏歌舞蹈曾经存在的区域为：黄河中上游地区，其形式从相与连袂、踏地为节、歌"赤凤来"到"踏歌、著词"；长江中下游地区，其形式为"男女聚而踏歌行……至一二百人为曹，手相握而踏歌"。但黄河中上游地区和长江中下游地区明清之后未记载于史料之中，现今也没有了。西南地区的踏歌形式为连袂踏歌，是以葫芦笙伴奏，或者以短笛、三弦等器乐伴奏，一人至多人领舞伴唱，众人围绕其中，载歌载舞。

二、踏歌舞蹈的特征

根据文献史实资料、出土文物以及现存的群众踏歌形态分析，"携手而歌，踏地为节"为踏歌的最基本形式。此类型的歌舞不仅曾经在古代民族中广泛存在，且如今的很多民族也以踏歌为蓝本，创造出一系列美轮美奂的民族舞蹈。

---

① 汪宁生：《中国西南民族的历史与文化》，云南民族出版社 1989 年版，第 64 页。
② 汪宁生：《中国西南民族的历史与文化》，云南民族出版社 1989 年版，第 64 页。

在内蒙古阴山岩画中刻着一幅踏歌图："四个人上臂紧紧连在一起，身躯挺直，两腿叉开，他们连臂踏歌，动作和谐一致，反映了他们在集体劳动中的团结一致，共同与严酷的自然界进行英勇斗争的精神。"[1] 随后，陆续在我国内蒙古乌兰察布岩画、新疆维吾尔自治区的呼图壁岩画、广西壮族自治区花山岩画等多地都发现有相似的歌舞画面。譬如汉族的扭秧歌是以脚步的来回大幅度移动，再加以配合舞者的上身动作，而进行左右前后来回的循环舞蹈，以体态特征描述，脚步的移动占据了整支舞蹈的主导地位，因此有充分的理由认为秧歌舞蹈可能与踏歌舞蹈有着同源关系。当然，对于踏歌的具体来源与各种歌舞的关系还有待进一步的深入研究。

"诗歌、音乐、舞蹈"是古代艺术的基本特征。《毛诗序》对此曾有精辟的论述："诗者志之所之也。在心为志发言为诗。情动于中，而形于言。言之不足，故嗟叹之；嗟叹之不足，故咏歌之；咏歌之不足，不知手之舞之足之蹈之也。"[2] 踏歌的组成形式，本质上与古代艺术形式中的"诗、乐、舞"三位一体相吻合，与其他少数民族的自娱性民间歌舞艺术一样，如纳西族的"阿丽哩"、傈僳族的"打跳"、拉祜族的"嘎克"等，踏歌是古代早期艺术的一个"活化石"。

（一）"诗"——形式多样且内涵丰富的踏歌调

"踏歌"的核心内容，即"打歌"。"打歌调"又有广义和狭义之分，广义的"打歌调"划分依据是唱诵内容和唱诵场合，即根据唱诵内容的长短将其划分为长、短诗两大类；而唱诵场合的不同可分为五大类，即喜事打

---

[1] 盖山林：《从阴山岩画看我国古代北方游牧人的舞蹈艺术》，《中央民族学院学报》1981年第1期。

[2] 鲁洪升：《诗经学概论》，辽海出版社1998年版，第156页。

歌调、节日打歌调、忧事打歌调、善事庙会打歌调和平常打歌调。狭义的"打歌调"则指特定场合如节日上、婚礼上等歌唱上所唱诵的言志咏声的舞蹈歌（这也是真正意义上的打歌调）。[①]

一首踏歌调在结构上由词谱、歌词、衬词组成，讲究首尾相间、歌词韵味。传统的打歌调十分注重整体的抒情效果，必须感情真实流露，讲究诗情画意，讲究立意，讲究让人回味无穷。而后期发展的打歌调则是更加注重叙事抒情，让故事紧凑，让故事更加鲜明生动，事情与事情之间是紧扣主题的，是对称的。至于衬词部分的主要作用，则是以激发打歌舞者情绪为主，让打歌者处于激昂澎湃的节奏中、激烈的音乐中，尽情表演，融入自己的感情。但是具体的加衬方式则又因地区而异，因族群而发生不同程度或大或小的变化，其主要的类型有首句加衬、隔句加衬、双句加衬、末句加衬和首尾均加衬等。踏歌在形式上则是多种多样的，并不局限于一种或者两三种。

踏歌在不同地区所起的作用又不同，有的地区把踏歌当作一种严肃的仪礼形式，没有重大事项不随便打歌，有事打歌（如在婚丧嫁娶、喜庆佳节等场合）也必须遵循一定的程序（如举行开场仪式等），认认真真执行下来。打歌调不是人人都可以学习的，必须是彝族人民内部口口相传、子承父业，过程十分严格苛刻，想要学习必须经过重重考验，而且踏歌的形式体裁不允许擅自更改创新，必须保持传统和纯粹。歌词内容非常丰富，譬如生产劳动、日月星辰、山川河流、树木花草、飞禽走兽、历史故事、神话传说、谈情说爱等，都有生动的描述，一般随对象和场合的不同而有所不同。

（二）"乐"——具有特定韵律与节奏的踏歌调唱腔和踏歌伴奏乐曲

踏歌的音乐是具有特定韵律与节奏的，由踏歌调唱腔组合而成，伴奏

---

①　杨茂虞、杨世昌：《彝族打歌调》，云南民族出版社 2002 年版，第 230 页。

乐器是由芦笙、竹笛等构成。彝族民众在踏歌时，必不可少的两种伴奏乐器是笛子和芦笙，芦笙是用一个镂空的有葫芦嘴的葫芦插上长短不一的五根竹管做成，有的还在最长的一根竹管头上罩上一个没有葫芦嘴的葫芦（葫芦肚）。芦笙一般可以吹出三音或五音，是踏歌场上的指挥乐器，音色较低沉，它虽不能配曲，但在低音区起着稳定节拍、丰富音响的作用。此外小部分彝区还用三弦和月琴作为踏歌的陪衬乐器，它们的作用是在歌场上打节奏、激发情绪。如以上所述的芦笙、笛子等乐器吹奏出来的踏歌音乐，其曲调必有固定的旋律和节拍在相互作用，形成的多声部踏歌音乐效果热烈；且乐器的演奏者只能是男性，领舞者处于歌场中心需边吹边舞，于欢快中夹带诙谐，让人心情激昂澎湃。

（三）"舞"——具有固定程式的踏跳舞步

纯朴、厚实是踏歌舞的风格。男的跳得敦实有力，女的跳得潇洒优雅。年轻人跳的时候双脚带颠劲，老年人跳的时候则双脚扎实，踏歌中人们大小腿的伸屈，以及身体幅度的前倾后仰摆动，尤其是踏地和跺脚的时候，全脚掌着地，小腿灵活敏锐，动作敏捷轻快，节奏热烈，当然各地也有独有的特色，踏歌动作以腿部变化为主，双手前后左右摆动，作全旋转、半旋转。如楚雄彝族的"打跳"比较粗犷，步伐稳重有力，节奏趋于缓慢，舞姿也不复杂；而在大理、巍山等地的踏歌则不同，舞姿比较飘逸灵活，舞步轻快，节奏灵巧变化多端，并且增加了快速旋转单腿等一系列技巧。"踏歌"舞蹈基本形态是围着圆圈进行的，领舞者一般吹葫芦笙、弹三弦或吹笛子，而其他人一般为互相拉手，或右手扶前一人肩膀，老人有拍手的，称为手跳。领舞者位于圆圈的中心，一般是边奏乐边唱跳，曲调一变，动作也会随着改变，踏歌的舞步据现存记录就有几十种，在发展中或许有些舞步由于各种各样的原因而被删减或者修改融合了。

踏歌的形式，因地区不同各地有所差异，但基本形式是相同的。那就是歌舞人数没有限制，少则十来人，多则几百人，围成一圆，吹葫芦笙或弹月琴、吹笛者在圈内，一边吹奏葫芦笙，一边做快速旋转跳跃、矮步顿足、跳步搓脚等动作，向逆时针方向转动领舞。其余歌舞者，以乐为节，动作以腿部变化为主，双手前后左右摆动、拍腿，作全旋转、半旋转、前三步、后三步、向左、向右各种优美的舞步动作，载歌载舞，或者手拉手，前后摆动；或者搭肩膀，踏脚倾足，扭转摆动，边唱边舞，向逆时针方向转动。"踏歌"动作较其他舞蹈来说，相对简单，其主要特色则是动作幅度大、感情激烈奔放、节奏鲜明且富含地方特色，是一种奔放的民族舞。

踏歌舞蹈的原型是"每个人牵手跺脚"，在此基础上演变发展为彝族各支系的不同舞蹈形式。例如四川凉山彝族自治州流传至今的"锅庄"舞蹈，还有着与时代潮流和民族发展融合而形成的"对脚舞""谷则"。在一些地方志中略有不同，他们将"锅庄"和"对脚舞"分作两种不同形态的舞蹈。"锅庄"和"对脚舞"都是踏歌的一种，但是又有着细微的不同之处，"锅庄"是"牵手跺脚"的最古老的踏歌舞蹈，而"对脚舞"则是经过"锅庄"之后发展起来的一种新型的踏歌舞蹈，二者属于继承和被继承的关系。在凉山地区踏歌不受时间、地点、人物、场合、环境等因素的限制，只要情绪高涨都可以踏歌。在节日、聚会以及逢喜事时，人们便会聚集起来跳"对脚舞"，因舞蹈简单容易，所以男女老少皆宜，深受青年男女的喜爱。

青年男女跳"对脚舞"舞蹈时，男女相间、手牵手，围成一个大圆，主要的动作是摆手跺脚。打跳的时候，相对的男女各出一只对称的脚，面对面对脚或者背对背对脚。当然还有每对男女各成一组、不受队形影响地对脚跳舞。

"对脚舞"的动作包含着彝族人民所独有的民族特色。上肢的动作分为男女牵手前后左右甩臂，男女各自左右拍手，男女各自叉腰、左右扭腰等；下肢的动作更是多样，有踏地前对脚、踏地后对脚、踏地旁对脚、踏地踢勾脚、踏地拐腿、踏地对膝等。于整体看来，"对脚舞"的特色是腿脚部和手部的动作变化多一些，特别是腿部和脚部，是整套舞蹈的主要部位。所以，从腿和脚动作繁多且以踏脚开始做起始动作来看，"对脚舞"应该是踏歌舞蹈发展而来的，再经由踏歌发展，遗留下了踏歌的痕迹。而"对脚舞"是从什么时候开始从传统踏歌（即锅庄）基础上发展演变形成的，因为没有找到具体的文献资料还无法确定。

"哇其"，属傈僳族；"破板子舞"属傈僳族。"哇其"傈僳族语意为欢快开心地跳舞，跳舞时男女老幼围成一圈，以踏地作为节拍，动作粗犷有力，欢呼声与跺脚相应和，激昂澎湃，呈现出舞姿的"一步跺""三步跺""拍手跳""跺翻跳"，其中最具代表性的是生产舞和破板子舞，会跳的人数是最多的，普及面也是最广的，无论是小孩、青年还是老人都可参与。生产舞映射了傈僳族刀耕火种的原始劳作和捕猎情景。破板子舞是傈僳族男子的一种自娱自乐舞蹈，流传于怒江、保山一带，该舞蹈是傈僳族男性同胞为了展示自身的魅力而改编的，体现出来傈僳族男同胞的坚韧不拔、坚持不懈、自立自强、艰苦奋斗的卓越精神品质。

拉祜族的"葫芦笙"。拉祜族人民与生俱来酷爱跳"芦笙舞"，现今拉祜族芦笙舞主要来源于云南省临沧市的双江、耿马、沧源，普洱市的澜沧、孟连、西盟，西双版纳州的勐海等县，芦笙舞主要分两种，一种是为了举行重大仪式节日跳的，全程严肃紧张，容不得一丝错误和杂乱；另一种比较开放，随时随地可跳，用于娱乐，可随心所欲，任意增减，每个套路每个动作可单独进行反复表演，也可以作为一部分融入整体表演。葫芦笙的舞蹈则为男性手持葫芦笙在圈内边吹边跳，女性舞者在外，围成圆圈跳舞，跳舞人数没有限制，只需要按照葫芦笙吹出的节奏进行即可。在舞蹈的表演期间，会有一部分模拟动物形态的表演，或出现单人、双人、多人等技巧和套路的配合形式，而舞蹈则会以走步、蹲步、饶（翘）脚和身段的俯、

玉龙县上亨土村的纳西族打跳，即"咚罗丽"　贾蔓摄

仰、摆、转等为主要的搭配动作进行。

纳西族"打跳"。是一种踏歌类舞蹈，流传于丽江古城、宁蒗县、香格里拉的纳西族和普米族聚居的村寨，有"欢乐跳舞"或"大家来跳舞"等美好含义。"打跳"不受时间、场地、人物、环境等外在条件的限制，只要有婚嫁、丧事、起房盖屋或欢庆丰收节日，又或其他小节日均可举行。无论是在狭小的院子还是在宽广的场院，只要清脆悠扬的笛声一响，四面八方一群群参舞者围绕而来，顿时整个舞场上一片欢声笑语，然后互相拉手，听着笛子声的节奏打跳。舞圈的中央是吹笛者，外围的人以他为中心，男性打跳人彪悍敏捷，女性打跳人灵巧妩媚，整个场地弥漫着欢野的气息，韵味极浓。

踏歌已经有四千多年的历史，而云南又是一个多民族共存的地域，在这个文化竞争激烈的地方，踏歌舞蹈能延续至今，就已经能够说明踏歌舞蹈是优秀的。踏歌舞蹈发展的历史，也是民族文化和民族情结发展的历史，是天然的活化石，是一部波澜壮阔的"史诗"，踏歌舞蹈是劳动人民情感的寄托，是他们情感宣泄的场所。

第二节 踏歌仪式文化传播带

踏歌作为历史上形成、发展的一种文化事象，是一种集歌、乐、舞于一体的综合艺术。云南是最早记录有人类生活和发展的地区，如元谋人等早期人类是云南人的祖先，云南独具特色的民族文化是由氐羌南下、百濮北上、百越西进的三大族群迁徙交汇而形成的，是一条文化走廊。在该走廊上，云南本土文化和三大族群文化在此交融汇合形成了新的地域文化，踏歌就是此地民族文化融合荟萃而形成的结晶。

一、仰韶文化传播带

青海大通县出土的彩陶盆文物作为仰韶文化的典型文物，让我们产生了云南少数民族文化与中原文化是否有联系的疑问。于云南发现的新石器文化中，数十万件陶器中未见彩陶，只有单色陶器，虽说为单色陶器，但陶器上的装饰图案却丰富多彩，仰韶文化出土的彩陶多见鱼纹装饰，云南新石器文化中出土的陶器则不见鱼纹装饰，唯独在临沧市的耿马县南碧桥发现的陶器上有鱼纹、蛇纹和贝纹装饰，但是也不典型，无法用来判断与仰韶文化是否存在关系，此地的纹饰比仰韶文化更为原始，年代更加偏晚。

但可以从云南史前建筑样式中找到与仰韶文化的直接关系。1983年，考古工作者在楚雄州永仁县菜园子新石器时代遗址中发现了七座房屋遗址，其中三座为半地穴式圆形房屋。房屋中央有中心柱，还有一个火塘，火塘经过火长时间的烘烤，底部泥土变得十分坚硬，且泥土被烘烤成了红褐色。于元谋县大墩子遗址内出土了15座黏土木结构房。于大理州宾川县白羊村遗址出土了平地起建的黏土木结构房11座，元谋县和宾川县遗址出土的住宅多是平地起建，在房屋四周挖掘深沟，栽埋上木柱子，柱子与柱子之间用树枝、藤条等搭缀，编织成网状，之后涂抹上稀泥就成了墙，整个家的四周用火烘烤，直至烘干变成坚硬的红砖土，个别房屋的柱子下面还会铺垫石块，此建筑要比不垫石块的房屋先进。建房之前用石头铺垫作基石，再立柱子，这样有利于房屋整体的稳定性和安全性。现今在大理、剑川一带所修建的白族建筑仍然是用石块做地基，然后木头下面垫石墩的形式。李昆声先生认为："元谋、宾川、永仁县的史前房屋与黄河流域之郑州大河村、陕西庙底沟、洛阳王湾、西安半坡房屋建筑特征相似。"①

由此可知带有仰韶文化特色的一支居民，在史前就已经迁移到云南了，而仰韶文化作为一个文化传播带包括了现今的甘肃、青海、陕西、河南、四川和云南。"云南少数民族的踏歌舞蹈与仰韶文化有特殊的关系，从河南、甘肃、青海、陕西、四川到云南都可以视为仰韶文化传播带。"②或许踏歌艺术就是由仰韶文化发展而来的，但是云南作为古人类的发源地之一，很难确定踏歌是中原流传下来的还是古人类时候就已经留存了。氐羌南下的踏歌与云南本土踏歌相融合，使得云南的踏歌迅速发展壮大，吸收多民族文化，大面积地横向传播，快速成为云南人民群众喜爱的大众舞蹈，踏歌以独特的文化内涵和民族特色占据了云南民族文化的主流。

二、百濮百越文化传播带

在云贵高原到江汉流域沿线的古代时期，曾经生活着一个族群——百濮，战国时期优秀的楚文化是由百濮族群和楚国的其他民族共同创造的，其集中分布在我国的西南部，也就是现今的云贵川大部分区域，以江汉流域为起始点，经贵州、云南和四川的部分地区。

---

① 李昆声：《论云南与黄河流域新石器文化的关系》，《史前研究》1985 年第 1 期。
② 罗越先、贾蔓：《踏歌文化传播带与踏歌文化内涵》，《中华文化论坛》2003 年第 4 期。

云南的滇文化，云南文化中的楚文化色彩，大多数学者认为是《史记》中"庄蹻入滇"到云南的创造，然而在此之前，百濮已经是楚民族中的一支。《楚辞·离骚》"帝高阳之苗裔兮"一句，姜亮夫先生认为，高阳是地名，在古代典籍中，指：河南开封、湖北的秭归至江陵、青海与甘肃之间。[①] 从这三处地方来看，最大可能的是秭归至江陵，由于这里是百濮的分布区，楚民族很可能是百濮的一支，《楚辞》中有很多地方说到了"三危"，据姜亮夫先生考证，他认为"三危"指云南的怒江。[②] 那么"三苗"到底是什么民族？

顾铁符先生认为，三苗就是南蛮，之所以叫三苗，因为其组成是蛮、濮、巴三个民族。[③] 从云南新石器文化到青铜文化，濮一直具有独特的地位。可以说，濮在史前就已经从云南进入江陵一带，并逐渐和其他民族一起开创了楚国，所以楚也就一直自称是"蛮夷"。《史记·楚世家》："（武王）三十五年，楚伐随。随曰：我无罪。楚曰：我蛮夷也。"这是楚国的群臣在别国的君臣面前，口口声声自称是蛮夷的例证。屈原在谈到自己身世时也自然地说"帝高阳之苗裔兮"了，他对西南方一直向往的原因，也由于西南方是濮的发源地。濮文化最显著的特色是猎人头习俗，这一点在云南沧源崖画和石寨山青铜器、李家山青铜器中已经有了证明，但在楚地的考古发掘中却还没有见到，已故的著名民族学家凌纯声先生认为，《九歌·国殇》和《九歌·礼魂》就是描写猎头仪式的祭歌。[④]

不但如此，两地的民间故事也是相同的。1933 年，民族学家凌纯声和芮逸夫在湖南西部凤凰、乾城、泸溪等几个县进行了一次详细的民族调查，于1947 年出版了他们的调查报告《湘西苗族调查报告》，其中有两则内容基本

---

① 姜亮夫：《楚辞今译讲录》，北京出版社 1981 年版，第 28 页。
② 姜亮夫：《楚辞今译讲录》，北京出版社 1981 年版，第 44 页。
③ 顾铁符：《楚国民族述略》，湖北人民出版社 1984 年版，第 90 页。
④ 凌纯生：《台湾"中央研究院"院刊》（第二辑），上册，第 56 页。

相同的洪水神话，这两则神话和云南广泛流传的洪水神话几乎是一样的[①]，故事当中的葫芦作为生命的延续和族群的象征，也直接说明了踏歌中选用葫芦笙作为乐器不是偶然。百濮文化传播带自云南起，经贵州和四川一直到现在的湖南、湖北、江苏。在这个广泛的区域中，百濮民族与其他各民族共同生存，互相融合，形成了灿烂的楚文化区域，也是踏歌舞蹈广泛存在的区域。

百越则分布于云贵高原、两广、长江中下游地区，包括今天越南在内的部分地区，这些地方都有百越文明的痕迹，百濮和百越是两个不同的古代民族群体，但他们的文化中却有相同或相似的地方。就踏歌艺术来说，"连袂踏地为节"，并用葫芦笙伴奏的踏歌舞蹈形式，是这两个族群表现出的共同特征，由于百越分布范围较广，而且文献上的记载不大一致，汪宁生先生认为，至少从新石器时代开始，云贵高原上就已经出现了越的文化，或百越的文化。汪先生列举了从新石器时代一直到现代，百越在云贵地区演变的实证[②]，证明了这一观点。因此，从新石器时代起，百越就已经分布于云南、贵州、两广和江浙一带，和百濮一起创造了自己丰富的民族文化。舞蹈作为一种文化传承体裁，起着承上启下的作用，传统文化不会消失，只会与新时代的文化相融合，成为精华，踏歌亦不会消失，会成为文化传承中的常青树。

第三节　踏歌文化的内涵

任何形式的文化都有一定的内涵，就踏歌来说，仰韶时期的内涵由于资料有限，我们已经无法对其作出较为客观的分析。在这里，我们仅就云南发现的古代民族创造的文化和长江中游一带百濮和百越文化的重叠地区

---

①　李缵绪：《白族民间故事选》，上海文艺出版社 2015 年版，第 89—91 页。

②　汪宁生：《中国西南民族的历史与文化》，云南民族出版社 1989 年版，第 32 页。

发现的文化作些分析，就踏歌的内涵作些归纳。踏歌实际是一种典型的农耕文化，《搜神记》和《西京杂记》中均记载："……共入灵女庙，以豚乐神，吹笛击鼓，歌上灵之曲；既而相与连臂，踏地为节……"这种方式，显然与祈求人口增长、农业丰收密切相关。而就云南发现的踏歌伴奏乐器葫芦笙来看，它与人类的起源和对葫芦的崇拜有关。人类起源于葫芦的神话普遍存在于云南的少数民族之中，甚至在整个西南的少数民族中都存在这样的观念。从民族学的调查来看，与丰产有关的农耕祭祀往往与人类的起源相连已经是不争的事实。云南沧源崖画中的猎人头习俗，显然具有用人头祭祀谷物的宗教含义。众所周知，云南、越南、长江流域是世界上稻谷种植的起源区域。在剑川海门口、元谋县大墩子新石器文化遗址和浙江河姆渡文化中先后都发现了碳化了的谷物。沧源崖画、云南青铜器文化、《楚辞·国殇》和《楚辞·礼魂》中猎人头祭谷恰好说明这是农耕文化的反映。《佤族社会历史调查》中说：只要供奉司谷物生长的女鬼司欧布，谷物的丰收就有指望。因而在播种和收获前后，他们往往倾部落而出猎取人头，用猎物进行血祭。英国人类学家海顿在南洋诸岛进行民族学调查后，在自己的著作《南洋猎头民族考察记》中写道：那人头被悬挂于火上，而且将所有的头发都烧掉，当进行这个手续的时候，村庄上所有的年轻姑娘都聚拢过来，在火的近旁围成一圈跳舞，并始终唱着歌。从南洋诸岛、云南到长江中下游地区，远在几千年前的农业生产中，普遍存在着这种祭祀，甚至扩展到了其他祭祀之中。

在寻根溯源的基础上，经过对踏歌历史轨迹的梳理，最早的踏歌是因生产、生活等一系列活动而来，后因彝族先民经过祭祀、娱乐等各种活动而得到发展。后逐渐发展的踏歌种类中均彰显着丰厚的思想底蕴，如社会观念、宗教观念、道德观念等。

一、踏歌文化的底蕴

在漫长的历史岁月中，民众为了增加"参与感"，常以歌舞形式来宣泄感情、传授知识、驱逐鬼魂、崇尚勇敢精神等，由此，歌舞还承载了民众自得其乐、平复不安、鼓舞斗志的作用。

（一）家支观念

四川凉山彝族踏歌中，家支观念是最明显的。从表面现象上看，举行婚礼或丧葬仪式时，主人和客人的界限十分鲜明，如丧事舞蹈"碟维兹"即是丧家到村口迎接来宾的舞蹈，来宾中也包括亡者的女婿。所以，"碟维兹"歌词中有"老人的女婿来吊丧"，因为女婿方面属姻亲，因此，他们属不同的家支。在跳悼念亡者的歌舞"瓦孜嘿"时，也同样是丧家和来宾不混合歌舞，一般为丧家和客方各以相应的人数参加歌舞，参加歌舞的人员，代表着各自的家支或家庭。此外，在丧事歌舞中有着歌颂家支祖先的丰富内容。婚事歌舞也同样如此，新郎和新娘的亲戚均代表各自的家支或家庭参加歌舞，这种形式本身就体现了家支间的区别和平等。

除了婚礼仪式歌舞、丧事仪式歌舞体现家支观念外，在其他踏歌系列中，也均潜含着家支意识。如每逢年节村人聚集一处歌舞，也同样是为了同族相聚，增进团结，因此具有浓厚的家支思想。"每年十月一日，各部之人，皆同聚于广场而赛马，是日乃喜庆之节，多宴饮为欢者。"彝族人民一到喜庆节日，都会自发组织跳锅庄舞，将食物置于锅中，或置于中间，人们牵手环绕歌舞，以上现象都是家支观念在歌舞中的体现。

（二）等级意识

等级与家支有一定的关系，因为两者都以血缘为主要依据。但两者在呈现社会结构时其角度有别，家支是平行关系，而等级是阶梯关系。彝族踏歌歌曲《胡博胡帕》之中表达出了不同等级之间不通婚，因此，在婚礼仪式中的主客间舞蹈，也只有在同等级间进行。在古代，彝族分为黑彝和白彝等级，黑彝为贵族，白彝为平民，如果黑彝与白彝通婚，则会降为白彝。当黑彝家庭举行婚礼时，黑彝等级的人也不参加跳舞，在这种场合下，通常是让所属白彝中的能歌善舞者唱歌跳舞。等级的不同，也使得不同等级间亦不可能对歌对舞，除此之外，自娱性的歌舞或游戏性的歌舞，以及节日中的歌舞，黑白彝间也不可能一同歌舞，因为黑彝十分看重自己的尊严，所以不可能与奴隶们共同歌舞。以此说明，等级不同不能一起歌舞的意识隐藏着神秘的等级观念。

由于存在着等级关系，且更因为统治者对被统治者的残酷压迫剥削，在漫长的历史岁月里，凉山的奴隶们过着暗无天日的生活，他们虽然也采取了各种反抗行动，但终因历史条件的限制，得不到妥善的解决。因此，在被统治的多年岁月中，被统治者为了释放内心不满的情绪，便尝试将悲愤的情绪表达在歌舞中，而在当地的踏歌文化中，踏歌这一舞蹈形式，就是作为悲愤情绪释放的宣泄口，对此，从踏歌中即可见出，"勤苦的肩膀上总离不了钉耙与锄头，钉耙做来是自己的？牛羊喂来也是自己的？……臀部常被太阳晒，一身四体大汗流！看他们有势力的人随处都有人招待肉和酒，农夫们只是被人叫去作苦工……"[1]

（三）尚勇精神

在凉山彝族踏歌中，有很多手持武器的歌舞形态，"长刀舞""长矛舞""盾牌舞""铁叉舞"等均为如此。这些武器歌舞有的用于丧事活动，有的用于游戏之中，尽管用途各异，但从武器歌舞中却能感知到积淀的崇尚勇敢精神。在一些丧事踏歌中，能看出人们对勇敢精神的赞美，"爷爷过去

---

[1] 胡庆钧：《大凉山彝族社会概况》，中央民族学院研究部编印 1954 年版，第58 页。

在世时，没人能赛过你。你二十五岁时，驰骋战场无人敌，身披盔甲杀敌人，出生入死不顾安危。你饱经战火，设埋伏，日以继夜，睡在伏击圈里。三节长矛，你选最重的一把；三人打冲锋，你是冲在最前的一个，撤离战场你断后。"[①] 凉山彝族传统踏歌中积淀的尚武、英勇的精神品格，与当地长期的民族间斗争、家支间的"打冤家"等有着直接的关系，尤其是家支间频繁的冤家争斗，使得人们对勇敢善战者倍加崇敬。

（四）灵魂观念

广大彝族先民相信人间有"鬼神"的存在。比如：在他们的传统观念中万物和人都有魂灵，人未死之时，灵魂与肉体就已经是分离状态了。人在入睡时，灵魂就暂时离肉体而去，当人醒来的时候，灵魂又回归肉体内。只要人一旦死去，灵魂则彻底地离开本人肉体远离而去。彝族人民认为，人死之后，灵魂有两种归宿，一种是跟随祖先指引去了天上，成为善良之神，福佑子孙后代；而另一种则是没有跟随祖先之魂去了天上，而是下了地狱，这样的灵魂会变成恶鬼，给子孙后代带来不幸。因此，彝族人民十分注重丧葬礼，他们用高贵隆重的葬礼来告慰祖宗和逝去之人的在天之灵，希望他们成为善良之神，庇佑后人。

彝家人认为，善良之神能给人们带来幸福、吉祥，但恶鬼只能给人们带来不幸。所以，对引发各种灾难的鬼怪，他们采取的态度是坚决驱赶，或捉拿等手段，即踏歌——苏尼的驱鬼舞蹈。

二、踏歌文化的呈现

踏歌之所以能发展成为人们日常生活中喜闻乐见、普遍存在的集娱乐

---

① 四川省布拖县志编纂委员会：《布拖县志》，中国建材工业出版社1993年版，426页。

与艺术于一体的舞蹈形式，尤其在西南少数民族地区，并已深烙于祭祀、节庆、庙会、婚恋、丧葬、建房、娱乐等日常生产、生活之中，参与者面对面、手牵手、面向圆心，心连心地教化民众、传承文明，蕴藏着深厚的文化价值与文化底蕴。

（一）节庆时的踏歌

春节是彝族依汉族风俗而过的一个重大节日，从农历腊月三十日至正月十五日，历时半月之久。每逢春节即将来临之前，彝族群众就宰年猪、备酒食、栽松树、贴年画，放鞭炮，张灯结彩过春节。巍山彝族春节与汉族不同的是，每逢春节都有踏歌活动，从大年初一到初二，多数彝族村寨先后自行组织踏歌队，到县城各单位踏歌祝贺喜庆节日，被祝贺的单位要给予一定的喜钱，双方共同祝福庆喜，已成为巍山县一个独有的新民俗。从正月初二到正月十五日开始，以村寨为单位出队轮流踏歌，并规定踏歌时间，由举办村寨的每家每户共同出钱、出物，准备烟、酒、糖、茶、米饭、肉、菜等食物，全村一起吃饭热闹，其他周围村寨的彝族群众也纷纷前来参加。吃完饭后，开始踏歌，热闹狂欢，通宵达旦，把对一年的美好祝福和期盼尽情地抒发出来，为新的一年开个好兆头。

巍山彝族的火把样式做工十分讲究，选用一人高的一棵松树从中间劈开，再从中间插入染成红色的麻秆，绑上青藤，再插上彩旗，然后，挂上写着"五谷丰登""六畜兴旺"等的大字作为装饰，既像一个尊严的圣像，更像一个色彩斑斓的艺术作品。每年农历六月二十五日，巍山彝族各村寨的家家户户，纷纷抬出自己扎好的火把，插立在大门前，拿出准备好的丰盛美食，欢宴亲朋好友。做好饭菜先敬献祖先神灵，后方可吃饭饮酒。夜晚时分，开始点燃火把，用一把把熊熊燃烧的火把除邪驱鬼。然后，通宵达旦，踏歌狂欢。火把节踏歌是一种典型的农耕文化，是驱害求吉和盼风调雨顺、农作物丰收的一种活动。现在，巍山彝族人每年过火把节时都会与踏歌相结合，各乡镇自行组织踏歌队，开展踏歌比赛，既对踏歌的传承、传播起到了很好的作用，又丰富了群众的业余文化生活。

（二）祭祀时的打歌

巍山彝族祭祖的主要内容是祭祀家族祖先和家庭亲祖以及宗族祖先（土主），其中，最重要最隆重的仪式是祭祀土主。大理南诏时期巍山彝族土主祭祀就已开始。皮罗阁是大理南诏第四代王，曾在巍宝山建巡山殿，把曾祖细奴罗塑造为巡山大王土主。随后到了南诏十三代王，就都被奉为土主，开始供奉在巍山各地土主庙中，以便世代后人供奉和祭祀。其中，在细奴罗牧耕地的巍宝山前新村，作为细奴罗后人的村民在每年农历正月十四日至十六日都要举行盛大的祭祖仪式，祭祖完毕后还要在巡山寺内和寺前的千年打歌场举行盛大的打歌活动。

在这里，打歌是祭祖仪式中重要和必不可少的一个环节，它表达了彝族民众敬神、祭神、通神、娱神的强烈愿望，使祭祖仪式更加完整并将之推向高潮。因此，"舞蹈先于宗教。作为一个有观念的人，只要有了形而上的思想，形而下的舞蹈必定会被这种力量抓住，不管宗教以什么方式呈现，宗教都影响着舞蹈。灵肉合一的舞蹈不仅在宗教世界的话语中尽显其功能，而且冲破了神的控制，迫使观念重新认识身体。宗教与舞蹈、神与人、灵与肉，就是这样互动前行。"[①]

每年的农历二月，彝族人民群众都会为即将到来的祭祖做一切准备，忙着筹办祭祀用的各类生活用品。到了农历二月初八这一天，天刚刚亮，四面八方的彝族群众都携带着祭品，汇聚巍宝山巡山寺等祭祖地，然后各家各户做饭煮肉，杀鸡涂血，磕头拜祭，敬献神祖，而后到龙潭殿搅动龙池中的池水，形似舞跃的神龙，目的是祈求神龙降雨，保佑天下国泰民安、

---

① 刘建：《宗教与舞蹈》，民族出版社 2005 年版，第 3 页。

风调雨顺。祭祀结束，酒足饭饱，开始在打歌场举行热闹非凡的打歌仪式，来达到祭神、娱神、通神的作用。此时此刻，每人心中神人共舞，精神抖擞，格外有力，呈现出一派热闹气氛，通宵达旦。

（三）家庭喜事时的打歌

每逢有人家生小孩、结婚、老人过生日、建新房、进新房等喜事，都要举行家庭喜事打歌活动。喜事打歌的曲调是喜庆的，打歌调是祝贺式的，目的是抒发人们的喜庆心理，营造出喜气洋洋的氛围。巍山彝族人的生命历程与打歌相伴，旧时生小孩要打歌庆贺，从小就在父母背上目睹打歌场景，刚走路时，就会稚气十足、有模有样跟老者学打歌，现在常见有儿童参与打歌队伍中，所以，巍山彝族大人小孩都会唱调打歌。借打歌机会，许多年轻人还找到喜爱的对象，打歌场成为青年男女找寻爱情的场所之一。

结婚是彝族人民一生中最重要的大事之一。巍山彝族人的一生离不开打歌，结婚时婚宴连办三天，邻居和亲朋好友都来帮忙庆贺，持续三天的打歌和"花子闹房"为婚宴增添了热闹的喜气。历史上传统的婚仪中，结婚当晚，村中最有地位的长者用萝卜雕刻两个代表男女生殖器的象征物，在阿毕主持完特定的祭祀后，由十多位长者或已婚男子扮成叫花子，领头者手持两个雕刻物带领其他人围绕打歌场和新房跳舞蹈，比画一些特定的动作向新婚夫妇"讨"酒喝和"讨"糖果吃，然后，通宵打歌，以示庆贺狂欢。"花子闹房"体现了彝族先民对"性"的崇拜，反映了彝族人民祈求民族兴旺发达的要求，新中国成立后被当作落后事物扫除，但婚庆打歌仍然在许多彝族村中举行。当然，随着社会发展和文化变迁，现在的彝族婚礼打歌也在发生着变化。

房屋是人、家庭最重要的物质财富，也是人们心灵的寄托，对家的依恋来自家人和房屋住所。巍山彝族房屋的建筑数千年来受汉、白等民族建筑的影响，在式样上、风格上虽然有了汉、白化的表现，但也有自己独有的特点，尤其在建房仪式上一直保留着古老的彝风彝俗。彝族人民建造新房时，通过打歌的舞蹈形式把地基打平，意味着房屋稳固家庭平安和睦，而且彝族人民搬入新居，往往用打歌来驱邪辟邪，表达家庭幸福美满、和和睦睦、平平安安之意。所以，建新房、竖大梁打歌和进新房打歌，是巍山彝族打歌中的一个类别，往往表达着彝族群众喜庆和祈福的心情，打歌打得越长、越热闹，表明主人家越兴旺、福气越多。

家庭打歌无论是喜事还是丧事，主人家要提前请好歌头，准备好烟茶点，日落山头后，点燃篝火并不断使之越烧越旺，人们从四面八方赶来捧场，围绕熊熊燃烧的篝火打歌唱调。主人家要不断敬酒、传烟，表达谢意。来的人越多，说明主人家福气越多，打歌往往通宵达旦，到次日太阳升起，因此有打歌调说："打歌打到太阳出，一块豆腐两块肉。"

（四）丧葬时的打歌

生与死是人这一生都需要经历的。社会越发展，对生与死的认识越深刻，对生与死的礼俗、观念越淡薄。但是，保留传统习俗最好的族群，生与死的观念就会越深，也就越重视生与死的礼俗，尤其在葬礼上，会保存着较完整的一套礼俗礼仪。彝族人民的丧葬礼非常隆重，对于人的生死极其敬畏。巍山彝族人心目中对葬礼的重视程度，比婚嫁、出生这些重大事件的重视程度还高，开销之巨大，程序之复杂，远远超过在世人生任何一个仪式的花费，因此，当地彝族民间流传着"人死不吃饭，财产分一半"的谚语。

巍山县彝族人民的丧葬仪式是非常出名的，在当地，若年长的老者逝去，则由当地声誉最高、地位最高的宗族老者亲自主持，仪式中包含对临终老者的脸颊抚摸、临终关怀、接地气、脱衣裤净身、每家门口报丧、举行开吊、宗族送丧、抬棺下葬、接送祖宗、脱孝、送别祖宗等一系列程序。其中，巍山及附近县域彝族村落独有的丧葬打歌调享有盛名，整首歌调把这个人的一生表演出来，从出生到死亡，这几十年中的酸甜苦辣咸人间百味，全都阐述在踏歌里，还需要前往阴阳两路，为死者披荆斩棘，护送死者顺利投胎转世。当然此项殊荣只有彝族当中寿终正寝的有名望的年老长者才有资格享受，意外身亡、年龄小者都不会举行。当晚开吊时，由死者外嫁的女儿赶回家中，为请人打歌准备烟、酒、糖、茶和夜宵，回到家中的女儿越多，请来的人也越多，打歌越热闹，打的时间最长，就表明家族最兴旺，逝者最受人们尊重，因此，通宵达旦地围绕篝火打歌，成了巍山彝族最隆重的祭奠方式。下葬之日抬起棺木时，必须先进行围棺打歌，再进行抬棺打歌，方可送死者上山；下葬前宗族有名望老者会围绕墓地打歌，再下葬入土；老人死百日到祭日以及第一次上新坟都需要打歌；三年守孝期满，又要到墓地打歌后，方可以入常。丧葬打歌调主要是回顾叙述逝者一生，寄托亲朋好友哀思，祈福逝者在阴间幸福，庇佑后代亲人平安、幸福、健康。

综上所述，云南的新石器文化中反映出来的建筑形式，多以干栏式为主。这在沧源崖画和剑川海门口遗址、河姆渡文化中都有发现，《楚辞》中也有反映。说明当时的人们早就选择了固定的居所，这是农业生产反映出来的居住方式。因为没有长期而固定的居所是无法从事农业生产的。首先，云南少数民族的踏歌舞蹈与仰韶文化有特殊的联系，从河南、甘肃、青海、陕西、四川到云南都可以视为仰韶文化传播带。但至少在青铜时代，就云南的踏歌舞蹈来说，已经有了鲜明的地方特色，用葫芦笙作伴奏已经非常普遍。其次，作为云南最古老的民族，百濮从新石器到青铜时代，已经在云南、四川、湖南、湖北到长江中游一带广泛分布。在这条百濮文化传播带上，以葫芦笙伴奏的踏歌艺术为标志，百濮和其他民族一起创造了灿烂辉煌的楚文化。最后，百越也是云南最古老的民族之一，至少在新石器时期，他们已经在云南定居，云南、贵州、两广、江浙一带，包括越南都是他们活动的地方，并形成了广泛的百越文化传播带，他们的文化和百濮有很多相同之处。

踏歌曾经是典型的农耕文化，其内涵具有这样几个特征：崇拜葫芦、种植稻谷、猎头习俗、拥有干栏式建筑。而现今，踏歌已成为民众心中的精神仪式。每逢庆贺丰收、传统节日、婚丧嫁娶，都是踏歌最好的展现机会，也是人们情谊表达、哀思寄托的最佳场合。踏歌所具有的多样化艺术表现形式、五彩缤纷的原生态人文内容，历经岁月沧桑，代代相传，经久不衰，依然散发着极为顽强的生命力，让世人真切体会到大众性的歌舞不仅能陶冶情操，还能愉悦身心，更有利于促进社会与文化的发展，有着深刻久远的文化底蕴。

第四节　踏歌文化传承现状及策略

踏歌来源于民间，是人民群众在长期的社会文化中，总结生活经验，逐渐创造并且发展出来的一种非物质文化遗产，所以有着文化性、历史性、濒危性、民族性等特性；我国正处于新时期保护和发展文化事业工作的关键节点，保护好，传承好踏歌，每个人都有着不可推卸的责任；只有保护好踏歌等非物质文化遗产，才能保持多民族文化的交融性和可持续性，对于国家发展、民族融合都有着不可忽视的现实意义和历史价值。

对于踏歌来说，作为一种流传至今的传统文化，它有着不间断的历史连续性。当社会处于蓬勃发展时，踏歌也处于开放状态，会紧跟时代潮流和步伐，结合时代发展特征，作出一些有利于时代发展的改动，使其和时代相融合。

一、踏歌文化传承现状

传承文化是世代彝族人民文化产生、发展、融合，再发展、再融合的过程。踏歌的传承机制，主要靠着家族传承、师徒传承、群体传承，因受限于踏歌的产生方式和文化传播特点，在历史文化传承中，踏歌不像学校教育一般，有着传承的体系和规定的模式，学校传承和社会传承只能是辅助性的。普遍说来，村民们对于踏歌的最初印象还是来源于从小到大、耳濡目染般地接受大人们的歌声熏陶，不自觉地学会了"踏歌"唱腔与步伐。

（一）家庭传承形式

踏歌是一种集多功能于一体的艺术形式，有着审美、交际、娱乐等价值，彝族踏歌是与彝族人民的日常生活息息相关的，影响着整体与个体，影响着家庭与宗族，影响着个人的婚姻与价值观等。对于彝族人民来说，踏歌是流淌在他们血液里的一部分，是分不开的。踏歌是各民族娱神、娱乐最主要的方式，是展示自由、寻找配偶、抒发情怀的最好机遇，同时也是少数民族成员须掌握的一门技艺。

家庭是踏歌传承最早的地方，父母是孩子的第一任老师，是给孩子精神享受的温馨家园。家庭给了每个人成长所需的物质保障，同时也给了每个人良好的启蒙及教育。彝族人民是非常注重宗族姻亲的一个民族，所以彝族踏歌方式最主要的传承方式就是父母长辈言传身教，一代又一代的彝族孩童在幼小的时期，就受到家族中祖辈和父母辈的熏陶学习踏歌，延续至今。关于踏歌的礼仪、传说等，如同彝族的生活常识、道德观念、生产技能，从小就被长辈传授给了下一代，让其伴随着孩童自身的成长。

（二）社会性传承方式

踏歌涉及人生的婚丧、祭祖、节庆、庙会等各方面，而且成为群体性的自发活动，不分男女老少，互动性强，参与面广。踏歌是一种老少皆宜、不分种族的文化，有着很强的包容性，遍及人们生产生活的各个方面，是社会发展中一项必不可少的生活仪式，在无形之中影响着一代又一代的人们。即使在现代多元"元素"冲击下的今天，仍可能在一个踏歌场上看到，有老人背着小孩参与踏歌或者带着小孩在旁观看。父母背上的小孩，在醉人的忽快忽慢踏歌声中，有的充满好奇，有的酣然入睡，而在旁边观看的小孩，早被大人眼花缭乱的动作和欢快场面所吸引，在旁边一招一式比画，跃跃欲试模仿，虽然稚气十足，但学得有模有样。随着文化传承方式的多样化，踏歌的文化组织形式也发生了根本性的变化，尤其是有组织、有纪律的文化竞赛活动出现，当地有关部门向社会发出公告，各村寨、各民间人士，均可自发组队前往海选，这种新的传承方式，也是踏歌文化传承更加多元化的一个重大举措。

（三）校园传承的创新

学校的主要职能是传播优秀文化，教书育人。学校教师的教与学生的学，是实现文化与知识、传授与承接的关键环节，因而学校教育是一种最有效、最典型的传承方式。21 世纪之前学校的职能是以教书育人为主，没有开设过多的课程，所以踏歌文化就未经过学校这一渠道传播开来，地区经济、文化教育背景、民族背景等的局限，导致很长的一段时间内踏歌文化没有被传承。进入 21 世纪以后，各地区开始陆续出现踏歌文化走进校园、走进学生、走进千家万户。据 2004 年 3 月 9 日的《中国民族报》报道："近几年来，巍山县推陈出新，整合了民间踏歌文化，经过对踏歌文化的搜集与整理，将优秀踏歌文化带入校园、带向舞台，当地根据地方特色和地方背景，聘请当地优秀踏歌文化传承者做老师，将踏歌文化带入课堂，在保留其传统文化内容不变上进行改造创新，使其更符合时代潮流，将踏歌文化推向了另外一个高峰。"

（四）传统的传承人传承

文化传承最主要的方式是通过传承人传承。传承人是各个文化中专精于本文化的人，对于所传承的文化特别熟悉、特别专精，同时也对传承方式十分清楚，对传承内容了解透彻，在文化传承中优势明显。传承人对于文化传承的作用是无可替代的，很多古老的优秀传统文化，都只能靠文化传承者口授相传，所以传承者也好，被传承者也好，都是这个领域的优秀人才，作出了卓越的贡献。进入现代以来，踏歌出现了如字升等一大批优秀的传承人，他们在传授踏歌、组织踏歌、创新踏歌、宣传踏歌上，做了大量卓有成效的工作，培养和吸引了一大批投身踏歌、钟情踏歌、喜爱踏歌的忠实学习者，对踏歌的传承、发展、传播都发挥了积极的作用，奠定了坚实的基础。

（五）依据物体的传承

物体传承是主体传承之外出现的另一种传承方式。其主要是以壁画、音像制品、书籍等为载体，通过纪录片的方式进行直观传承。其中，魏宝山龙潭殿的"松下踏歌图"比较具有代表性。该图直观展现并真实记录了彝族踏歌的情景，是一种形象的传承，对后人研究踏歌产生了较大影响。此外，随着社会的进步，大量现代音像制品及网络媒体的出现，促进了记录方式的转变，许多踏歌的记录方式被录音、录像所代替，成为传承踏歌的新载体，对踏歌的记录传承与快速传播起到了较大的推动作用。

二、踏歌文化传承之策略

"遗产与人类一样古老"。踏歌文化作为一种与彝族人民共同产生的优秀文化，是一部活的历史，是彝族人民的发展史，记载着彝族人民的生活缩影，是宝贵的精神文化财富，是彝族人民思想核心价值的体现。但作为一种艺术和非物质文化遗产，它不仅具有消失性强的非物质文化特性，还具有不可再生的特性，特别是在当今世界经济全球化、经济发展市场化、政治格局多元化的背景下，踏歌赖以生长生存的农业经济土壤文化受到不同程度的冲击，随着现代化进程步伐不断加快，网络、电视、麻将、扑克、广播等大数据库工程丰富了人们的文化娱乐形式，使古老的踏歌文化成为民族民间文化的一种弱势艺术，其生存、发展空间越来越狭小，农村的新一代青年不再像他们的祖辈一样，依靠脚下的贫瘠土地，驻守不变的田地山头，他们要么外地成婚，要么外出打工，要么读书求职，要么外出参军，逐渐离开家乡。原有的参与者、喜爱者因社会环境影响，变得越来越少，集体性的、大众化的踏歌娱乐文化，在"快餐文化"的冲击下，弱化了传承和文化的记忆。

作为人类文化遗产重要保护文件的《威尼斯宪章》提出，"世世代代人民的历史古迹，饱含着过去岁月的信息留存至今，成为人们古老的活的见证"。这段话，一是适用于作为历史长河中创造财富的非物质文化遗产，二是提出了保护文化遗产需要坚持的"真实的、完整的"原则。国务院办公厅《关于加强我国非物质文化遗产保护的意见》明确提出我国非物质文化遗产保护工作的原则是"政府主导，社会参与，明确职责，形成合力，长远规划，分步实施，点面结合，讲求实效"。

（一）原真性原则

原真性是表示一种独一无二的、真实的、不能复制的独立个体或群体，或精神文化。原真性是衡量文化遗产的重要标准，是关于文化遗产本质的一种还原。

从文化遗产保护的"原真性"原则来看待踏歌文化，可以得出踏歌文化起源于小农经济社会，来自人类早期生产生活当中。因此，我们当今要发展踏歌文化，也离不开其起源。踏歌本就是描述农民在日常生产生活中的一举一动、一言一行，播种庄稼时候的期待、辛勤耕耘的艰辛、收获时

云南屏边彝族的踏歌 贾蔓 摄

候的快乐、人的生老病死历程都活灵活现地体现出来。保护需要发展与创造，如果是歪曲历史的凭空捏造，使其变样变形，那就不是原来的这种文化形式与艺术，更不是长久历史传承下来的踏歌。原真性是评价一种文化是否属于优秀文化的重要标准，踏歌文化只有保持原真性，才能展现出其独特彝族文化的魅力。

（二）完整性原则

保护文化遗产，其主要是为了保护其完整性，必须在其完整的状态下进行其他的活动，要求内部与外部、本质与表象做到具体统一。完整性原则要求，文化遗产的每一项要素和功能、作用都必须完完整整，形成一个完整的整体，在这个整体下，各部分之间相互作用、相互依赖，共同构成一种文化遗产。

踏歌作为非物质文化遗产，其完整性体现在，它是由文化生态、地域空间、历史维度、传承人、舞蹈、打歌群众、伴奏乐器、打歌场域等多种元素构成。因此，保护踏歌需要出台具体的方针政策，如在某个地方设立非物质文化遗产传习所，设立物质文化遗产表演基地等，这些都是保护踏歌文化遗产的重要举措。亦可每年举行大型的踏歌文化遗产参观、表演等活动，用动态的模式将踏歌文化直观展现在民众眼前，缩短民众与文化遗产之间的心理距离。

（三）科学性原则

科学性是根据事物的发展规律，坚持实事求是的原则，以科学发展的态度来看待问题。正确保护与开发踏歌文化遗产，应坚持二者兼顾的科学性。踏歌的保护，一是要正确认识。必须正确认识踏歌的产生根源、内涵价值、传承发展、意义作用，并在此基础上为其传承发展创造一个良好的社会环境。二是要科学发展。根据科学发展规律来分析、认识踏歌的本质，取其精华去其糟粕。三是要尊重规律。尊重踏歌发展规律，在不破坏发展规律的前提下科学规划、建立保护机制。四是要遵照国家政策要求。在不破坏踏歌文化本质的前提下进行继承发展和利用，一切以保护为主、发展为辅，努力实现可持续性发展。

（四）发展性原则

发展是事物由量变到质变的过程，是新旧社会进步的表现。文化遗产是一个民族发展遗留下来的精神延续，寄托着一代代人们的心血结晶，是祖先遗留下来的珍贵精神遗产，是民族发展的动力和源泉。"通过遗产的可持续发展，实现人类文化多样性、地球环境多样性的可持续发展，这是遗产保护的最高原则。"① 对于踏歌文化遗产，我们应该抱着一种继承与发展的态度来看待，在发展中不忘记继承，在继承中努力发展，做到继承与发展齐头并进，做到向下一代传承有效文化，这是文化继承的本质和根本任务。

踏歌的保护，从长远角度看来，任务是十分艰巨的。从发展与壮大的

---

① 罗佳明：《中国世界遗产管理体系研究》，复旦大学出版社 2004 年版，第 30—31 页。

角度上看，一是要积极挖掘踏歌的商业价值。结合当代时代潮流，发挥互联网作用，利用大众传播媒体的力量，宣传踏歌，使得踏歌从一个小地方文化变成全民文化，辐射到国家，辐射到世界。二是要取其精华去其糟粕。在踏歌原有的基础之上，继承踏歌当中优秀的、精华的部分，剔除落后的、低俗的部分，然后结合现代的时代潮流、时代特色，推出一种全新的、老少皆宜的踏歌文化。三是要改变踏歌的传承方式。从故步自封、子承父业的宗族文化变为全民皆知的公众文化，走进群众的日常生活中，从娱乐、教育、艺术等各方面出发，让人们享受更加健康、文明、和谐的踏歌文化生活。四是将踏歌文化列为一种竞技项目。如果要发展一种文化，那么比赛是必不可少的一环，只有参加各种比赛、文艺演出，才能让更多的人认识踏歌、享受踏歌、接受踏歌。

第二章　彝族花鼓舞仪式之美：群歌群舞的个人与集体力量的神秘体验

花鼓舞是彝族丧葬仪式乐舞的一种形式，主要流传于云南玉溪市峨山彝族自治县的彝族村寨，如双江镇、小街镇、化念镇、甸中镇、塔甸镇、富良棚乡、大龙潭乡、岔河乡等彝族聚居区。随着近代社会的发展，花鼓舞不单用于丧葬仪式，也可用于贺新房、欢度节庆等场合，带有更为喜庆的象征意义，参与方式也由男性完成的仪式演变为现在男女皆可参与的娱乐活动。尽管花鼓舞从神秘走向了世俗，但是花鼓舞对于彝族人民而言，并未发生任何实质性的改变，伴随鼓声而产生的行为，以及由此而产生的文化形态，仍然保留着原始宗教文化的特征。花鼓舞的鼓声是宗教仪式的核心，花鼓舞的基本属性是举行祭祀活动，而文化符号载体是象征意义，花鼓舞的鼓声对于参加祭祀活动中的每一位成员都有着不同的精神寄托和象征意义，能给人一种心理上的满足感。作为一种地方性的特有文化现象，花鼓舞所要表达的是鼓声当中传递出来的象征意义，而花鼓舞的审美要求则是次要的。所以，花鼓舞仪式结束之时，便昭示着神灵显现的开始。

花鼓舞作为彝族节庆仪式中的主要歌舞，它在节庆仪式中的展演强化了民族精神，塑造了民族品格，集体遵从、反复演示成为民俗形成的核心要素。花鼓舞的套路繁多，传播要通过花鼓师傅的传授才能掌握，2006年花鼓舞被云南省人民政府列为第一批非物质文化遗产名录，自此，峨山县也致力于把花鼓舞打造为本地的文化品牌。

五言诗体彝文古籍《笃慕拢细则兜》是一部流传于滇南彝族民间和滇中彝族民间的丧葬祭祀经书，由民间口头传承，其具有极其特殊的唱调和仪式舞蹈，唱词固定、曲调深沉、舞步庄重，是舞蹈形式演绎这部经书的范式。随着历史的发展，娱尸慰灵的丧礼仪式花鼓舞，保留了其主体部分，毕摩领孝子绕（尸）棺诵唱踩跳，并由此分化出彝族围圈乐作舞（"咋啦卓"，即"拢总"，汉语意为"大娱乐"），还分化出"者必"，即"跳鼓"、花鼓舞。[①]在祭奠夜，出殡路祭时，所有花鼓舞队均须绕棺跳鼓，跳一段，唱一段，如此往复，送灵归祖。

对于峨山彝族花鼓舞的来源，在峨山县富良棚、塔甸一带流传着这样一个古老传说：在古代，有个彝族姑娘洗瓦罐时无意间发现，手拍瓦罐口会发出咚咚的声音，她觉得声音悦耳动听，便在上山砍柴的时候取回了一段空心树，两头蒙上羊皮，用木棍敲击。自此以后，彝族人民就有了在固定的时间和节日来跳花鼓舞的习惯。最初花鼓舞是丧葬仪式上一种必跳的祭祀性舞蹈，其意义是让死者安息，驱逐鬼怪、安魂，并且指引死者的灵魂到达先祖的身边。然而，随着社会的发展，花鼓舞逐渐从纯祭祀场合转向节日庆祝表演活动中来，在火把节、祭龙、赶新街等活动中都伴有花鼓舞的身影，此时的花鼓舞，蕴含的就是喜庆的意义。花鼓舞的"勾脚跳""颠脚""蹲步"等传统的舞步，逐渐融入地方性的花灯舞蹈中，花鼓舞也由先前的男性为主演变成以女性为主。彝族花鼓舞吸收了"五里塘""十二月采花"等花灯调的精华，并与之长期相辅相成、互利互惠。花鼓舞的表演不受场地等限制，更不受人数限制，可以是几人表演，也可以几十人表演，还可以是上百人表演。花鼓舞的表演套路丰富多样：有"龙吐水""蛇蜕皮""螺蛳转""凤凰舞""双翻舞"等三十多套，跳起来的时候古朴率直，气势雄壮。

---

① 黄龙光、杨晖：《文化翻译与民俗真相——彝族花鼓舞起源再探》，《内蒙古大学艺术学院学报》2011 年第 1 期。

花鼓舞一般使用的道具为鼓、龙头、毛巾。有的"龙头"是用箐鸡尾扎成一束绣球状；有的直接用一根木棒，顶端雕成龙头状，插上箐鸡尾，扎上各色彩带作为装饰。一名或多名龙头师傅持"龙头"领舞，其余舞者身体斜挎腰鼓（或筒鼓），右手持短棒，左手持白毛巾，和着节奏鼓舞之，场面热闹非凡。伴奏主要是大鼓、大锣、小锣、大镲、小镲和舞者自击鼓声。敲鼓的节奏分急鼓和板鼓两类，急鼓速度快，节奏明快，情绪激昂；板鼓则缓慢稳重，极富韧劲，板鼓的腾空跳跃、有韧劲的落地极富内力，具有内柔外刚、刚柔并济的力量美感，是花鼓舞之精华。

一个"花"字概括了花鼓舞的艺术风格特征，花鼓之"花"主要表现在舞蹈的动作、队形变化等复杂艺术形式中。

第一，脚下之花。花鼓舞以腿脚上的动作丰富和复杂为主要特长，舞者脚下着力于跳、勾、蹬、踢、绕、划端、跺、踏等动作。如"正步勾踢"可以作为开场动作、基本动作、衔接动作，是在花鼓舞中贯穿始终、使用最多的动作，也是真正体现花鼓舞风格特征的一个主要元素。它起着连接、铺垫、迂回、递进的一个关键作用。其他动作如"左半落""右半落""后左半落""后右半落""颠脚步""吸腿跳""前甩脚"等，其中变化最精彩的为"划端步""抬踢韧下沉全脚落地跺踏步""转身勾踢速划步""三跺脚身体上蹿""勾脚撤步斜身前伸脚步""八字踪步撤斜倒身""转身跺踏步""转身2/4跺踏步""弯腰前后踏步""斜踢划端步""原地勾踢绕蹲步""勾脚点地左右摆"等。一连串动作的变化，形成了脚下丰富多彩的"花样"，让观者瞠目结舌，不得不为之佩服。花鼓舞需要连续不断地跳动，在跳跃中迅速变化动作和队形。大跳时有腾飞之势，下蹲时则注重脚下柔起慢落的板鼓舞，全脚吸跳起在空中变化舞姿，落地时先是全蹲，后又快速地身体上蹿，似蜻蜓点水般地衔接下一个动作。花鼓舞动作的衔接和变化是敏捷灵巧的，技巧性非常强。

第二，身姿之花。在花鼓舞中，脚下跳跃起伏的同时，舞者的身体也随之腾挪翻转，由此体现精悍、潇洒的舞姿韵律，极富美感。一连串"腾空飞旋""转身跺踏""躺身后靠划八字""前撩腿后撤步转身""左右斜转身扫步""左右摆身绕步""侧弯腰转斜身上步转""前后左右摆""左右斜身提沉""身体后靠""双肩前后摆""左右随身划圆"等动作，给人一种技艺娴熟、潇洒自如、舞姿翻花、刚毅敏捷之感，在观众看来，其身姿变化绝对是眼花缭乱。花鼓舞的一些动作小、快、灵，但在腾、跃、翻花转身等动作中，又体现出极强的爆发力和刚劲的风格。

第三，手上之花。花鼓舞又一个突出的特点是舞者右手持鼓棒敲鼓，左手持白毛巾上下舞动。一左一右，一红一白，在一敲一抛中，随着脚下的跳动和身体的旋转形成了红鼓"转"、白巾"飞"的样式，在舞者周围、头顶上方和左斜前方形成无数美丽的花，造成红色和白色交替，如无数彩蝶翻飞的壮观场景，这是花鼓舞的又一"花"。花鼓舞在民间流传就有70

峨山彝族花鼓舞 奚茜 摄

多种套路，流传至今保留较完整的还有 35 个表演套路。当今跳的花鼓舞，套路复杂、队形多变，"白鹤渡江""螺蛳转""过街翻花"等多种表演套路的嫁接运用，使整个舞蹈队形、画面都很漂亮，甚至很壮观。"百人螺蛳转""千人螺蛳转"是成百上千的舞者由"龙头"带领，一个接一个在无数个小圆、大圆、S形的曲线变化中时而绕进，时而绕出，时而穿套，时而抛出，在极富美感的队形变化中，红鼓和白毛巾旋转、翻飞、色彩鲜明、错落有致、舞姿流动，使整个花鼓舞的表演美不胜收。

花鼓舞最初是用于祭祀性的场合，其文化内涵富有宗教民族色彩。彝族人家办丧事时跳花鼓舞，将丧事当成喜事办，越是年长者，或与人为好者的丧礼尤为热闹，以"跳喜""喜鼓"的方式追怀和恭送逝者，同时祈求健在的人平平安安、顺顺利利。总体来说，花鼓舞所体现的精神是乐观和积极向上的，它真实地代表了彝族人民的心理情感和生活状态，是一种积极健康心理的写照。花鼓舞始终不渝地健康发展，在彝家山寨的生产生活中广泛传播、不断壮大，成为一种富于文化内涵、体现民族文化精髓的舞蹈，并不断走向创新的民族民间艺术形式。

第一节　火把节中花鼓舞的祖先崇拜

火把节是众所周知的民族节日，但不只是彝族的节日，也是白、傈僳、纳西等民族的节日，但要说火把节在节日中的重要性和隆重性，其他民族恐怕都无法与彝族相比，因为它是彝族的年节。彝语称火把节为"处伙咩者独"，每年举行三天，于农历六月二十四日开始。关于彝族火把节的来历，云南峨山普遍流传着三则故事：第一则故事是，传说远古时，地上的彝族人民过着安定的生活，庄稼长得很好，而天神很嫉妒人们的生活，于是就变出许多的害虫来到凡间咬噬庄稼，地上的彝族人民遭到了残害。后来一个叫支格阿龙的彝族英雄挺身而出，他把松树砍倒，围在庄稼周围点起火，火焰把害虫都给烧死了，支格阿龙拯救了彝族部落，于是彝族人为纪念这个英雄就有了火把节。第二则故事是，从前有一个彝族小伙子与山下的富家小姐相恋，感情特别好，想结为夫妻，但由于彝族小伙家境贫寒，女方父母坚决反对，并设法拆散，所以在农历六月二十四这天，两人相约在大西山顶殉情而亡。彝族男女青年为纪念这对情侣，赞美他们凄美的爱情，并相聚于大西山头用歌舞来纪念。第三则故事是，清康熙《嶲峨县志》卷载云："相传彝妇阿南夫为人所杀，誓不从贼，以是日赴火死，国人哀之，故为此会"。① 关于火把节的传说众说纷纭，但不管是哪一种传说，在过火把节的时候，彝族人民都会跳花鼓舞，祭拜自己的祖先阿普笃慕，他是彝族共同的祖先，如今遍布西南地区的彝族都是他的子孙后代。

一、花鼓祭拜祖先

彝族花鼓舞是为了纪念始祖阿普笃慕，花鼓舞中赞颂了始祖阿普笃慕勤恳、聪慧、勇敢的伟岸形象。"彝族本是一个迁徙民族，祖灵崇拜是彝族传统信仰的根本核心"，"花鼓舞是彝族历代祖先和后人之间强有力的血肉纽带。"② 据说彝族祖先阿普笃慕经历了各种天灾人祸，最终克服种种困难，以自己的智慧开创了后代的幸福生活和本民族独特的历史文化。如《笃慕罗思则》中这样记载："阿普笃慕尼，新妻生下子，成为一个支。二妻生下子，分成一部落。"彝族花鼓舞以舞蹈形式阐述了彝族人民的历史文化，花鼓舞作为峨山彝族群众的集体舞蹈，有着历史、族谱、图腾、民族迁徙及

---

① 黄龙光：《少数民族传统歌场的文化空间性》，《民族艺术研究》2010 年第 6 期。

② 黄龙光：《仪式舞蹈与历史记忆：彝族花鼓舞起源初探》，《内蒙古大学艺术学院学报》2010 年第 3 期。

峨山彝族的集体舞 奚茜 摄

社会等共同的文化因素在里面, 是彝族人民表达文化底蕴和传承文化的一种独特方式。

花鼓舞是祭拜祖先仪式的主体部分, 由动作和神态来宣泄感情, 来寄托自己对于先祖的崇拜和尊敬, 来表达自己对于美好生活的追求。峨山彝族群众在火把节祭拜祖先阿普笃慕仪式时, 主要就是通过跳花鼓舞来表现的, 通过花鼓舞的舞蹈套路和表演形式来宣泄和寄托情感。

在点火把之前, 由毕摩主持, 带领县城百姓去祭拜祖先阿普笃慕, 供上鸡鸭鱼肉和蔬菜水果, 待毕摩念完经上完香之后, 由毕摩发令, 花鼓舞队入场。这时的花鼓队要由上百人组成, 每十个人为一小花鼓队, 呈现出一个长方形阵队, 表演者有男有女, 岁数都在三十岁左右。每一小支花鼓舞队都有一名叫"龙头"的师傅领舞, 跳花鼓舞的时候, 师傅左手拿着一根七十公分长的龙形木头棒, 龙头的上方要用一根红色彩带绑着箐鸡尾, 右手拿一条毛巾, 配合着音乐甩动。伴舞者每人挎着一个花鼓, 花鼓上面系有彩带，每个花鼓大概有 40 厘米高，直径约 25 厘米，鼓的两头与中间大小一致，两端都用猪皮绷着，这样敲起来的时候声音就会显得雄浑。花鼓从右肩横跨至左手腋下，右手拿着鼓槌按照音乐节奏击鼓，左手持毛巾配合甩动。花鼓舞独具特色的地方就是它的伴奏乐，它的伴奏乐都是打击乐，比如鼓、锣、钹等，祭拜祖先时，花鼓舞跳得多、唱得少。

祭拜祖先阿普笃慕时，所跳的花鼓舞为"笃慕罗思则逗"，意思就是"笃慕创世纪"，主要描述的是祖先阿普笃慕经历洪水泛滥之灾后，天地万物都没了，只剩下他，天神为了让人类继续繁衍，便将三位仙女嫁给阿普笃慕，阿普笃慕与三位仙女生了六个儿子，六子长大后便迁往西南地区的各个地方繁衍生息，形成许多的支系，以此来开拓疆土、创立彝族世界的故事。此时的花鼓舞更多的是对整个故事的一种叙述、一种模仿，运用一种大家都能接受的娱乐活动形式，广泛地传播其含义，是缅怀先人伟大功绩以及对彝族发展史的一种记忆，以至能达到一种文化整合和文化的认同感。

二、花鼓舞点火仪式

格罗塞指出："在跳舞的白热中，许多参与者都混成一体，好像是被一种感情所激动而动作的单一体。在跳舞期间，他们是在完全统一的社会态度之下，舞群的感觉和动作像一个单一的有机体。原始跳舞的社会意义全在乎统一社会的感应力。他们领导并训练一群人，使他们在一种动机、一种情感之下，为一种目的而活动。除战争外，恐怕舞蹈对于原始部落的人，是唯一的使他们觉着休戚相关的时机……一切高级文化，是以各个社会成分的一致有秩序的合作为基础的，而原始人类却以跳舞训练这种合作。"[1]

---

① 彭兆荣:《人类学仪式的理论与实践》，民族出版社 2007 年版，第 6 页。

当人们的呼吸和欢跳处于统一节奏的时候，当表演的人与舞蹈音乐融为一体的时候，人与音乐与舞蹈之间形成了一种共振，每个表演者都享受其中。每个表演者都能从中享受到精神上的快感，在舞蹈之间找到属于自身的力量，找到了集体的力量，追求那种神秘与崇高的情感体验。

点火把仪式时，花鼓舞队由上百人组成，围成一个又一个的圆圈包围着火把，此时的表演者全部是女性，男性不得参与，这些女性年龄都在三十岁左右。这个上百人的花鼓队，只有一个总指挥，这个总指挥必须由一个年长的女性来担任，此女性是通过专业培训的花鼓舞传承人，当总指挥敲击两次大鼓，每个伴舞者就挎起自己跟前系有彩带的花鼓，鼓挎于右肩垂至左腋，胸前正中彩带上缀有一面小圆镜，右手持鼓槌按着音乐节奏击鼓，左手拿一条白毛巾配合甩动。这时的花鼓舞以唱为主、跳为辅，唱时无伴奏，只是表演者用鼓槌在鼓边上敲着节奏，边敲、边唱、边舞。曲调为《想你是挝啰，爱你是挝啰》，唱词为：

色哩啰色色哩色哩啰色，

色哩啰色色哩色哩啰色，

色啰色　色哩色哩啰，

色哩啰　色哩色哩啰，

色啰色　色哩色哩啰，

色哩啰　色哩色哩啰，

想你是挝啰，爱你是挝啰，

想你想你想你是挝啰，

爱你爱你爱你是挝啰，

……

点火仪式时的花鼓舞是急鼓，节奏较快，其舞蹈动作热烈粗犷、刚劲有力。表现了彝族人民热情似火欢度火把节，加强了血缘关系，联系了本民族内部的感情，强化了民族内部的凝聚力和向心力，提升了民族的认同感。

第二节　赶新街中花鼓舞的神圣祈福

作为宗教艺术的舞蹈要发挥其通神与祈神的功能，在表现媒体上主要使用两个手段，一是有节奏的动作，二是不可更改的动作秩序。赶新街是峨山彝族人民喜爱的一个传统节日，节日的时间为每年春节后的第一个街子天。最隆重的当属于塔甸、富良棚一带的彝族聚居区。新街节那天，附近村寨的男女老少身穿新衣裳，成群结队地去赶"新街"，并组织自己村寨的民间艺术队前往参加。街子上的居民作为东道主，要组织花鼓舞队到街市口，满腔热情地迎接前来参加表演的各村艺术队。之后，举行开街仪式，主持者致辞："祝愿来年风调雨顺，五谷丰登，六畜兴旺，五福临门，家人平安……"等到三声炮响过后，按秩序沿街道进行表演活动，首先以舞龙耍狮队领头出场，其后为彝族花鼓队。

一、祭拜花鼓神灵

彝族作为一个迁徙民族，对祖先披荆斩棘的迁移历史看得尤为重要，而花鼓神灵就是迁徙中的精神文化寄托，表现了民族文化的认同感和归属感。彝族人民的历史不仅记载在典籍上，也用口头言语和独特的娱乐活动传承下来。

塔甸是峨山彝族的一个重要聚居区，是彝族花鼓舞发源地之一。近年来，塔甸镇把祭鼓作为开新街的开场戏，以古老的方式和礼俗祭拜花鼓神灵。由街子上的东道主居民做好一切的祭拜神灵工作，在临时搭建好的祭鼓台上，放上由红布绑好的一个大鼓，大鼓的两侧拴上密密麻麻晒干的玉米，其意蕴是感谢神灵的护佑，让过去的一年硕果丰收。大鼓的前方摆上

峨山塔甸彝族祭拜花鼓神灵 奚茜 摄

鸡肉、蔬菜、水果和一把清香，之后由六个吹唢呐的彝族青年男子分别站在两边吹响唢呐。伴随着唢呐声，毕摩入场开始念经。

《口福祭辞》：

> 峨嬷啊罗摩，日出到今日，喜欢喝好酒。日出到今日，
>
> 某氏老母你，阳春三月里，好酒会给你，交酒母接去。
>
> 冷水饮不饱。五月夜时短，交给酒以后，要交普洱茶，
>
> 五月睡不饱。今天这日子，交茶母接去。交了茶以后，
>
> 不是五月啊，（为）何睡不醒。只要交好米，好米弥渡米。
>
> ……

待毕摩念完经之后，由一个五十岁左右的妇女做主持，带领八个同龄妇女，且九个妇女必须是花鼓队里德高望重的表演者，她们组成一个小花鼓队进入祭鼓台，左手拿着用红、黄、绿布绑好的箐鸡毛，右手拿着淡黄

色的毛巾，胸前挎着花鼓。当主持高举起箐鸡毛的时候，另外的八个表演者就伴随打击乐跳起了花鼓舞，台下的百人花鼓队、舞龙耍狮队也跟随台上的表演者跳起来。此次祭拜花鼓神灵，花鼓舞的动作主要有"左打花""右打花"，就是跳乐中的"韧脚""左半落"。这一系列的活动中，容不得一点微小的变动，以保证舞蹈的神圣性。其唱词是《丰收花鼓》：

> 花鼓神灵真是好，
>
> 今年又是丰收年，
>
> 彝家更上一重天。
>
> 弹起月琴琮琮响，
>
> 丰收花鼓跳得欢，
>
> 放开歌喉把歌唱，
>
> 齐声歌唱花鼓神灵。

"仪式在满足人们心理层面上的需求也有着重要的作用，特别是在生活中一些不可意料的事情上，比如生病、危险、生活变化等，仪式可以起到心理上的舒缓、化解、转移等作用。事实上，人类的先辈由于对自然，对人类自身的认识还停留在一个相对低下的阶段，对自然的威慑和人类心理、情感上的变化都得不到'正确'的解释，人们便在仪式中寄托着某种情感上的东西。长期以来，由于当地的人们对自然本能的恐惧，祈求花鼓神灵成为了人们的一种情结。"[1] 通过表演花鼓舞来实现一种本能的愿望，这是潜藏在仪式背后的一种集体无意识。

---

① ［德］恩格斯·格罗塞：《艺术的起源》，蔡慕晖译，商务印书馆 1984 年版，第256 页。

二、花鼓闹街

开新街，指滇中彝族各民间灯会在春节过后的第一个街日，隆重举行开街仪式，祈求风调雨顺、生意兴隆。开新街后，商人才开铺贸易，农民才开始下地盘庄稼。彝族花鼓舞从古至今发展过程中一个重要的过渡性节点是开新街，是彝族文化交流的地方。随着彝汉文化的交融，彝族花鼓舞的社会性功能也发生了变化，从最初的祭祀性舞蹈，到如今灯会展演娱乐性活动，由此衍生驱邪、求丰收、祈福等一系列的次生功能。

峨山县的"开新街"习俗已经有上百年的历史了，主要流传于富良棚、塔甸、岔河、甸中、大龙潭一带地区。旧时代，彝族人民每年大年三十晚祭拜祖先后，各家是紧锁房门，没有人员往来的，一直持续到大年初二或初三，各彝族寨子的民间灯会、龙会、狮会、地会等活动举办过后，人们才相互走动来往。商店依旧没有开门，购买不了东西，且这时候的人们是不下地干活的，直到春节结束，集市开街后才会恢复正常秩序。

开街当天，街道两边早就挤满了人民群众，并纷纷换上盛装出席，街道上有各种各样的表演，目的是祈求来年风调雨顺、五谷丰登。彝族花鼓队在开街当天进行表演，街道宽阔表演时间长一些，街道狭窄表演时间短一些，视情况而定。赶新街当天吃过午饭后，随着《花鼓飞花》旋律响起，彝家儿女在长长的街道上跳起了铿锵的花鼓舞，此时的表演者都为女性，由年轻女性和中年女性参与，表演者的装扮和祭拜花鼓神灵时基本一样，唯一不同的就是每个表演者的胸前多了一面小圆镜，这面小圆镜表示驱鬼辟邪，希望在新的一年里，彝族人民可以平平安安、顺顺利利。整个花鼓舞活动的前奏是用钹、锣、镲声等，用激昂澎湃的伴奏乐衬托气氛、激发激情、鼓舞人心，继而鼓声频频，锣、钹、镲声阵阵，场上舞蹈队员们则是听着音乐声的节奏翩然起舞。舞蹈动作繁多，着重于脚部腿部，如蹬、顿、甩收、跳、越、绕花、蹬转、崴脚等。特别是空中动作更是难度巨大，是对舞者是一个巨大的考验，腰、头需要大幅度摇摆晃动，动作必须干净利落、豪气奔放。临近晚上，各花鼓舞队会重新聚集在新街的广场上，人们围着熊熊篝火，激情跳舞，展示打跳套路与技巧，各队之间还会比赛，其中的男男女女会互相观察，能跳花鼓舞是彝族青年儿女择偶的一个重要标准，对于当地彝族人民来说，开新街是作为新一年的起始点，是每个人都要开始新生活的标志。

在新街中，花鼓舞队沿路拜各商铺，是花鼓舞队独特的炫舞方式，一般在巡街展演后各花鼓队独立进行，不需要向家户、商铺提前递灯帖，花鼓舞新街拜演是现场直接进行的。好在店主们早已熟谙巡拜传统，也希望得到彝族花鼓舞的祝福口彩礼，因此店家当天都会提前备好鞭炮、礼钱，空出场地候拜。一见彝族花鼓舞队敲着鼓来到，店家立即引燃鞭炮，花鼓舞队就在店前跳"拜四方"等套路，队员们动作整齐、气势激昂，花鼓舞

峨山彝族开新街上的花鼓表演　奚茜 摄

队跳得越投入，店主越高兴，围观者越多，喝彩声也越多，预示来年生意兴隆，财源滚滚。

彝族人民把现实生活中的一切事物都赋予了独特的生命力，并通过舞蹈展示出来。以惟妙惟肖的舞蹈动作祈求神灵的庇佑，以彝家人特有的方式开新街，跳起花鼓舞，祝福新春。彝族花鼓舞作为曾经表达迁移历史的舞蹈，不断地激活世人对于祖先的崇拜和回忆，而今对于彝族青年男女来说，是两性社交的重要场合。彝族花鼓舞的历史使命是送祖归灵，而今演化出来的两性社交场合则是在内外力量的交织下形成的，并共同推动了彝族花鼓舞的传承。

第三节　祭龙节中花鼓舞的自然崇拜

"祭龙"习俗是一种典型的民俗活动，在我国众多少数民族的习俗文化中都有"祭龙"的传统习俗。"祭龙"习俗源于各民族对龙的崇拜，是各民族原始宗教信仰观念的集中表达，展示着各民族的信仰观念。龙崇拜自古就是汉民族的民间信仰习俗，可是，在长期的社会历史发展过程中，汉民族与少数民族不断交流学习，少数民族受汉族文化影响，逐渐形成了独特的崇龙习俗。

彝族人民的尚龙习俗，源于"龙生九子，九子各不同"的传说。彝族自称为"龙虎"的子孙，历史上"卢鹿或罗罗"的族称便有龙虎之意，彝族视龙为本族的祖先，许多神话传说都有关于龙生夷的说法。据《后汉书》卷86《南蛮西南夷列传》载："哀牢夷者，其先有妇人名沙壹，居于哀牢，尝扑鱼水中，触沉木若有感，因怀妊。十月，产子男十人。后沉木化为龙，出水上。沙壹忽闻龙语曰：'若为我生子，今悉何在？'九子见龙惊走，独小子不能去，背龙而坐，龙因舐之。其母鸟语，谓背为九，谓坐为隆，因名子曰九隆。及后长大，诸兄以九隆能为父所舐而黠，遂共推以为王。后牢山下有一夫一妇，复生十女子，九隆兄弟皆娶以为妻，后渐相滋长。种人皆刻画其身，象龙文，衣皆著尾"。[①] 又有《华阳国志》记载："九隆死，世世相继，南中昆明祖之"。可见，关于哀牢夷龙崇拜，最早可追溯到母系氏族社会向父系氏族社会过渡时期，哀牢夷把龙作为自己的祖先，认为自己是龙之子，彝族自称"龙虎"之子由此可见。

祭龙节是峨山彝族的一种传统节祭，祭龙节成为当地彝族民众一个重要的节日，但祭的并非汉族通常所言的"龙"，而是彝家的"树"。每年农历二月的第一个属牛或属马日，在彝族聚居地的山神树下举行，此仪式最终目的是祭拜山神，是彝族人民自然崇拜的体现。

彝族民众认为"龙"是雨水的象征，"龙"的力量十分强大，可以呼风唤雨，可以保佑一方土地。而彝族人民在民族传承文化中，认定了水是万物之始，是生命之源，而绿色的花草树木是水滋养大地后产生的生命，天地间能够呼风唤雨的龙是水神，水神就藏在江河湖海与绿色的树林之中。彝族人建寨时以树林繁茂之地为宝地，在此开寨生活，因而彝族人的村寨都有一处藏龙养水的龙树林。"祭龙"习俗的祭拜场所就是龙树林，以其中最高大的一棵作为"龙树"，龙树是水神、龙神的居住的地方。

"祭龙"习俗具有一系列的仪式过程，在祭龙节到来之前，彝族村寨都会停下农活，集体做好祭龙前的准备工作；祭龙节当天男人都要准备参与祭祀，女人都要在家打扫家务，炊火做饭；仪式的开展由"龙头"负责，需要准备各种祭品，来到龙树下进行祭拜。无论祭龙的仪式过程是怎样的，其目的在于祈愿，祭龙目的是祈求雨水丰富，祈求寨运平安、风调雨顺、五谷丰登、六畜兴旺、子孙繁茂。祭龙节日中彝族村寨的男女老少，都需

---

① 吉成名：《中国崇龙习俗》，黑龙江教育出版社 2012 年版，第 85 页。

彝族祭龙仪式 奚茜 摄

停下生产劳作参与到这一祭祀活动之中，并准备好祭拜的香火、米酒，杀一头猪来供奉祖先。在"龙头"把"龙肉"分到各家各户后，随即村民将祭品带回家中后，也需要在家进行祭拜，感谢祖先。

"祭龙"具有完整的仪式过程，仪式的举行是以群体为基础，村民广泛参与，虽然妇女被禁止进入"龙树林"，但祭祀的祈福对象依然是包括妇女在内的全体村民。"祭龙"活动中，祭品是全村人共同准备的，或是各家各户确定好各自的祭品，或是集体出资共同购买。祭拜神灵后，祭品分别分发给各户人家，这里所有的事项以集体利益为先，仪式过程中不分彼此，通力合作，共同参与到祭拜活动中。在这些仪式中，彝家人聚集在一起，在祭龙中追忆缅怀祖先，在仪式过程中祈求神灵保佑，求得粮食生产富足，在舞蹈活动中感受集体，这无疑增强了本民族凝聚力、认同感，且对彝族村民起行为规范的作用。

跳乐舞，是彝族"祭龙"活动的另一舞蹈组成部分，与彝族"祭龙"习俗有着密切关系，一般祭龙仪式结束后，都需要进行跳乐仪式，因而跳乐舞具有浓厚的祭祀色彩。彝族人举行盛大的祭龙节仪式，各村人举龙头（最高主持人），宰猪羊，拿到"龙树"下进行祭龙仪式。祭龙节活动要进行三天三夜，白天，村里每家每户都摆酒席，村民们相互串门，到各家吃喝；入夜，选定舞房，点灯入屋，由乐娘背着犁、锄、弯刀等生产农具在屋子内跳三圈，当乐娘跳出舞房，全村男女老少开始在舞房内进行跳乐，昼夜欢聚一堂，集体跳乐通宵达旦，意在祝愿来年粮食丰收、物产富足。除了在祭龙节期间，跳乐舞也可在新居落地、秋后丰收时进行，以传达人们庆贺新居、庆祝丰收的喜悦之情。

从一定意义上来说，祭龙节上的花鼓舞是以自然崇拜为核心的。峨山彝族先民在漫长的历史社会生活中，由于遭受自然力的严重威胁，又缺乏有效的抗御能力，因此就产生了万物有灵观，认为山神树与人们密切相关，要定期祭祀，祈求其庇护。彝族人民认为：世间的万事万物都由神灵化身而成的，都是神的化身。在彝族先民崇拜的神祇中，最大的就是主宰天地万物的山神树，祭祀场所设立在神树下进行，在神树面前焚香敬献，一边叩头，一边口中默念祷告词，待叩完头、念完祷告词后，花鼓队入场了，在山神树前围成一个大圆圈。此时的表演者既有男性也有女性，在放鞭炮之时，花鼓队师傅发号施令，百人花鼓一起表演，

祭祀神树的仪式 奚茜 摄

胸前的鼓和身体协调配合，手上的毛巾也配合着甩动，鼓声震天动地。

泰勒曾经说过："跳舞对我们新时代的人来说可能是一种轻率的娱乐。但是在文化的童年时期，跳舞却包含着热情和庄严的意义。蒙昧人和野蛮人用舞蹈作为自己的愉快和悲伤、热爱和暴怒的表现，甚至作为魔法和宗教的手段"。[①] 歌舞是人类与神灵沟通的特殊表现方式，是人类表达思想感情的表演艺术形式，是感情的外化。

"祭龙"是彝族古老的原始宗教祭祀活动之一，是彝族人原始宗教信仰、意识形态的产物，在彝族人的生活中至关重要且不可缺少，是彝族人一年中最盛大、最隆重的节日活动。历史悠久的"祭龙"习俗，承载着彝族人的所有精神观念，认识"祭龙"的文化特征，是认识彝族人精神观念以及彝族人舞蹈形态的前提。彝族人民对山神的崇拜，从本质上说就是人对自然界的敬畏，对自然界伟大力量的崇拜，对天灾无法抵抗的绝望，也反映了人与自然的矛盾。对山神的崇拜是自然崇拜的一种，对自然的崇拜实质上反映的就是人的发展和自然界循环之间的矛盾。彝族人民之所以崇拜山神，是因为他们生活的自然环境、生产方式和日常生活决定了这一切，通过表演花鼓舞来祭拜山神，可以显示出对山神的敬畏之情。

第四节　峨山彝族花鼓舞

从昆明南下玉溪，就到了峨山县城。交通的发达、经济的发展并没有破坏峨山的生态环境，这里依然空气清新，绿树苍翠。走进峨山，就是走进了滇中彝族聚居区，其处于云南彝族主要聚居地哀牢山区和红河流域的

---

① 聂滨、张洪宾主编：《花鼓舞彝山——解读峨山彝族花鼓舞》，云南大学出版社2007年版，第78页。

东北边缘，有着纯正而浓郁的彝族风情，被称为"中国彝族花鼓舞之乡"，可见花鼓舞在峨山地区的地位是何等的重要。

花鼓舞在当地彝族民众中叫作"者波必"，是峨山地区广为流传的一种彝族民间舞蹈。最初，花鼓舞是一种丧葬时跳的祭祀性舞蹈，后来发展成为丧葬、喜庆、节日普遍采用的一种广泛的民族民间舞蹈样式。最初只在峨山少数几个村落流传，随着五六代人的传播，花鼓舞不仅遍及峨山村镇，而且也传入了周边的几个县城，在当地有一万多人会跳花鼓舞，目前峨山的花鼓舞队有781支，流传十分广泛。2006年，"峨山县彝族花鼓舞"和"峨山彝族花鼓舞之乡"入选云南省第一批非物质文化遗产保护名录，使当地彝族花鼓舞的重要价值和地位得到了确认和提高。

在峨山县塔甸、富良棚等村寨流传着一个关于彝族花鼓舞的传说，彝族后人为了纪念花鼓的发明者，还做了一个牌位，上面写着"有感花鼓娘娘之神位"，在每次跳花鼓之前都必须杀鸡献牌位，举行一定的仪式，表示对花鼓娘娘的崇敬，并保佑跳舞的人不会受伤。新中国成立前后有些"花鼓会"（即花鼓队）还保留着祭花鼓牌位的这一仪式活动，但现在这样的仪式已经很少见了。1986年对峨山民间传统文化进行调查时，据民间老人口述，在19世纪末，甸中镇石虎村一个叫李国福的人就已经会表演花鼓舞，并先后传授了本村及邻寨的水晶城、杉松岭、高平茂、作洛等村的群众。1901年前后，花鼓舞开始由以上村寨相继传入塔甸、大龙潭、富良棚和岔河地区的村寨，后来又传入新平县、双柏县的部分彝族村寨。峨山花鼓舞的传承形式有县内互相传承、本村传承、家庭传承和极少数的自学、外县传入。到目前为止，花鼓舞在峨山有着明确的传承记录，很多村能够清楚地列出花鼓舞传播的六代谱系。随着花鼓的传入，彝家花鼓艺人开始学用汉语演唱，历经文化长期的交流与融合，现在的花鼓艺人基本上直接用汉语或半彝半汉的语言演唱。

过去在丧葬仪式中表演的花鼓舞，舞者完全为男子，五人一队，当地人称为一"棚"。家中五十岁以上的老人寿终去世时，前往吊唁的至亲好友往往会请上几队花鼓舞表演队前去奔丧，来跳舞的花鼓队越多，越说明这个老人平时为人很好，有很好的人缘，老人的亲属脸上也觉得光彩。而在丧葬礼中，花鼓舞表演是不同的，花鼓舞的表演没有乐器伴奏，且花鼓舞是边跳边唱，非常具有民族特色，而其他歌舞表演者都是有乐器奏乐的。花鼓舞的唱词清晰，非常有特色，曲调大多是源于花灯调，用汉语来演唱，后来，传入彝族，改用彝族语言来演唱，常见的有花灯中的"放羊调""五里塘"等。为老人送终时，东道主花鼓队，也就是本村的花鼓队在进入灵堂时先跳，送葬上山时也走在前面。在灵堂前，东道主队的领舞者也就是"龙头"带头跳"进拜"（拜四方），拜死者及家属，表示客人对主人的尊敬，紧接着表演"四合心""单翻舞""双翻舞"等舞蹈套路，跳完之后说："禀报、禀报、禀声高报，小的花鼓进到。花鼓敲不成，花鼓才学敲，小燕才学飞，小燕飞不成，一来主人包涵，二来客包涵，包涵。"

"进拜"之后，主人要拿出一块红布挂在领舞者的"龙头"上，花鼓队又唱歌表示答谢，"挂红"之后，花鼓队要向其他的花鼓队打招呼，这时唱："祝了你们的鼓，起了我们的锣；呀嗬咳，唱灯呀，唱灯满来红似火，唱灯丑来包涵些，满场的各位多包涵。"唱完之后，接着跳"蛇蜕皮""三段连"等套路。峨山的彝家人用一种热烈的舞蹈来为死去的老人送行，花鼓队的表演贯穿整个葬礼的始终，每一位正常死亡的老人都是在花鼓声中归去，而他的家人也通过花鼓寄托哀思、表达悼念。

宾客间的客套结束后，就开始唱《进门歌》，唱完歌，吃过晚饭之后，几支花鼓队会相约到村里的晒谷场进行混合表演，每队在单独表演之后，再跟随主队的套路进行表演，表示相互间的尊敬和学习，也有比赛的意思，看哪个队的花鼓敲得响，哪个队的舞蹈套路多，其间会有一些比赛性质的唱和对答。据当地人介绍，很多不了解当地语言和习俗的人是看不懂谁输谁赢的，只有当地人才知道。

花鼓舞的服装看起来很简单，但却是峨山彝族人民日常生活的精致表现，他们喜欢白色、黑色、红色和蓝色等搭配，穿在身上有张扬的美感，却不会过分妖艳。比较花鼓舞的服装而言，花鼓舞的道具似乎还要更简单一些，它的主要道具是中间粗、两端稍细的筒状鼓，一般是高约30厘米，直径约10厘米，鼓身是红色的，大多是工艺品厂统一生产的，最早跳花鼓舞时所用的鼓是用核桃树挖空树心，再蒙上牛皮或羊皮制成的，现在这种鼓已经基本没有了。系鼓的带子多为红色的绸带，现在有些鼓队加了装饰，用五彩毛线编成长辫子，两端坠有流苏和彩色的绒球，带子将鼓从右肩斜挎到左腰，很多花鼓队的鼓槌上还系有红绸，击鼓的时候，红绸翻飞，鲜艳夺目。

花鼓队员胸前的带子上一般都配有一面小圆镜，像护心镜一样，对于过去总是参加送葬的花鼓舞者们来说，大概也有祛邪去凶的含义，而作为装饰，尤其是在舞者激烈跳舞时炫出的点点光影也颇为别致。

大鼓、锣、钹、镲、铙等是花鼓舞的伴奏乐器，一般由两三个人站在场边敲击，其节奏与舞者敲的小鼓、脚法和手舞一致。花鼓舞的道具和伴奏虽然简单，但花鼓舞的套路却非常复杂，跳法多样。早期的花鼓舞甚至在不同的场合要跳不同的套路，几乎每一个套路都有特别的讲究，用简单的服装和道具，跳出精巧而复杂的舞蹈，这正是峨山彝族花鼓舞的魅力所在。

第五节　彝族花鼓舞的传承现状与策略

在彝族花鼓舞的发展历程中，朴实的舞姿鼓舞着成千上万彝族人民在这片土地上艰苦奋斗，自强不息。彝族花鼓舞从最早的七十多个套路动作，改良到当下的四十多个，其间有着外来文化和强势文化的冲击与渗透，其中的历史变迁就在彝族花鼓舞的传承中淋漓尽致地表现出来。

一、彝族花鼓舞的传承现状

彝族花鼓舞现今的传承困境是在旧时代传统与新时代思潮的冲击下、在经济效益发展和文化底蕴保留之间的对撞下，民众追求的既要传承好古老优秀文化，又要为现实存在的问题而偏向于经济效益。民族文化的传承与保护，是实现物质文明和精神文明发展的必要条件，是振兴本民族文化、继承和发展本民族文化的重要举措。花鼓舞的发展，既有利于民族文化的交流与创新，更有利于维护民族团结和国家统一的需要。现代化文化潮流的冲击对花鼓舞的打击是巨大的，但是文化不是固守的，花鼓舞在外来文化的冲击下，努力适应当代潮流，在激烈的竞争中适应了时代的发展需求，吸取其他优秀文化，并使之成为花鼓舞特有的文化传承。

利用好互联网，加大对花鼓舞的网络宣传力度，不能小觑大众传媒的力量，无论是书籍、电视、网络、论坛、报纸等，都能成为重要的传播渠道。现在外来文化对本民族文化的冲击是巨大的，譬如摇滚乐、金属乐、打击乐、乡村音乐、民谣等音乐种类的兴起，假设把这些音乐种类中的优秀文化与花鼓舞相融合，必将形成新时代下符合时代潮流的独特优秀民族文化。

二、彝族花鼓舞的传承策略

当今全球化进程加速发展，各个国家、各个民族的文化交流与碰撞更加激烈，而在这个过程中，弱势文化往往遭遇到强势文化的入侵、排挤与融合，导致弱势文化急剧地被边缘化和消失，只因人们不注重民族特色文化，故此出现了被主流文化同化的情况。在社会思想的转变和国家政策的倾向下，人们重新关注本民族文化，倡导多元化文化的发展，只有这样，也才能促成百花齐放、百家争鸣的文化盛世，也才能做到文化的可持续性发展。

（一）各级部门的支持

各级各部门要在彝族花鼓舞的传承发展与保护上苦下功夫，加大财政方面的支出补贴，修建专门的花鼓舞传承文化宫、花鼓舞主题博物馆、花鼓舞文化公园等实体传习场所。通过组织花鼓舞的比赛活动，让民众认识到花鼓舞特色，有利于花鼓舞的传播与发展壮大。

在国家政策方面，要切实落实好各项文化传承与保护的政策措施，制定文化传承路线，保护好作为文化遗产的花鼓舞，贯彻落实对于花鼓舞近期、中期、长期的发展路线。把政策落实到各级教育部门，加强青少年对于民族传统文化的热爱，将花鼓舞引入中小学生素质文化教育的范畴，培养孩子们从小热爱本土文化的情怀。县教育体育局、县文化旅游局等部门要有组织、有计划地进行花鼓舞的推广工作，对民间舞蹈的传承、发展承担起宣传指导作用。各旅游部门，务必做到宣传好、服务好本民族传统文化，务必做到把花鼓舞推向艺术机构、推向教育机构、推向高等艺术院校等，做一个科学的、规范的、有计划性的、有目的性的发展规划。各级行政主管部门要在资金上予以大力支持，并向国内外慈善家、企业家筹集资金，开设"彝族花鼓舞文化遗产传承与保护基金会"专户，用于鼓励和扶持保护与传承花鼓舞的团队与个人。

当地与花鼓舞直接挂钩或间接挂钩的文化艺术部门、艺术民间团体、高等教育院校和花鼓舞传承人应该结合当代文化需求，亲身实践，深入峨山县当地的花鼓舞舞蹈文化艺术区考察，做到有计划、有时间、有规律地定期对花鼓舞做记录。在实地考察后，应该有计划地开展花鼓舞舞蹈的学习与研究，还要开展相关的学术研究与学术论坛，以做到最大程度地保护和发展花鼓舞。

（二）专业队伍建设传承花鼓舞

需要组建一支老中青相结合、有一定奉献精神和真才实学的人才专业队伍。在保护、发展和传承彝族文化遗产"花鼓舞"，以及提升其文化生产力中，专业人才队伍是重要因素与条件，只有建立专业人才队伍，才能从根本上保护彝族花鼓舞传统文化，使彝族花鼓舞延绵不断、永久相传，并在社会文化领域中产生巨大的价值和作用。保护好花鼓舞，需要的是以非常规思维来看待，要做到传承核心的纯粹性和多元化的推陈出新，必须走乡入户，以实地考察为基础，从各个地区、各个民族的民风民俗、吃穿住行、一言一行中找不同，从不同之中找相同；运用现代化技术，以科学的方法，立足于实践的前提下，务必做到真实真切，运用科技，参考文献，访问当地群众，收集诸多材料而做到归纳整理，探索花鼓舞的发展规律、文化特点以及历史意义，做到以多元化、多样性的开发思路和开发方案来规划花鼓舞的未来发展趋势。

（三）文旅产业中发展花鼓舞

彝族花鼓舞以气势雄壮、古朴率直的特色，表现着彝族人民聪明质朴、勤劳勇敢的性格，并成为彝族民俗文化生活的重要内容。随着生态环境建设的推进以及地方文化品牌的确立，大力发展旅游业是峨山经济发展的重要举措，而花鼓舞就成为峨山发展文化旅游的首要项目。无论从宏观还是微观的角度来看，花鼓舞在文化传承和带动峨山县经济发展上都应是一种合则两利的关系。首先，我们应该肯定的是旅游业的发展会让花鼓舞推陈出新，更加蓬勃发展；其次，会带来直接的经济效益，使得花鼓舞的发展有着坚强的后盾，也直接保护了花鼓舞的传承与发展。

从民族传统文化保护的视角出发，又要求我们必须注意到，旅游业发展中花鼓舞的生存状态，正确认识和处理旅游业发展与花鼓舞传统舞蹈文化之间的潜在矛盾。中国民族民间舞蹈所负载的民俗意蕴是多重复杂的，且它们大多活跃于民俗活动这一具体的文化空间中，与特定的表演时间、环境、仪式、服饰、乐器等有着密切的联系，并通过符号的功能意义和象征意义展示出民族的精神面貌。而为旅游消费孕育而生的表演舞蹈，已逐渐成为大众快速消费的特殊形式，致使舞蹈无论在形式上还是在内容上都失去传统舞蹈层面上的文化意义。

旅游经济文化本身有着双面性，既要为了经济的发展大力推陈出新，又要为了民族文化的纯粹性而坚守自身，承担着保护传统民族文化的重任。若一味地追求封闭的环境，则会陷入发展的困境；若过于追求经济效益，一味地迎合旅游消费者的需求，则会丢失了民族文化传统的核心。在花鼓舞发展这个问题上，我们需要以花鼓舞的历史发展为基础，深刻了解认识到花鼓舞的文化底蕴，秉承开放包容的态度，立足于本土的民族文化，做到以本土民族文化为核心多向发展，做到保护民族文化的同时也要迎合旅游消费者的心理。

（四）塑造花鼓舞的文化自信

花鼓舞反映的是一个民族的历史进程、民族宗教信仰的变化、民族审美情趣的选择等综合性文化，花鼓舞通过形象的人体艺术，来动态展示彝族节庆仪式文化，衬托花鼓舞的文化意蕴。

仪式是民俗舞蹈的本质特征，峨山彝族花鼓舞有着深厚的文化内涵、悠久的历史，具有很高的艺术价值，是一种群众喜闻乐见、基础扎实的原生态舞蹈。在现代化背景下，彝族花鼓舞和其他舞蹈一样有着出现、发展、消亡的过程，所以传承和保护好花鼓舞已是当务之急。这就要求我们不仅要保护花鼓舞的表演套路、舞蹈风格、地域特点，还需要保护好"活态"的传承人，给传承人提供广阔的发展空间，重塑花鼓舞的文化自信。为了让花鼓舞能够更好地传承下去，除了采取以上措施外，还要投入更多的民族感情和责任，使花鼓舞得到更好的保护。

总之，社会在发展，环境在改变，人们对美好生活的追求和向往也随着经济发展与文化理念在改变。旅游作为彝族地区重要的经济与文化开发项目，无疑会为本地花鼓舞文化的发展和花鼓舞的传承传播方式注入新的力量。花鼓舞具有的民族历史价值，是其能够长期稳定发展的基础条件，也使花鼓舞能够持久开发潜力。为此，我们应该重新审视花鼓舞的民族历史，让历史的"魂"与花鼓舞的"形"高度融合，使其不再是单一"形式"上的花鼓舞，而是要发展成为具有灵魂的花鼓舞。

第三章　朴拙粗犷的似虎仿生舞：
丽江纳西族勒巴舞的生态意蕴

勒巴舞是我国少数民族文化的璀璨明珠，作为一种鼓舞，其以古老且神圣的特点流传至今。勒巴舞者在舞蹈时不但外部形态寓意丰富，并且在举手投足间也蕴含着相当丰富的生态韵味，值得让人细细品味、回味无穷。勒巴舞于2013年列入云南省第三批非物质文化遗产保护项目[①]，2015年被列入丽江古城区非遗项目。勒巴舞将鼓作为艺术的主体，通过对鼓的研究和推敲，创造了一种以鼓声来表达人神对话的艺术形式，这也体现出纳西民众对自然生灵的敬畏和"天人合一"的生态意识。这些文化形态不仅使得这个民族充盈着和谐的生态感应力，也对民众的文化建设和民族发展起到了积极的促进作用。

勒巴舞作为纳西文化中可圈可点的艺术文化表现形式之一，是普遍存在于纳西民间的、古朴的、散发着浓厚乡土气息的一种表演形态，朴实而不失活泼。勒巴舞在云南省丽江市玉龙县塔城乡有着较为完整的艺术传承，其歌舞队遍布塔城乡的各个村落，他们对勒巴舞文化传承和发扬起到了重要的作用。除此之外，村级单位也将保护勒巴舞作为日常工作的一部分。由于地理位置以及当地民众的重视等因素，该乡的勒巴舞文化还原度最高，文化内容也最为丰富。通过田野走访和调查，我们得知勒巴舞主要流传于滇西北金沙江峡谷地段的丽江塔城、迪庆维西和香格里拉等纳西族、藏族、傈僳族杂居地带。滇西北地区自古以来就是多段商路中的重要组成部

---

① 李四玉：《纳西族非物质文化遗产研究综述》，《文山学院学报》2018年第8期。

分，也是兵家必争之地。因此，作为多民族聚集地的滇西北，自然就成了文化的交融地以及民族演变的重要研究区域。这样的历史背景，奠定了勒巴舞交叉性、密集性和复杂性的艺术特征。[①] 关于勒巴舞的产生，当代的纳西人也只能提供一些类似于神话的说法。塔城纳西人认为，勒巴舞是噶玛巴来到丽江等地之后才出现的。旧时，凡纳西人几乎都熟悉噶玛巴这一称呼，它是藏传佛教一个被称为噶举派的系。早于1159年（南宋绍兴二十九年），噶举派僧人督松钦巴在拉萨西北约六十公里的初布地方建寺传教，自成一统，世称"噶玛噶举"或"初布噶玛巴"。据丽江县塔城乡陇巴村纳西族喇嘛噶玛初迪介绍，勒巴舞的传播是由一位叫作米拉的噶举派传人开始的。他还讲过一则关于勒巴舞的带有神话色彩的传说——米拉大师有个弟子叫勒巴，师徒二人生活艰辛且常常相伴修行。一天，米拉施出一个法术考验弟子勒巴，旨在测试其修炼程度。一场冰雹顿时从天而降，米拉顷刻间变成一只蜜蜂并藏身于一只牛角中。然而修炼尚未到家的勒巴却变不了身，只好忍受这场骤然而至的冰雹的袭击。为躲避大块的冰雹，他不停地蹦蹦跳跳形成了各式各样、奇形怪样的舞蹈。正是因为这样躲避灾难，勒巴舞便从他这一代出现在人世间。但后来黄教（格鲁派）喇嘛不能接受这类舞蹈，他们就把它带到云南纳西族地区来。

民间流传着许多关于勒巴舞来源的说法，主要分为外来说和自创说两种。外来说认为勒巴舞是在200多年前由西藏的舞者将其传播到丽江，并深得丽江人民喜爱，得以传承至今，而自创说则认为勒巴舞是纳西先民自创的艺术舞蹈。外来说有以下三种依据。其一，民间相传。勒巴舞是在二百多年前由一位名叫楚义的藏人传到丽江并流传至今。其二，民间流传着藏

---

① 和璇：《以"年代—区域假说"论滇西北勒巴舞的传播与进化》，《北京舞蹈学院学报》2016 年第 3 期。

传佛教重要人物米拉日巴为民除妖的故事。古时，人们通过自己的劳动创造财富，过着幸福的生活。女妖次补美嫉妒人间的幸福，时常作祟，致使人间不得安宁，人们想了许多办法，均未能制服女妖。米拉日巴把能歌善舞的青年男女集中在一起，于夜间高歌欢舞，那响亮的鼓点、优美的舞姿、悦耳的歌声将女妖迷住了。趁女妖观看歌舞时，米拉日巴安排好能工巧匠，连夜赶造了一所名叫梭意拉空的神房，将女妖关在房中。从此女妖不能再作祟害人，人们又得以安居乐业。为表达战胜女妖的喜悦心情，人们每年都要唱跳欢乐的歌舞以缅怀降伏女妖的米拉日巴，并将歌舞命名为热巴舞（热、勒为同音变异）。其三，过去跳勒巴舞之前的唱词均为藏语。

持纳西先民自创观点的主要有以下依据。其一，在丽江塔城一带，此种舞的纳西语称"勒巴蹉"，意为受蛙启示的舞蹈。据东巴古籍《舞蹈的历来》一书记载，"舞蹈的出处和来历是由于神蛙的跳跃而受到启发的"，在东巴舞谱中记载的一个舞蹈就是金色神蛙舞。由此认为，勒巴舞是东巴文化艺术的一个重要组成部分。其二，"勒巴蹉"的各套舞蹈、各种跳法，都有纳西语的称谓。勒巴舞的传承和发展历史悠久，如今看到的勒巴舞蹈表现形式是经过数代艺人不断推敲完善形成的。在数代的传承中，勒巴舞中融入了大量的纳西文化，因此勒巴舞便逐渐成为民族多元文化融合的典型代表。李玉湛（1827–1887）作为一名纳西族诗人，从他的作品《黎巴舞》中可以得知，勒巴舞（也叫黎巴舞），早在19世纪便已成为广大民众生活中的一部分，作为一种歌舞艺术形式，也是民众生活中的娱乐部分。在实际考察中发现，纳西族勒巴舞与藏族热巴舞属于同源异流的舞蹈艺术。和云峰的《本是同根生——纳西族"勒巴"与藏族"热巴"源考·流辩·今析》一文对两种舞蹈形式进行了对比，并提到纳西族的勒巴舞与藏族的热巴舞在历史上具有千丝万缕的"亲缘"关系。两种艺术均与藏族文化有着较大的关联，但随着地区差异，发展时间久远，两种舞蹈已经有了较大的差异。

且经研究发现，纳西族的勒巴舞对藏族的热巴舞进行吸收和完善，并将自身的文化与舞蹈艺术相融合，形成了当今的勒巴舞。

上述两种观点均符合"勒巴舞"的文化特征，但两种说法均有些许片面，即都忽略了勒巴舞产生的特殊背景条件。两种说法的起源初衷均意图将这一艺术文化据为己有，事实上，由于地理因素和时代特征，勒巴舞融合了藏族和纳西族两个民族的艺术特色，即在艺术表现上更多地体现出藏传佛教的影子，而在艺术形式上又有很多纳西族的特征[1]，这些特色也使得勒巴舞成为艺术多元化的典型代表。但仍不可否认的是，勒巴蹉的雏形最早确实源于藏族的热巴舞。[2] 据藏族学者的调研，热巴舞的产生虽无文字记载，但从民间传说和热巴舞的一些歌词中，可以了解到它与一些历史人物有关。一谈到热巴舞的产生问题，民间艺人们就会讲到当巴桑杰、米拉和拉吉卓玛，随后巴桑杰将热巴舞继续传承下去。热巴舞的部分唱词中涉及米拉和弟子们的一些传说，传说中提到，巴桑杰的师傅阿拉果觉看到魔王残害百姓时连声念道"噶玛巴清"（意为噶玛活佛关照啊），所以后来这也成为噶玛派僧俗看到或听到受苦受难之人时所说的一句常用口头语。从这些材料不难看出，热巴舞的产生和传播与11世纪的佛学家当巴桑杰、拉吉卓玛以及噶举派创始人之一米拉日巴有密切关系，上文也提到米拉日巴与热巴舞的有关故事，看来热巴舞在康巴藏区和纳西族地区的流传与明代噶玛噶举派在当地的盛行密切相关。[3]

勒巴舞的特点是边鼓边舞，并与唱、诵结合，所以具有早期原始艺术诗、乐、舞"三位一体"的形态特征。勒巴舞是一种民间化的宗教祭祀舞

---

① 杨福泉：《纳西族与藏族历史关系研究》，民族出版社2017年版，第391页。

② 和云峰：《本是同根生——纳西族"勒巴"与藏族"热巴"源考·流辩·今析》，《西藏艺术研究》2007年第1期。

③ 杨福泉：《纳西族与藏族历史关系研究》，民族出版社2005年版，第354页。

蹈，由十二节组成，每节要跳七种到九种舞蹈。舞场一般设在庭院或较为平整的场地，并在舞场中心靠东北处用两棵带三节松枝的青松和一张四方桌设置神坛。用竹子编一只青蛙和一条鱼挂在松树上，青蛙挂在左边，鱼挂在右边，两棵松树中间挂藏传佛教噶举派（俗称白教）创始人米拉日巴或东巴始祖丁巴什罗的神像。主神坛上供五盏油灯和酒、茶、香、水果、瓜子、糖等食物，神坛右边再设置一张比主神坛稍矮的桌子，桌子上挂上一世勒巴师傅画像，或立一块留有师傅名字的石头，再在院坝中心烧一堆篝火。舞者在勒巴师傅的带领下围着篝火和神坛跳一圈后，站立齐诵佛经，迎请诸位神佛，之后按顺序进行十二节舞蹈。每节舞蹈中间全体人员站立唱、诵、念不同的佛经（噶举派）。其中，每三节舞蹈中间要插一段诙谐的表演，有猎鹿、牵牦牛、戏马、孔雀饮水、大鹏捉蛇等。十二节舞蹈由祭祀舞、东巴舞、动物舞、劳作舞、数步舞组成，祭祀舞有跪拜舞、绕香炉舞、绕花瓶舞等。其仪轨严格，过程繁杂，舞姿、动律、路线、进退均经过精心设计，无不体现出世世代代纳西民众的智慧和创造力。最为重要的是，勒巴作为一种传统而古老的纳西族民间原生态舞蹈，从外部形态到精神内涵都彰显出源远流长的生态印象，饱含着朴素而丰富的生态意蕴，给人以一种和谐的生态感应与审美体验。

第一节　天人合一的生态意识

天人合一思想内涵是博大精深的。在中国传统文化中，天人合一几乎是一种先天自明的预设，是中国哲学的基本精神，最浅显的解释即人与自然和谐统一。纳西族多聚居于高山峡谷地带，特殊的社会历史条件、人文环境和地理环境使纳西先民形成了泛神论的信仰形态和原初文化心理，并懂得人道即天道，秉持"与天地合其德，与日月合其明，与四时合其序，与鬼神合其吉"的生存理念。勒巴舞正是表达了纳西族对天地神灵和自然万物的敬畏和感恩，饱含天人合一的生态意识，这主要体现在其是一种天人感应的人神互通形式，是一种万物共生的生灵舞蹈。

一、天人感应的人神交通

天人感应是中国古代神学术语，指天和人可以相通，相互感应，天能知晓人事，人亦能感应上天。[1] 纳西族自古有"祖先为天，天为祖先"的哲学思想，天在纳西族人心目中具有神圣不可侵犯性。勒巴舞通过击鼓、唱诵、舞蹈与诸神对话，与天之灵对话，勒巴鼓舞无疑起到了人神交通的媒介作用。据调查，勒巴舞一般以自然村为单位，有时也会与相邻村落联合。跳勒巴主要是为了欢庆丰收，感谢天神一年以来的庇佑和恩泽。风调雨顺、收成好的时候可以一年一跳、三年一跳，收成不乐观时四五年一跳，时间

图为勒巴舞 肖敬波 摄

① 李生龙：《"天人感应"与古代文学》，《湖南师范大学社会科学学报》2001 年第 4 期。

一般选择在春节前农闲之时。但跳勒巴也不单为了欢娱，更重要的主题是招神镇魔。纳西族人相信灵魂有好与恶之分，如果出现生病、灾难、丰收不利时，就代表恶魔来了，需要通过祈福跳舞请来神灵驱鬼敬神，甚至有时也会因人畜病痛或出现天灾时破例跳一场勒巴舞。宗教活动作为最能够反映原始文化的仪式，其每一环节都要以仪式作为基础。在仪式的不断重复和进行中，仪式的环节也在不断演变，而这演变的过程就反映出民族原始价值观的变化。

在跳勒巴之前需要卜卦，选定的吉日与户主属相不相冲便可。全村集资宰一头牲畜敬献神灵，集体聚餐，在纳西语里叫"主"，意为"接神"，与之相应的有"请神降神舞""迎神舞""迎请四方神"等多种舞蹈套路。饭后在农院天井中择地竖立两棵青松木，象征神树的松木叫作章堂兹，也称库什托兹。在神树前摆一张供桌，铺青松叶，置香炉，点油灯，供奉各种食物。民族图腾的画轴以及佛陀或观世音的画像悬挂在神树上，天井的正中央还有由青松毛、杜鹃枝等物质组成的天香在燃烧，并在天井中央设篝火，先选两名舞者端花瓶和香炉在院落跳三圈，其余舞者在一位叫作"磋崩"的领舞者带领之下慢速出场，先对着勒巴鼓高呼感谢之类的话，意在向天鸣谢。透过鼓发出的声音沙哑而神秘，人们相信天神透过勒巴鼓可以知晓人们对他的谢意以及人们的愿景。在载歌载舞之时，人们将自己珍藏的米粮或者炒面作为祭品扔进火堆之中，以示敬神。在起舞之前，还需要有一个戴上恐怖面具、动作怪异滑稽的人出来圆场，维持舞场秩序。此人也有个专门称呼叫作"艾兹莱"，亦称"久格艾兹莱"。"久格"指印度（纳西东巴称"久熬"，亦指印度或者比印度更遥远的地方），纳西人习惯上把这一角色装扮成印度人的模样。舞蹈表演者的表演服饰极具藏族文化特色——男人内着白褂，上着深红色长褂，头戴毡帽并缠绕红毛线，肩膀上绑着两朵大的彩色花朵，脚穿着长筒皮靴；女人上身外着獯毳坎肩，系牛肋巴，并在头上用五彩毛线缠绕着，在身体的后面也绑着一朵大的彩色花朵。表演所用的主要道具是皮鼓，通常男舞者会用短把手摇鼓，另执一具白牦牛尾在左手上，而女舞者则会用长柄勒巴鼓，众人围火而跳。勒巴舞耗时长，当人多时，仅一个穿花动作就可以跳数小时，可从夜晚跳到天明。早饭后继续跳，从院落跳到村中心再跳至村野外，并烧松柏祈福，表示送神，纳西语为"布"。"咚咚"与"沙沙"的鼓声寄寓了纳西民众最真切的心声，表达了纳西民众对天地神灵最直接、最淳朴的敬意，同时也流露出一种"善恶有报"的生态伦理观念，他们通过勒巴舞欢庆丰收，祈福降灾，把收成不好归结于天地神灵、宇宙万物对自身的惩罚与报复。其舞蹈精神除了饱含天人合一的生态意识外，还流露出强烈的生态忧患与责任意识，无形中强化着纳西人民的生态保护意识。

二、万物共生的生灵舞蹈

纳西族的勒巴舞是多元艺术的典型代表，艺术表现手法分为歌唱、朗诵、舞蹈等多种形式。其中歌唱多用于歌颂美好生活，介绍勒巴舞的历史以及米拉热巴的生平故事。朗诵的主要内容实则为对人神文化的歌颂。舞蹈表达的内容更为丰富，根据历史材料记载舞蹈的表达方式有 40 余种，现今在纳西民间完整保存并得以传承的仅有 36 种套路。勒巴舞的表现形式主要分为仿生舞和模仿舞。其中仿生舞主要用于模仿虎、大象、龙、青蛙等生活中常见的动物。而模仿物则更贴近于现实生活中的各个场景，其中以劳作场景居多。舞蹈的肢体动作更接近于一些动物，因为当时纳西族先人们相信动物都有灵性。先人们企图通过模仿动物来获取某些动物特有的能力，例如雄鹰和老虎的攻击性、猴子具有很好的灵活性、青蛙具有很强的生殖能力等。

在提倡人与自然和谐相处，保障经济发展与兼顾环境保护的背景下，我国率先提出了生态文明这一全新的理念。其实在古代，我国道家就有天地与我共生、"万物与我为一"的天人合一思想，即万物共生，人与万物和谐相处，共存共荣。勒巴舞中大量的仿生舞呈现出纳西先民与动物为伍、生机勃勃的和谐景象，这符合生态圈中万物共生的生态平衡理念。勒巴舞保存了完备的拟鸟兽舞，不仅仅吸收了藏传佛教的传统乐舞形式，还保存了苯教乃至原始乐舞的特征，是一种集合了仪式、唱诵、舞蹈、戏剧的古老艺术形式，这种艺术形式主要由纳西族传承。勒巴舞是典型的象形舞蹈，都有纳西语命名的称谓，如龙金即为龙舞、巴蹉即为蛙舞、冷敢蹉即为乌鸦舞、敬首别即为喜鹊舞、够纳达即为鹰舞、积妹主堆即为蜻蜓点水、拉蹉即为老虎舞、班什即为牦牛舞、串蹉即为鹿舞，以及刮则是敲鼓舞、古笃呢是袴袴篱笆舞等，都是模拟或模仿动物形体动作以及生产生活中一些以形态等为主的舞蹈。

勒巴舞从生活中提取动作元素，其逼真的仿生舞模仿动物的生活习性、动作、神态，如勾纳达、巴蹉、拉蹉、阿余蹉、班蹉、阮蹉，分别对应雄鹰舞、青蛙舞、老虎舞、猴子舞、牦牛舞、马舞。其中最典型的是巴蹉，即学习青蛙笨拙的走路、转体、蹦跳姿势和鼓眼睛情态，村民们憨厚朴拙的本性加上逼真的模仿，直观再现了青蛙的外观和形态。其实，勒巴舞在纳西语中称为"勒巴蹉"。[①]勒有喊叫之意，巴是指青蛙，蹉是跳的意思。"勒巴蹉"的大意就是像蛙那样活蹦乱跳的舞蹈。与之对应，动作敏捷当属阿余蹉即猴子舞，男舞者模仿猴子单脚站立、屈膝、伸头缩颈等机灵古怪的动作，使猴子的形象跃然台上。跳舞过程中还会穿插戏剧表演，纳西语叫作染布克或儿仔乐克，形同现代的相声表演。表演的内容也多是人与动物的故事，人们会佩戴做工粗糙的牦牛、老虎等动物面具，滑稽而富有深意，

---

① 何处：《试论油画艺术中的朴拙美》，《新疆师范大学学报》2015 年第 4 期。

使整个画面呈现出一种和谐欢愉的状态。其余的仿生舞也都极其精练而惟妙惟肖，恰到好处，此外，还有赞地舞、敬拜太阳舞、菩萨山舞等都表现出了纳西先民对自然力量的崇敬，真正传达了天人合一思想。人与神合不仅标志着人对祖先的怀念与感恩，也警示着纳西民族作为自然万物的拥有者和掌管者，必须有节制地索取，从而实现人与自然真正意义的和谐相处。在当代社会，即便在山村仍有乱砍滥伐、白色垃圾铺天盖地的现象，自然界已被深度破坏。而纳西人笃信万物有灵，虔诚的信仰约束力制约着其行为规范，对保护生态环境起到积极作用。与现代工业化和对大自然的无限制征服带来的生态危机相比，纳西人这种崇拜自然、敬畏神灵的思想意识无疑是智慧而高见的，它使人树立起天人合一的生态观，生发出热爱生命、维护生态平衡的积极情感。崇尚自然、敬畏生命的生态观念早已刻入纳西人民的灵魂深处，成为一种生态信仰，代代相传，真正做到人与自然和谐相处，从而实现自然生态平衡。

第二节　朴拙粗犷的舞蹈风格

朴拙而粗犷是勒巴舞在整体上表现出来的最为鲜明的风格特点。朴拙即朴素且粗野，朴拙美是真挚，是朴实。庄子曾用"朴素而天下莫能与之争美"来向人们彰显其特有而充满深意的审美观。这一句话同样是"朴素"美学的基本思想内涵，这是一种自然的、高妙的艺术美；是美感中最为独树一帜、出类拔萃的一种。而粗犷则可以理解为粗野，粗野的风格首先是运用于建筑风格的设计倾向，但现在也广泛应用于形容其他事物。而勒巴舞融合了多种艺术特点，这种高妙的艺术美感即使是在许多年后的今天，仍然深得众人喜爱。因为最真挚的艺术，才能直击人们心灵内部那一根风干的琴弦。而这种美感经历了时间的磨砺和考验，反而更显出它自身的珍贵价值。这也正是艺术领域所遵循的永恒守则。

勒巴舞的服饰和道具朴素而厚重，具有鲜明的民间手工艺术特征。勒巴舞粗犷的特点则更多地表现出了原始与野性的元素，主要体现在其坚实稳健的舞姿之上。勒巴舞动作粗犷，步伐坚实有力，又稳而不僵、活而不浮，加上其张弛有度的鼓点节奏、鲜明多变的舞蹈构图使得整场舞蹈营造出神秘、虔诚的艺术氛围，还原出一幅自然生态画卷，把边疆少数民族人民的朴实无华性格表现得很真切，饱含着朴素美感的生命气韵和原生态气息。

一、古朴神秘的服饰道具

勒巴舞在民间具有广泛的群众基础，是老少皆宜的舞蹈活动，但是这样亲民的一项舞蹈活动，却对穿戴有着很高的讲究。据考察，在丽江巨甸、塔城一带勒巴古舞的服饰非常朴拙却也不缺乏斑斓的感觉，勒巴舞用的道具古朴奇异，给人以非常浓厚的神秘色彩。男舞者通常内穿白衬衫、外穿短褂，下穿白裤，腰间搭配红色的带子，必须把里边的白衬衣露出来，双肩各系一朵大碗大小的五色花，脚穿马靴，有时也会系上简约古朴的手工制鸡毛毽裙。右手执勒巴手摇鼓（又称邦嘟鼓），鼓呈扁圆形，牛

玉龙县塔城乡中心完小学生表演的勒巴舞　贾蔓 摄

皮蒙面，在鼓两侧分别留两条约五厘米的牛皮条，跳时右手手执鼓柄摇动使其拍打鼓面发声。同时左手甩一种于手柄前端附牛尾或丝状麻布的拂尘状道具，纳西语称马唷，跳时和手摇鼓相配合。

女舞者里着白衫、外穿红毛毡坎肩，腰套黑长裙并系红带，头上不戴帽子，只是在长发上拴着七颗闪亮耀眼的珍珠，象征"七星"，头戴圆形五彩线链。左手拿长柄鼓，鼓柄长约五十厘米，鼓面直径约二十厘米，鼓围贴有彩色手工剪纸如花、鸟、月亮、星星等图案，正上方插上野鸡毛或簇锦鲜花，右手执藤条鼓棒，缠红布条。红红绿绿的服饰道具及其表演形态配上当地的青山绿水，如同一幅远古原生态历史画卷，还原了纳西族的生存环境和生活原貌。

勒巴舞不仅仅存在于纳西族的文化当中，它在其他民族的文化中也有所体现。例如傈僳族文化中，也有勒巴舞的存在，而勒巴舞与热巴舞的形态和舞姿具有异曲同工之妙，两种舞蹈方式都是使用鼓、铃和牦牛尾巴作为呈现特色。女式服装和道具有些许的差别，但男式的衣服基本相似，两者都以本民族服饰为主。而纳西族居住的地区处于山林地带，其特点是森林茂密，树种繁多，这为人民的制鼓取材提供了很大的便利，因此鼓乐器在纳西族的文化中也有很高的地位。同时使用原始材料制成的鼓所演奏出来的音乐也给人一种自然、朴素的纯美享受。

二、稳而不僵的体态和构图

受纳西族文化的影响，勒巴舞具有动作幅度小、较精巧的特点。在艺术传承发展的过程中，勒巴舞与纳西族的文化特色、性格特点也进行了融合。现在来看，舞蹈中的绝大部分已经使用纳西语，只有少部分名称还在使用藏语。例如舞蹈开始时叫纳西语"呀蹉说呀"，意思就是"学跳吧"。有些舞蹈名称及动作都用纳西语形象地取了名字，如士跑转（向三个方向旋转）、冷敢蹉（乌鸦舞）等。

稳而不僵，动作粗犷豪迈而又不僵硬，开合有度、刚柔相济，体现中和之大美，勒巴舞的动作节奏和构图均取用"中和之道"。就动作节奏而言，勒巴舞的鼓点节奏和动作根据套路而变换，步伐以步走见长，有垫步前进，也有跳一步身子侧转后退半步缓慢移动，出场及前半部分以慢速为主，后半部分鼓点与动作形态快速而激烈到达高潮。"勒巴"具有两重意思，一是指这种艺术形式的本身，二是指从事这项活动的艺人。过去藏族地区的勒巴艺人许多都是以卖艺谋生，技巧及高难度动作较多，而丽江却并无卖艺谋生者。舞蹈方面吸收了勒巴原来奔放优美的动作，舍弃了难度较大的技巧动作，加入了纳西族民间及东巴舞的因素，且舞蹈的特定环境也不同。"勒巴舞"在纳西语中有一边唱歌一边跳舞的意思。作为纳西族多元文化融合的代表，舞蹈中仍然保留着纳西民族中最原始古典舞蹈的跳法和类别、动律等多方面的艺术亮点。勒巴舞的动作粗犷豪迈而又不失柔美，其开合有度、刚柔相济、团结向上的特点，使勒巴舞不仅仅有强身健体的功效，还可以寓教于乐，同时培养人身体的协调性。

"勒巴蹉"最为流行的塔城乡历来处于纳西族和藏族的交界区域，此地是两族政治、经济和文化交融之地。据20世纪50年代音乐工作者的调查，"勒巴蹉"最初是来自藏族地区（中甸、维西）的风俗舞蹈，很久以前就流传在纳西族人中间，尤其在金沙江上游一带流传更广。20世纪50年代前的纳西人多在正月十七、十八、十九跳勒巴舞，是为了祈求下雨和丰收。共有四十多段，每段都有歌调，内容是歌颂自然或对幸福的祈求。每段跳法都各不相同，有班记、劳思到、直尼少、兑国、一直那、尼古杜那（对跳）、格那瓜、东巴少居等，跳舞的人数为20至30人。男子服装和藏族一样（以前跳舞时腿上还缠鸡毛），女子服装是纳西族古代服装。男的右手拿大货郎鼓（洞不勒），左手拿一块绸帕；女的左手拿一只更大的货郎鼓（比男的货郎鼓大一倍，但只有一面蒙皮），右手执鼓槌。以前女的也戴东巴帽子，不论男女，身上都佩戴很多的银饰品。[①] 勒巴舞队形多变，有圆圈、单斜排、双斜排、卷草席、插麻花等，具有舞姿优美、舞蹈语言丰富多彩、舞姿角度变化大、造型突出、技巧性强等特征。基本动作有甩手帕、鸡啄食、转三方、点地蹲步、吸腿跳、单点跳、双臂摆、跪拜、单腿前跳、单腿后跳、点碾转、蹉步、鸽子喝水、前鹤立步等。勒巴舞不仅动作多变，队形阵列也千变万化，舞姿角度变化大、动作丰富。与傈僳族的热巴舞相比，其共有特点是男式动作热情豪放，而女式动作的差别就比较大。勒巴舞女式击鼓动作幅度小，而热巴舞女式击鼓的动作幅度大、动作样式多变、艺术呈现方式更加丰富。而对于男式动作来说，勒巴舞主要是为了向有灵性的动物祈求，因此男式的舞姿主要是以模拟动物为主。

从形式上来说，勒巴舞和热巴舞都具有一定的表演形式。勒巴舞属于广场类的集体表演形式，而热巴舞的表演者大多是受过一定训练的流浪艺人，属于具有一定专业水准的艺术活动形式。勒巴的表演者大多是当地互相认识的村民，表演场所是某一户的院子中，各个表演者带好道具就可以去表演。勒巴属于业余性质的艺术活动，一般情况下每年每个队都只能在春节到来之前跳一次舞，而当出现人畜病痛或其他灾难时，也可以破例跳一场勒巴舞。因为在纳西人民的传统观念中，跳舞不仅仅是为了娱乐，主要是为了招神镇魔，祈求来年风调雨顺。而在跳舞过程中，领舞者敲响鼓之后，众人便开始听着节奏吟唱颂歌，伴随富有节奏感的鼓点，舞步悠然轻扬。每一段由快到慢表现出多种节奏的舞步，周而复始，往复循环。舞蹈的动作比较热烈、欢快，起跳时无伴奏，只是

---

① 杨福泉：《纳西族与藏族历史关系研究》，民族出版社 2005 年版，第 355 页。

伴随拨浪鼓的鼓点节奏掌握舞蹈的行进节奏。按年龄长幼排序，男子在前，女子在后，围成一圈。由领舞者率众人起舞，并主掌舞蹈的基本段落和动作场位变换。勒巴舞的动作技巧性较强，初时舞姿轻盈，高潮时激烈奔放，动作粗犷有力。在构图方面，勒巴舞具有鲜明多变、意义深远的舞蹈构图，圆形运动轨迹和方阵的空间体是其主要特征。一般以"拉蹉"（虎跳）呈曲线形进场，接着由汇聚的圆形进行方阵扩散，其间还有男女穿花、多圆齐转等传统构图变化，蕴含了"天圆地方"的上古宇宙观，舞者在由"神灵"统摄的天地宇宙间起舞，传达出天地和谐的精气神以及他们对自然宇宙的热爱与虔诚。整个场面讲究平衡对称，通过圆与方、流动与凝聚、男与女的协调变换，通过转体、下蹲、蹦越和跨步进行移动。其间男舞者的"马唷"和手摇鼓相配合，马唷开合紧凑，如同道教的拂尘舞，舞动起来如天马行空，洒脱飘逸，闪展跳跃，与手摇柄鼓和男舞者沉稳豪迈的步伐相配合，真正达到形与意合、意与气合、气与神合的艺术境界。

整场勒巴舞对情感流泻做到张弛有度、跌宕起伏、急快相交，气势刚柔相济，表现出开阔恢宏、震撼人心的气度，又不乏和谐、饱满之感，可谓具有中和之美。它充盈着人性力量、民族特色与人文精神，闪动着审美智慧，呈现着震撼人心的生命气韵和生态意蕴，使审美主体获得一种和谐的生态感应与审美体验。

第三节　族际文化夯筑的生命形态

族际指多族群共生的地方，民族与民族之间互动关系的简称，是民族关系与种族关系的总和。在云南西北部的丽江地区，聚集着纳西族大部分的居民，此地域的乐舞文化充分体现了纳西族与周边民族的相互影响和交

玉龙县塔城乡中心完小学生表演的勒巴舞 贾蔓 摄

流。最具有典型特色的是来自玉龙县塔城乡一带的勒巴舞。勒巴舞是典型的民俗舞蹈类型，具有广场舞蹈和祭祀舞蹈的综合特征，勒巴舞动作以模拟动物为主，节奏以单鼓点为主，队形以圆圈顺势为主。

从传统的民间风俗文化的角度来看待这一舞蹈艺术，勒巴舞中所包含的传统文化内容十分丰富，其中涉及民族的生活习俗、各类仪式，以及他们特有的信仰观念。正是勒巴舞的存在，让各村落的联系更加密切，交往更加频繁，部落之间也更加团结。勒巴舞的传承方式一般以家庭为单位，勒巴舞的出现一般在一年当中最重要的节日——春节。在这隆重的节日之中，全家会在长辈的带领下，去跳一整天的勒巴舞，人们用这种方式来感谢自然、告慰祖先。在纳西民族的生活中，一年一度的勒巴舞表演不仅仅成为人们生活中习以为常的仪式，也成为纳西族人民预测未来或者事物结果的重要方式之一。纳西族人民大多居住在金沙江流域沿岸，当地人们认为，如果在秋收时节见不到勒巴艺人出现，就说明有不好的事情会发生，人们就会变得惶恐不安。因此，在当地人看来，勒巴舞不仅是一种舞蹈，也可以预测未来事物的发展。对纳西族民间有关米拉热巴的传说分析说明，迄今流行于纳西族民间的勒巴舞最初可能与藏传佛教后弘期的发展历史相关。[①] 以此说明，勒巴舞不仅是祭祀舞蹈，还是祷告和宗教舞蹈，极具研究价值。

一、塑造旷达通透的个体灵魂

旷达通透意为性格直爽、魂魄明洁单纯。勒巴舞实际是舞者源自生命内部的呼唤与宣泄，是自我表达的一种有效方式，同时勒巴舞又使个体在和谐交融的文化场里获得一种自然的熏陶，塑造了个体旷达通透的灵魂。首先，对个体灵肉而言，勒巴舞是纳西人情感的溢出，是性情和激情的原性态展示。德国哲学家卡西尔曾说："人不可能过着他的生活而不表达他的生活"，《通典》曰："然乐心内发，感物而动，不觉手之自运，欢之至也，此舞之所由起也。"纳西先民通过勒巴舞来记录和表达他们的生命体验与情感知觉，是一种发自内心，与生产、生活、生命交融在一起的舞蹈。

从初期的采集狩猎到后来学会制造和使用生产工具，纳西人在漫长的进化历程中经历着战争的胜败、面对大自然的恩赐或无情天灾，在没有文字的时代，他们抒发情绪、表达心情往往是通过大喊大叫的方式。普列汉诺夫曾说："人们在自己的舞蹈中常常再现各种动物的动作可以理解为体验某种快乐的冲动，而这种快乐是曾经由于狩猎时使用力气而体验过的，模仿动物的动作不仅仅是狩猎中的极其重要的一部分，而且当狩猎者有了想把由于狩猎的兴奋和快乐再度体验冲动，他就再度从事模仿动物的动作进而创造出了自己的狩猎舞。"勒巴舞具有着节日和表演的特征，作为一种习俗型乐舞，在每年特定的春节才组织演出，它与日常的生活有着紧密的联系。勒巴舞不仅仅用于宗教祭祀活动，也有着民间乐舞的功能，所以勒巴

---

① 和云峰：《中国少数民族音乐研究——以西南地区或经典案例为中心》（下），中央音乐学院出版社 2012 年版，第 446 页。

舞兼具宗教祭祀舞蹈与民间歌舞两种属性。民间歌舞具有着歌舞相伴、技艺结合和娱人娱神的特征。在勒巴舞的表现当中，娱乐功能不但能娱己而且也可娱人，更是对祭祀仪式的对象的膜拜（娱神），是一种自由转换。群众在群舞过程中真切感受到了神圣的气氛并且抒发了个人的思想和感情。在勒巴舞表演活动过程中，参与的演员和观众是一群拥有相同或相近的民族文化心理结构的纳西人，群众高度的参与使得勒巴舞文化功能更好地得以彰显，同时也体现出了这个民族的审美意识。通过勒巴舞仪式与表演活动，表现出了纳西族人民质朴无华的审美观念、天人合一的审美理想以及以物寓意的趣味。

从原始的动物模仿如青蛙舞、老虎舞、猴子舞等，到原初体力活动的再现如麻布舞、穿花舞、篱笆舞等，一一展示了纳西族历史的原初形态和纳西族传统的自然文化生活。且勒巴舞动作粗犷、豪放，需要持久的耐力、强健的身体和强健的舞蹈结合，传递出一种健康、憨厚、朴拙的野性力量，呈现出真实、质朴的人性美。舞者在舞中获得愉悦之快感以外，又衍生出积极向上的生命能量。另外，勒巴舞盛行之地是多种民族文化杂糅相生的地方，有时一场勒巴舞会出现村民着不同的民族服饰参与表演，但整个画面统一和谐，反映出纳、藏、汉、傈僳族杂居边地的良性地理生态环境和文化生态环境。舞者个体本身是勒巴舞的表演者，整个勒巴舞是舞者个体原性态的自然流露和生命有机体的天然之作，但反过来勒巴舞又让个体从舞姿中获得了神秘的暗示。舞蹈中呈现的和谐交融的族际关系也使个体真正获得情感上的归依，不仅实现纳西族内部认同，也获得了纳西族与藏族等其他民族间的亲情和认同，无形中锻造了个体宽容、敦厚的自然天性，真正实现个体生命内部自我灵肉的和谐或灵魂系统的生态平衡。[1]

---

① 资华筠、王宁：《舞蹈生态学》，文化艺术出版社 2012 年版，第 4—5 页。

二、固结心照神交的民族群体

固结指液体凝固，变得坚实紧密，心照神交形容彼此思想相通，心意投合，这里指勒巴舞固结了纳西族与藏族心照神交的群体情谊。勒巴舞是纳西族民间传统歌舞体系中不可或缺的一部分，在某种意义上也是纳藏文化和谐交融的产物，纳西族村民在跳舞过程中增进彼此之间感情的同时，也加深了与藏民的亲情感和认同感，达到彼此文化的交融共存。

原始公社时期，人类社会的经济情况与文化发展都处在比较低级阶段，所有人都置身于集体之中，和群体保持着紧密的联系。所以，在那时候个人特性也是自然地从属于群体性的。通过对原始文化史、民族发展史的研究也可以证实这一点。法国社会学家迪尔凯姆（Emile Durkheim）认为："无论什么样的膜拜仪式，不是无意义的活动或无效果的姿态。作为一个事实，它们表面上的功能是化信徒与神之间的归附；但既然神不过是对社会的形象表达，那么与此同时，实际上强化的就是作为社会成员的个体对其社会的依附关系。"原始公社时期由于生产力水平低下、组织能力低、生活不安定，便需要有一种社会感应力使人们团结在一起，勒巴舞正是在这种背景之下应运而生的。在西部民族中，舞蹈的全民性特征依旧顽固地存在着。从功能性质和类型上来看，纳西勒巴舞都具有双重属性。勒巴舞是流传在丽江塔城地区的传统民族舞蹈。勒巴舞具有浓厚的群众性，至今保留着原始舞蹈自娱性和全民性。每到春节前后，经过占卜，在村里德高望重的人带领下，村里共同聚集在宽敞的院坝里跳舞，而舞蹈活动则由勒巴舞东巴组织。村里的男女老少着盛装围着篝火集结在一起，男性手持板和牦尾，女性手持长柄鼓。根据特定的程式完成十二节内容，相传有七十种舞步变化，一般跳下来都需要八个多小时甚至更长的时间，所以这种群体性的盛会都会通宵达旦。虎、蛙作为纳西族的图腾符号，在勒巴舞中也得到了鲜明的体现。猛虎跳和青蛙跳是勒巴舞中的典型套路，模仿老虎和青蛙的神色、动态，与纳西族虎、蛙崇拜观念相契合。勒巴是一种大规模群体性舞蹈，具有强烈的社会性，而且鼓与舞相结合的乐舞形式，可产生鼓舞、激励人们团结奋进的精神力量，能使个体在其间获得强烈的归属感，是实现群体内部认同的标记和强化纳西人身份的重要途径；同时，勒巴舞也有益于加强族际交往和族际认同，构建多民族杂居的和谐村落。在勒巴舞流传地丽江玉龙县的巨甸镇、塔城乡、香格里拉、维西县一带，有汉族村寨、纳西村寨、傈僳村寨、藏族村寨，也有多种民族杂居的村寨，在这样多民族共生的地方，勒巴舞广为流传。而现在随着村落经济水平的不断发展，勒巴舞的娱乐性和表演性功能不断提高，逢年过节时，不同村落之间会到其他村落友情演出一场勒巴舞，以示村落间的情谊及友好往来。勒巴无疑是一种实现亲情化、关系化的"神器"，且这种关系是朴实无杂质的，是原情态的。因而各个民族也不会因为自然生存资源而导致纠纷，反而有益于勒巴流传之地成为一个多种宗教共存、多个民族和谐交融、多元文化和谐相生的地方，真正实现村落文化生态平衡。

勒巴舞者在舞动的过程中获得自然力量的熏陶，形成明净、宽容的心灵生态境界。对生命栖居之地而言，勒巴则是一种亲情化、关系化的纽带，固结了心照神交的民族群体，是族群交界地文化生态和谐的体现。纳西人通过勒巴舞实现了与天地之灵的对话，通过古朴的模仿也顺利地构建出人与动物共存共荣的和谐景象。因此勒巴舞由内而外，从服饰、构造、舞蹈精神到舞者的生命形态达到了整体和谐的生态境界，直接表现出了纳西人朴素的原始宇宙观以及天人合一的生态意识。

第四节 勒巴舞的传承与保护

勒巴舞从舞蹈性质看既属于民间歌舞又属于宗教祭祀性舞蹈，既有歌曲又有舞蹈还是诗，既有戏剧情节又有群众互动。这样承载丰富内容的艺术形式既继承了纳西族东巴宗教舞蹈，又包含了藏族民间舞蹈热巴舞。所以，勒巴舞具有鲜明的民族混合的特点是其地域因素与历史因素共同决定的。勒巴舞流传于丽江地区的塔城乡，这一地区的纳西族村民由于长期以来相近的生产方式和生活习俗，再加之生活环境比较闭塞，从而形成了相同或相近的民族文化背景和民族心理结构。他们把这种民族文化渗透到生活、宗教、经济、文化等领域中。东巴舞蹈是由专业的东巴组织的一种祭祀活动，藏族热巴舞是由专业的热巴艺人举行的演出活动，而勒巴舞是群众性参与极高的民间歌舞。

一、勒巴舞文化的发展现状

从目前勒巴舞的分布情况看，这种舞蹈主要以村社形式、政府保护机构为主导。村社形式主要是在塔城乡五个行政村，除洛固藏族村村委会和署名自然村（该村已被列为保护区）外，现有十一支勒巴舞队。每到春节，各个村委会就会组织勒巴舞活动，按照固定的形式和固定的内容进行，参与性极高。现在村落中能够完整地跳完整套动作的舞队几乎没有了，再加上经济等因素的制约，开展和组织这样的活动的能力越来越弱化，愿意学习这种舞蹈的当地年轻人也越来越少，所以勒巴舞民族群体性的继承难度比较大。在玉龙县塔城乡成立了勒巴舞传承基地，这些组织机构都是非营利机构，主要以保留和传承勒巴舞为己任。目前，勒巴舞的非物质文化传承人李文先老先生是丽江地区唯一掌握全部舞蹈套路和曲目并健在的舞蹈师，而且现在仍然在组织勒巴舞的活动和表演。从以往的勒巴舞传承上看，主要以家族式传承为主，以父子相传和叔侄相传两种方式常见。比如，李文先老先生就是塔城拉市勒巴舞世家的第七代传人，他们都是有谱系可查的传承，据记载第一代为阿那布，再到他的堂弟松农吉，到第七代李文先、李文义，以及最新一代的第八代李学文、李学军。李氏家族的记录可以佐证勒巴舞的传承性质并具有保留性。从这个舞蹈世家的家族内部传承过程中可以看出，他们在长期的实践活动中加工整理了舞蹈的动作，加以创新和保存，并代代相传下来。目前许多勒巴舞传承者们只能复述颂词的发音或者曾经听说过的舞步，已经不能明白意思了，也就意味着这种传承缺乏对于舞蹈深层内涵的学习和理解，是流于表层较为肤浅的传承。

另一种现象也是不容忽视的，丽江地区的艺术工作者对勒巴舞的发掘与整理，涉及创作、表演、组织、教学、制作等各方面。在这种情况下，目前勒巴舞朝着两个方面发展，一种为尊重勒巴舞的民族性，真正致力于还原展现民族民间特色；而另一种则是为追求经济效益，迎合丽江旅游市场的游客，胡编乱造，扭曲民族艺术。虽然也有许多有识之士在整理、收集和发掘勒巴舞，比如，黄山小学的老师以教学形式推广勒巴舞，老师和他的团队记录下了许多珍贵的影像资料，和文光老师组织勒巴舞队参加各类演出活动，塔城乡文化站的文化工作者们坚持收集和创作勒巴舞并且从发源地保护濒临失传的民族文化等，从丽江市到玉龙县再到塔城乡对勒巴舞分层分级的深入保护和挖掘，但是勒巴舞依然缺乏完整的、系统的理论，缺少优秀的勒巴舞剧目作品，同时也缺乏有力的宣传和资金的扶持。

二、纳西勒巴舞的生存现状思考

在丽江纳西勒巴舞主要以传习所、村社为主要保存形式，目前丽江专业的勒巴舞表演机构几乎没有，都是一些营利性质的综合艺术团体。而勒巴舞的传习所一般是非营利机构或者由基金会出资维护运营。在市、县一级的非物质文化遗产文化保护下，村社的勒巴舞活动也丰富起来。在这样的形势下，不难看出勒巴舞的生存条件和基础还是不稳定的，保护和传承力度都大大地减弱。依托丽江作为一个世界级的旅游城市，拥有三项国家级非物质文化遗产和数项省级非物质文化遗产的著名旅游城市，每年保持八百多万游客的优势下，笔者认为市场需求是发展和保护勒巴舞最有力的推动。对于勒巴舞这种传统古朴的遗风舞蹈的生存，笔者认为可以从不足处入手，加以改善。第一，针对艺术生产能力低的情况，需扶持原创艺术与加强艺术理论。因为舞蹈艺术的发展因素，目前大量优秀的艺术工作者集中在发达省市。丽江地处祖国西南边陲，现有的艺术工作者的原创能力以及艺术理论水平能力都相对欠缺。所创作出来的作品缺乏原创性，近年来的优秀勒巴舞作品几乎没有。各个团体表演的勒巴舞作品几乎保持着原生态的样貌，照样搬上舞台，艺术性减弱，观众的受众面大大减小。如果政府加强引导，给予足够的扶持和支持，把人才引进来，把本土艺术力量送出去，会大大改善这种现状。第二，技艺人才缺乏，需培养储备力量。作为云南省非物质文化遗产的勒巴舞，传承人的年龄断裂，是勒巴舞失传的最大隐患，也是影响勒巴舞可持续发展的最大因素。人才培养仅靠单一的家族传承，已经不能满足勒巴舞的传承需要了。只有发展灵活的培养模式，可以与文化单位、演出单位、当地教学单位共同培养，开展短期培训、高级研修班等方式储备众多的勒巴舞有生力量。第三，鉴于缺乏资金，缺乏有效的宣传，文化管理部门应科学规划，统筹协调发展。每年投入在勒巴舞挖掘、创新、整理、修复等工作上的资金少之又少，与东巴舞蹈、热美蹉舞蹈等非物质文化遗产的发展是不均衡的。比如，2010 年古城区非遗中心组织大型的热美蹉展演和艺术节，这对宣传和认识热美蹉的作用显而易见。加大对勒巴舞的资金投入和宣传力度，会有力地推动勒巴舞科学、有序地发展和传承。第四，规模有限、效益不高，需丰富各种运营模式主导发展。根据勒巴舞的现状不难看出，它主要以基金会与国家项目保护发展为主，几乎没有保留演出作品，演出也以小规模为主，有影响的大规模演出几乎没有。我们认为可以走出依靠政府力量的运营模式，根据市场需求，加强对民营演出机构的艺术指导，形成创作、演出、理论、传承和宣传的发展模式，使勒巴舞真正成为大众熟悉喜爱的艺术形式。第五，经过多年的大力改革，我国在经济、文化、政治等方面都得到了迅猛的发展，教育更是愈加标准化、专业化、效率化。纳西族及其他少数民族的文化无不受到现代思潮和文化的侵蚀和冲击。我们并不认为经济发展与环境保护、文化传承存在相互抵触、互相排斥的情况，勒巴舞中蕴藏的人与自然环境、人与自然生灵的和谐共生的文化理念，对于传统文化精神信仰的追求有着积极作用。目前，勒巴舞的传承主要还是家族式传承的方式，许多复杂的舞蹈形式已经逐渐被忘却，能够掌握全部勒巴舞的艺术工作者已经寥寥无几，不得不引起我们对濒临消亡的舞蹈内容的更多关注。

三、旅游业对传统勒巴舞的冲击

旅游业的逐步发展刺激了少数民族地区接待外来旅游者的需求，旅游区域内一些原先即将失传的传统习俗和文化活动也重新得到开发和利用。由于市场的需要，传统的手工艺品也获得了新的发展机遇，传统的音乐、舞蹈、戏剧等又被重视和发掘，濒临灭绝的历史遗产焕发出了新的生命力，更是成为一种丰厚且独特的民族文化资源。

旅游业的发展促进了各种纳西族舞蹈从自娱性舞蹈逐渐演变成表演性舞蹈的一部分。现代旅游业在纳西族族民居住的区域有了巨大的发展，尤其是丽江地区的发展已经成为民族舞蹈走向大众视野的典型代表。但旅游经济对于民间文化传承和艺术发展是一种机遇还是一种厄运，向来是人们众说纷纭的议题。一方面，当地居民可以借助旅游出售本地艺术品以及带动周边旅游消费服务，增加纳西族人民的收入，提高整体生活水平，还可以使传统的勒巴舞走向舞台，走到更多人的视野当中。而另一方面，勒巴舞具有自娱性和一定的祭祀特征，但为迎合大众的审美需求，勒巴舞在表演过程中逐渐丧失了其文化特征及地域特性，这对纳西族勒巴舞造成了严重的冲击。①丽江的塔城乡是勒巴舞流传的主要地区，这一地区之前由于交通不畅，生活生产方式相对落后，因此人们的生活方式有很大的相似性。目前在塔城乡存在十几支勒巴舞队，并在玉龙县成立了勒巴舞的训练班，在塔城乡并建立了起了勒巴舞传承基地，使得勒巴舞的传承有了保障。但据调查得知，即便有十几支队伍，但真正可以完成完整舞蹈动作的队伍屈指可数。随着周边旅游经济的快速发展，丽江地区已经发展成为世界最令人向往的旅游地区以及适宜人类居住的地区之一，年游客接待量更是年年攀升，纳西族勒巴舞的重塑与重组在游客的需求与民族传统传承之间需要找到一个平衡点。在传统中，勒巴舞是一种驱魔娱神、祈求平安的舞蹈，但这种信仰的基础随着其不断被搬上舞台，逐渐变得模糊，也并不只在除夕夜才会进行表演，勒巴舞的神圣仪式属性逐渐弱化。当勒巴舞在经济利益的驱使下，演出的时间、地点、目的和演出时的心态，表演方式都发生了一系列的改变，其神圣性和宗教性的特征逐渐减弱，文化内涵也趋于消失。在审美观念上，自娱性舞蹈也逐步演化成了娱人性舞蹈，舞蹈动作、服饰、伴奏更倾向于迎合观众，而逐步丧失了原始的风格特性。②

　　勒巴舞作为一种民族舞蹈，具有着独特的无可比拟的审美价值与精神价值。我们认识到纳西舞蹈以一定的规则世代相传，把人们的生活实践、

---

① 陈劲松：《文华耕耘荟萃》第 7 辑，云南大学出版社 2017 年版，第 62 页。
② 陈劲松：《文华耕耘荟萃》第 7 辑，云南大学出版社 2017 年版，第 65 页。

对自然的信仰及宗教祭祀紧密结合起来。但在现代文明的冲击下，这种古老且具有非凡价值的舞蹈文化遗产正从我们身边逐渐消失。这样的流失存在于一切民族中，就像现在我们无法逼真再现霓裳羽衣舞一般。[1] 因此，我们必须认真对待勒巴舞的保护与传承问题。我们必须意识到应该在这样的流变中重新关注、探索、研究民族民间舞蹈文化，进而切实地促进此类非物质文化遗产的传承与发展。

---

① 朱红编：《云涛舞掠：云南艺术学院舞蹈学院教师论文集》，云南大学出版社2009 年版，第 303 页。

第四章　都市化浪潮中
昆明市阿拉街道彝族撒梅支系服饰文化的传承与变迁

　　我国城镇化建设的提出，也将都市化文化研究渗透现代中国很多多民族共同发展的城市，为复杂多变民族地区社会提供了重要的现状认识与建设策略。在现代化进程中，云南少数民族传统文化变迁，已经成为影响云南少数民族传统文化保护和传承的一个重要因素，文化变迁主要表现在技术、工艺、建筑、食物、服装和价值观、习惯、社会关系等的变化。昆明是一个典型的多民族城市，其市中心坐落着一片被誉为"城市新名片"的购物中心，由全球商业设计第一的事务所凯里森设计，可谓春城的"城心之心"。昆明市多民族中，"夷"（后来发展成为彝族）是最古老的民族，市东郊阿拉街道办事处彝族撒梅支系是其典型的夷文化遗存。城镇化的发展，彝族文化在现代与传统之间抉择中呈现出衰落与蜕变，其中，阿拉乡街道办事处的彝族撒梅支系服饰文化变迁便极具代表性。撒梅人传统服饰文化是撒梅人民在其生产生活实践中创造出来并发展起来的一种人类文化现象。随着近年来我国少数民族地区城镇化建设的加快，各少数民族传统文化逐渐面临边缘化的境地。在传统文化元素的弱化、削减和现代文化因素强化的过程中，撒梅刺绣作为撒梅服饰的重要组成部分，也面临着传世的危机。族群中青年一辈已鲜有刺绣艺人，服装精美，但不会穿出门，面对多元商业文化的便利与诱惑，越来越多的人选择放弃传统文化的继承，导致了如今精美的撒梅服饰已成为不可多得的珍藏品。作为现代都市类型中旅游城市的昆明，在城镇化进程的另一面，民族文化又以一个特殊的角色为其民族传承和发展谋得了新的契机，民族旅游的兴起以及政府政策的支持，使得很多民族非物质文化新兴蓬勃，作为民族名片的撒梅服饰，不可或缺地重新出现在各彝族盛大节日以及商业展演中，并在现代审美视角中被赋予更精美的设计，同时独特的服饰又为撒梅人提供了新的商机。据调查，乡政府每月组织的刺绣、手工学习聚会活动，便是其传承民族文化很好的举措。

本章较成功地对昆明阿拉街道彝族在城市化进程中的变迁作了科学规范的田野调查和分析研究，重点探究了昆明少数民族传统节日的变迁、具宗教信仰的服饰文化的变迁等等，从而为研究云南各民族的现代化发展提供了新的思路，也为城市化进程中民族关系的调整和城市民族工作提出政策性建议。在城镇化进程中加强昆明少数民族文化的建设有其重要的价值：有利于培养和加强昆明少数民族对中华民族精神的认同和民族自豪感；降低城市文化建设管理成本，消除文化盲区；促进文化交流与沟通的发展，提高都市文化建设的效率；提升城市品质，促进居民幸福感增长；增强文化意识，营造和谐氛围。不仅如此，构建和谐多民族文化共同发展的昆明都市文化、促进昆明都市经济的全面持续发展，离不开少数民族文化的建设。换言之，昆明少数民族文化建设与都市经济发展，二者在精神建设与物质建设整体方向上高度统一。习近平总书记指出："我国是统一的多民族国家，在历史演进中各民族在分布上交错杂居、文化上兼收并蓄、经济上相互依存、情感上相互亲近，形成了你中有我、我中有你、谁也离不开谁的多元一体格局。"[1] 此研究成果充分证明了中华民族并不是一个想象的共同体，而是一个有着共同的历史文化、共同的集体记忆和共同的前途命运的历史命运共同体。昆明各少数民族的服饰、饮食、节庆文化等皆如此。

---

① 《人民日报》，2019 年 11 月 28 日。

第一节 "会说话"的文化名片

论及彝族服饰，人们记忆深刻的是早已闻名于世的彝族刺绣。彝族刺绣是彝族人民在历史长河中传承先辈文化的一种形式，它有着悠久的历史，据考证可以追溯到三国以前，与原始绘画、记事符号、服饰有着密不可分的关系。同时，彝族刺绣还有着极丰富的文化内涵，它源于生活与文化，在世代传承的基础上，不断被赋予新的时代特色，流露着一代代彝家人的风俗人情。彝族刺绣讲究韵律和节奏，色彩或强烈或淡雅，充分展示出刺绣的艺术魅力，其内容有图腾、传说、植物、动物、符号和文字等等，是彝族文化艺术的重要载体和文化表述，也是中国传统民族民间工艺的重要组成部分。2008 年 6 月 7 日，彝族刺绣经国务院批准列入第二批国家级非物质文化遗产名录，更凸显了彝族刺绣文化的重要意义。自彝族刺绣被列入第二批国家级非物质文化遗产名录之后，相关部门对彝族刺绣的保护力度逐渐加大，彝族刺绣已被越来越多的人喜爱与重视。在新的时代背景下，彝族刺绣不断彰显着新的时代内涵，彝家妇女手工制作的刺绣工艺品、服饰等颇受人们青睐，市场空间也不断扩大，在云南的各地彝族聚居区都兴

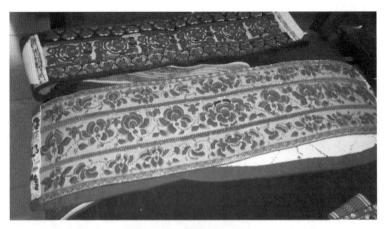

彝族女性的腰带 贾蔓摄

起了手工刺绣的制作，渐渐发展成为一种文化产业。我国城镇化建设的提出，也将都市化文化研究渗透现代中国很多多民族共同发展的城市，为多变复杂民族地区社会提供了重要的现状认识与建设策略。

彝族素有"衣冠之族"的美誉，彝族服饰在彝族文化宝库中占有十分重要的位置，蕴含着彝族人民的审美情趣、风俗礼仪等文化内涵，是彝族宝贵的历史文化财富。将彝族服饰中最传统、最精髓的部分与现代审美相结合，才能让彝族服饰文化更好地走向世界。

昆明是一个典型的多民族城市，其中"夷"（后来发展成彝族）是最古老的民族，昆明市东郊阿拉街道办事处彝族撒梅支系是其典型的夷文化遗存。笔者在此通过对阿拉街道办事处的彝族撒梅支系服饰文化变迁来管窥城镇化进程中彝族文化在现代与传统之间的抉择与蜕变。

一、绚丽多姿的彝族服饰

彝族在我国居住领域广阔、支系众多，由于各支系语言和社会发展程度等方面的明显差异，以及居住地区多山高壑深，相互交往不便，从而形成了彝族服饰种类繁多、异彩纷呈的特点，并有着"隔河不同服，隔山不同装"的说法。据学者研究彝族服饰分为凉山型、红河型、乌蒙型、滇东南型、滇西型、楚雄型六大类16种款式，它们在漫长的发展过程中形成了丰富的文化内涵，与历史变迁、政治变化、自然环境、宗教信仰、风俗习惯、生产方式等有着密切的联系。

彝族服饰具有显著的识别功能，例如，"哀牢山地区彝族贯头衣曾被著名作家沈从文誉为'中国服装历史上的活标本'，是上乘的衣服，《后汉书·西南夷列传》记载：当时永昌太守郑纯，每年都要哀牢人送两领贯头衣给他，以郑纯太守的身份接受贯头衣"；楚雄彝族自治州地区服饰在裤脚上以人形舞蹈作了特殊的纹样处理，抽象地反映了古今楚雄彝族人好于"踏歌、跳脚"

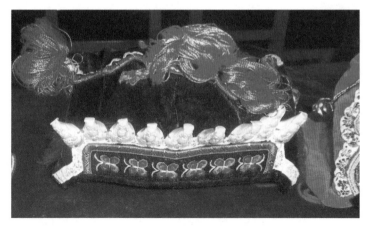

撒梅人童帽　贾蔓摄

的生活情趣；又如贵州、云南北部彝区，人们好着羊皮领褂，四季不离身，冬天正穿，夏季反穿，并且不仅不同地区的服饰有明显差别，就连同一地区也按各元素来划分服饰的设计。小凉山地区贵族的黑彝妇女以百褶裙裙长和裙褶多及烟袋口琴等配饰以示地位之高，奴隶阶层的白彝妇女则裙不过膝，以便劳作。黑彝尚黑，白彝服饰则五颜六色，但配饰简单。无论如何，这些色彩纷呈的服饰名片都反映着彝族文化的精华，朴素的浪漫哲学与审美艺术观念相集于一体，体现出自身传统文化发展的痕迹。

二、别致清秀的撒梅人服饰

据记载，撒梅人男子的服饰，"在20世纪30—40年前，是上身着黑、青土布对襟短衫，长袖，衣短至腹部。裤子肥大，长至小腿部。在上身衣襟上钉着两排'疙瘩扣子'，'腰系裹肚'带，这种'裹肚'腰带前面钉着六个绣花的小包，六个象征有福有禄之意，'裹肚'精致美观，男子往往将衣裤袒露，显出'裹肚'，以表现男子的潇洒和英俊。"

撒梅人妇女服饰以帽子最为特色，样式随年龄大小有差异，两三岁以下幼儿带童帽，撒梅语称"飘磨卡"，意为"飘帽"。帽儿前呈扁平状，镶花

撒梅人的"钩钩鞋" 　贾蔓 摄

边贴上一个翡翠小玉片，或钉上六个到九个小佛像，帽顶和两侧绣着用花朵组成的图案。三岁后，男孩不戴帽，女孩则换上鸡冠帽，帽状如公鸡冠，用黑色绒布做成，帽边绣两条线，缀以桂花图案，帽顶扎两朵红绒球，未成年的女孩帽子两侧还绣有圆形或者三角形精美图案，成年的则没有。姑娘结婚之后，不仅发型改变，帽式也要随之改变，改之带纱帕瓦，妇女将头发挽于后脑，前额顶横放一块状如瓦片的黑绒布，发髻右用 12 厘米长的椭圆竹圈，面绷轻纱布，并将额前的纱帕缠紧，扎于脑后发髻即成。除帽式而外，腰带是妇女服饰的另一特色，撒梅语为"扎索皮"，即彩腰带，上面有各种精心绣制的花卉、鸟兽，除了彝族人民都信仰的虎图腾、太阳等之外，还有很多源自阿拉乡原有的植物，如"双牡丹""小兰花""实心花""扭扭花""四瓣花""莲花"等等。腰带下面系一条短围腰。如果是未婚姑娘，围腰两端的系带绒絮絮垂于腹前，已婚妇女的两端系带要垂于腰背。撒梅妇女下装均无裙装，着长裤，常青黑色，裤脚肥大而较短，便于劳动。老年妇女衣服样式与年轻女子大致相同，只是所用布料和花纹比较庄重朴素，一般为青色、蓝色或黑色。另外，撒梅妇女喜欢穿一种绣花带钩的"钩钩鞋"，撒梅语称为"腊格摩克奶"，鞋面皆绣花，鞋边镶金，鞋跟有块"叶

撒梅人鸡冠帽 贾蔓 摄

巴"，上绣花朵，用于穿鞋，鞋尖呈钩状，钩端系着各色绒线，以示美观。此外，还有一种男女皆穿的"凉草鞋"，撒梅语称为"皮鲜腊搭"，此鞋脚跟和拦扣都绣有花纹，镶有金边，鞋底用牛皮制成，走路时能发出声响，故又称"叫鞋"。撒梅妇女背小孩用的"背篾"也很有特色，其状呈半圆形，以内毡子为底，外衬黑绒布背饰上绣花及各种图案，美观大方，使用方便，别具特色。

第二节　传统走向现代的文化载体

现代化的节奏激活了少数民族地区的经济，而现代化的巨足也踏过了根植于民族地区质朴而灵动的文化氛围，使它们在猝不及防中溃散，又在无声无息中重组，绽放新的光亮。昆明这样一座与时俱进的历史文化名城，它不但承载着1200多年的历史，其特殊地理位置也让其成为开放包容的国际文化枢纽，各民族文化尽展光彩，相碰相融。作为被称为"老昆明人"的彝族的服饰文化也在这种节奏中发生着巨大的演变。

一、传统服饰的现代功能演化

现在，撒梅人男子服饰与汉族基本相同，只在妇女身上还有相当程度的保留。但由于城市影响，特别在近40年来，一般未婚女青年除了一些节日活动才穿着本民族服饰外，都已改着汉装。挑花刺绣，是撒梅人服饰文化中一个重要的衍生艺术，凡撒梅姑娘成年时期便跟从母辈学习刺绣，图案根据不同年龄与喜爱而定。尽管现代化的技术已无须撒梅人祖先在服饰样式上为劳作巧设的便利，而在现代性的视域中，从生态美学的角度来看撒梅人的服饰具有非常重要的意义，它反映了撒梅人与自然环境、与社会之间的生态审美关系。居住在昆明市官渡区宝象河及白沙河流域山区半山区的撒梅人，居住地区依山傍水、气候温暖、风景优美，这些自然体验也直接反映在撒梅"彝绣"的花纹装饰的多样性、纷繁复杂性上，图案中包含着大自然的日月星辰、山川河流、花鸟鱼虫等装饰，表现的是人与自然互为对象的、互相证明的、互相依存的内在关系。另外服饰编织的布料多以麻、棉为原料，通过绩麻、纺线、漂线、梳线再织布，它的材料的选取和整理加工、布匹的编织、花纹的印染、款式的设计以及最后缝制成衣都深深打上了生态的烙印，也因此，撒梅人的彝绣现在被用于装饰、家居等设计中，而其特殊的鸡冠帽、彩腰带等也在昆明发展旅游城市的节奏中作为审美的服饰艺术走向各民族甚至各国文化中。

二、现代服饰的文化浓缩传承

现代化发展中，民族服饰作为"小传统"的一部分也趋向于被旅游化态势，少数民族区域文化淡化，日常的宗教信仰、衣食住行、风俗礼节、历史变更也转向了各种审美意识形态的呈现，那些以传统生活生产方式为载体的族群群体精神信念期望，在青年一辈的新生族群中失去了原有的整合力量，这也恰恰是在现代性都市文化发展中民族传统与现代取舍、现代性与民族认同冲突的复杂关系问题，但同时都市文化本身的开放性与丰富性决定其对象文化的多元特征，并以不同地域、不同时代、不同条件为依据。文化模式的多样性，更刺激文化内在价值的挖掘与简化。

这一敏感演变也反映在服饰图案的简化，并成为一种设计元素或者符号。撒梅人服饰中的某种图案、色彩及形式的多样化、符号化都是其对祖先文化的传承，是寻根意识的体现，在这过程中既表达了对祖先的祭典以祈求护佑的心理，同时又加强了其民族的凝聚力，无论其族人走到哪里，只要一穿上族内的服饰，立刻就有一种无形的力量将他们凝聚到一起。在存在祖先崇拜的民族中，祖制是不能随意更改的，这使得民族服饰在漫长的历史中，除有特异的经济文化变迁，一般无太大程度的改装换饰，并且被渐渐美化，随着民族舞蹈或民间文学的演绎搬上舞台，这是撒梅人服饰得以保存至今的原因之一。这些图案、样式被应用在服饰上既构成了一种符号，也表达了特殊的语义。这些符号是有动机、有语义的符号。这种符号在能指和所指间的结合是基于可感知、可理喻的关系。当人们看到这种符号，就有可能联想到相同或者相似的某人、某物、某时代背景以及某文化内涵，而这一文化内涵在历史长河中已扎根于民族识别

撒梅人表演服饰　贾蔓摄

阈限，成了浓缩的、有意识的，却也是不自觉的文化传承。撒梅人在社会关系的划分方面，通过服饰来表达自己婚姻状况的特征也最为普遍，撒梅人的服饰中鸡冠帽因其造型的独特秀气仍然有很好的保留，撒梅未婚女子在订婚以前，所戴"鸡冠帽"鸡头向后，订婚"吃大酒"仪式上，就要将"鸡头"从头后转向头前。它向世人传递了世代撒梅人与雄鸡共居共融的和谐关系，不仅保留了对鸡寄予吉祥期望的原初崇拜，也继续教育着撒梅年轻的姑娘们要如鸡一般勤劳。长久以来民族服饰是民族的显著标识之一，是一个民族的物质文化和精神文化发展到一定程度的综合反映。图案是组成民族风格的重要组成部分。除了族内传承，当前，民族化与世界化日益在服饰中得到融合和发展，少数民族图案被提炼为基本元素，并应用到现代服饰设计中，可以让民族服饰的精华走向世界，同时，对发扬民族传统文化也具有重要意义。

第三节 传承与变迁中的服饰文化思考

中国的都市化也是城镇化的变革，民族地区的城镇化进程也是民族文化的演进，传统文化元素的弱化、消减和现代文化因素强化的过程。在这一进程中，"撒梅"刺绣作为撒梅服饰的重要组成部分，也面临着传世的危机。它的传承与保护成为摆在新昆明发展面前的一个重要问题。2008 年，阿拉乡彝族被国家级经济开发区托管，撒梅刺绣获得了嫁接新产业的强劲推动力，但在现实与理想之间，却也不得不陷入面对"供"与"需"的种种矛盾。

一、服饰文化的传承现状

撒梅刺绣虽精美绝妙，而族群中青年一辈已鲜有刺绣艺人，服装精美，但不会"穿出门"。面对多元商业文化的便利与诱惑，越来越多的人选择放弃"花一个星期甚至更多时间绣一双绣花鞋"。据调查，就算已被认定为云南撒梅非物质文化遗产传承人的老人，自认在处理特殊复杂的花样时也有很大欠缺。如今精美的撒梅服饰已成为不可多得的珍藏品。

作为现代都市类型中旅游城市的昆明，在城镇化进程的另一面，民族文化又以一个特殊的角色为其民族传承和发展谋得了新的契机。民族旅游的兴起以及政府政策的支持，使得很多民族非物质文化新兴蓬勃，作为民族名片的撒梅服饰，不可或缺地重新出现在各彝族盛大节日以及商业展演中，并在现代审美视角中被赋予更精美的设计，同时独特的服饰又为撒梅人提供了新的商机。

二、城镇化进程中服饰文化发展对策

"文化是城市形象的灵魂，城市是凝固的文化。"传统文化是现代文化赖以发展的宝贵资源。没有博大精深的传统文化的滋养，就没有现代文化发展的根基。通过对这些传统文化进行研究、继承，达到古为今用，从而体现一个城市的文化底蕴。民族地区文化的发展是该地区城镇化的内在驱动力，所以重视发展撒梅服饰文化对多民族文化共生发展的昆明具有重要作用。

首先，民族文化转型与发展的内容是民族文化的传承和创新。在与外来文化的碰撞、冲击中，在本民族、本地区生产、生活方式变迁的基础上不断创新，但这种创新又必须以民族的传统文化为基础，没有传统的创新，其后果是不可想象的。因而在注重现代化教育的同时要紧抓民族文化教育，加大对民族传统文化的宣传力度，让少数民族地区的民族青年在日常生活实践中不断形成文化自觉，从而激起他们热爱本民族传统文化的意识和热情。其次，城镇的发展要依靠人的发展，城镇现代化的核心问题是人的现代化。培养文化主体是传承和发展我国少数民族传统文化的基本途径，农村城镇化对我国少数民族地区传统文化的社会生存环境和家庭代际传承环境的影响比较大。但是人是文化的主体，通过培养文化主体让我国少数民族传统文化以"活态"的方式传承下去，是保护和发展我国少数民族传统文化的重要途径。最后，民族文化的传承和创新需要开放有序的环境。利用民族服饰独特的审美，嫁接新兴的商业合作，既带动民族地区经济，同时又弘扬民族服饰文化。

撒梅人传统服饰文化是撒梅人民在其生产生活实践中创造出来并发展起来的一种人类文化现象。随着近年来我国少数民族地区城镇化建设的加快，各少数民族传统文化逐渐面临被边缘化的境地。但是，我国少数民族传统文化在城镇化进程中的边缘化境遇，并不意味着它没有存在和发展的必然性，相反，每一种少数民族传统文化都构成了人们解释世界和处理自身与外部世界之间关系的独特方式。

第五章　新型城镇化进程中
昆明沙朗白族村寨民族文化的传承与发展

云南少数民族人口分布的特点应以多样化来概括，沙朗乡的白族就是以村寨的形式居于昆明郊区，其白族文化的变迁亦具有鲜明的特色和代表性。据调查，沙朗白族祖辈是由大理迁徙而至的，历经百年以上，老人们仍讲白语。以白族传统节日"三月街"为例，最初的三月街是讲经说法的庙会，而如今经济贸易的社会功能占着重要的引导和领导地位，本来富有内涵的神秘的民族传统节日如今已成为人们满足物质需求的工具；逛桑林是古代的社祭活动和婚姻活动，最后演变成为了歌舞活动和游春活动；火把节是白族敬天祭祖、祈求平安的特殊日子，有着"以火卜丰歉""以火占农时"等神秘民俗，当下也逐渐成为缺失传统的歌舞娱乐活动。类似传统节日的演变的例子还有很多，白族很多传统的节日内涵中带有宗教色彩的神秘性也随之慢慢消失，代之而来的是娱乐性功能的增强。经济的发展、与周边民族的交流对沙朗白族传统文化造成了很多影响，白族人的思维及生活方式以及对待本民族传统文化的态度发生了改变，其传统文化的传承面临了很大的问题。

云南是全国少数民族最多的地方，而人口分布的特点则应以多样化来概括，有些少数民族既有聚居地也与其他少数民族杂居，另一些高度集中在一个地州，还有一些则以村寨的形式居于城镇及交通沿线，沙朗白族就是以村寨的形式居于昆明郊区，当地的白族用汉语称之为"民家"。"沙朗"或"沙浪"作为地名主要有两种西南少数民族语言释义，一则以彝语释为"沙多的小坝子"，另一则以白语译作"沙地"或白语"三浪"的汉字记音。沙朗明代至清代属沙浪里，清末为沙浪堡、头村堡、桃园堡辖地。1930—1949 年属北新乡，1950 年成为昆明县第五区的一部分，1953 年改属第八区，1956 年分属西山区。1958 年属上游人民公社沙朗、桃园、龙庆管理区，1962 年成立沙朗公社，1984 年改为沙朗办事处。1988 年设立沙朗白族乡，辖大村、东村、桃园、三多、龙庆、陡坡 6 个办事处。从相对位置来看，昆明市沙朗白族乡距大理白族自治州约 335 公里，从大理地区至昆明沙朗主要途经祥云县、楚雄市、安宁市三个地方。从区域空间来看，沙朗白族乡位于昆明市西北部，距主城区 16 公里，东接盘龙区，南邻西山区，西与富民县相连，北接厂口社区，是一个较为独立而又四通八达的地理空间。沙朗白族乡内各村落距离远近不一，以沙朗坝子为中心，与桃园、陡坡、龙庆等地距离依次渐远。沙朗坝子内东村、西村、大村、北村等自然村紧密相连，最远距离不超过 1 公里，形成了一片白族人口相对密集、民族文化留存较好、公共活动比较集中的核心区域。2004 年昆明市行政区划调整，将原隶属西山区的沙朗白族乡划归五华区。2009 年沙朗白族乡改设为五华区沙朗街道办事处，总人口数为 19202 人，有汉、白、彝、苗、傣、哈尼等民族，其中白族人口 8206 人，占总人口的 42.7%，主要分布在东村、大村、龙庆头村、二村及陡坡等地。2011 年，昆明市委、市政府撤并沙朗和厂口两个街道办事处，成立昆明市五华区西翥街道办事处。下辖东村、大村、三多、桃园、陡坡、龙庆、厂口、瓦恭、迤六、新民、陡普鲁 11 个社区居民委员会，共计 117 个居民小组，其中白族居民小组 26 个。城镇化进程中，沙朗白族乡的空间格局发生了巨大的改变，成为一个社会交往和文化交往更为多元的地域空间。而其传统文化即风俗、服饰、饮食、节日等也是当地社会群体外部特征的标志，凭着这个标志，人们才能将白族和其他少数民族区别开来，并通过这作为阶梯，进而探究具有该标志的白族的历史文化的内涵和价值，从而作出比较切合实际的评价和判断。"岁时节

2012 年的沙朗白族民居　贾蔓 摄

日，是传统中国人关于年度时间节点的专属概念，主要是指与天时、物候
的周期性转换相适应，在人们的社会生活中约定俗成的、具有某种风俗活
动内容的特定时日。"① 沙朗白族乡的传统节日多种多样，其任何节日都带有
宗教色彩，或纪念，或缅怀，或庆祝，都要伴之以祭祀，一炷香、一杯酒、
一点素菜是少不了的，再加上磕头跪拜，从而使节日罩上了浓郁的神秘色
彩，节日也就成了凡人和神界接触的渠道。而传统文化在民俗生活中占统
治地位，它早已深入人们的一切生活领域。白族在古代本盛行原始宗教，
之后到了唐代、南诏，自发的原始宗教信仰开始向人文宗教发展，便出现
了本主信仰，接下来佛教传入，原始宗教或解体。白族有着对天神、太阳
神、月神、山神、河神、石神、树神、鬼神的崇拜，还有性崇拜。

---

① 萧放：《岁时节日》，《民间文化论坛》2016 年第 4 期。

第一节　云南沙朗白族传统节日的变迁现状

文化变迁是在历史的进程中，随着时间的推移，在内外部因素的作用下通过文化内部的整合而出现的有别于过去的文化现象，主要表现在技术、工艺、建筑、食物、服装和价值观、习惯、社会关系等的变化。在现代化进程中，云南少数民族传统文化变迁，已经成为影响云南少数民族传统文化保护和传承的一个重要因素。对此，本章将对云南沙朗白族村寨文化的变迁现状进行不同角度的分析，从而思考当地白族传统文化的传承与发展之路经。

一、传统节日变迁特点之神秘性的减弱

云南昆明沙朗地区的白族文化就是一个在变迁中创新、在变迁中发展、在变迁中进步的典型，其变迁具有鲜明的特色和代表性，具有一定的现实意义。而沙朗白族传统文化中特别是传统节日的变迁最具有鲜明特点的是神秘性的减弱，不再具有吸引力，以白族传统节日"三月街"为例，最初的三月街是讲经说法的庙会，而如今经济贸易的社会功能占有重要的引导和领导地位。三月街本来是一种供奉神灵的祭祀活动，是祈求神灵保佑白族人民岁岁平安、五谷丰登的活动，每年农历三月十五日至二十一日举行。对于三月街也有个神秘的传说，相传古时候，湖中出现妖怪，害得白族人无法生存，而在苍山脚下，有一个心地善良、力大如虎的白族少年，名叫虎子，他发誓一定要除去妖怪，便同大小妖魔奋战，最终斩尽了妖魔，而自己也闭目于此地。从此，经常出现妖怪的那片湖化作高山峡谷，山上松柏常青，野兽成群，人们也过上安定的生活，人们将他的尸体葬在这座高山上，让他看着这里的人们繁衍生息。因此"三月街"就是纪念虎子的祭祀活动，其节日程序带有神秘的宗教色彩。节日期间，穿有礼服礼帽的诵

经先生及弟子要在天子祭祀坛前，对着本主神铜像诵经膜拜，以示缅怀，祝愿人寿年丰、来年风调雨顺。白族的青年男子要在深夜三更扮成八仙"请水"。在白族人意识中，八仙有控制妖魔鬼怪的神功，青年男子要打扮成八仙列队，在锣鼓的引导下，手舞足蹈地前去龙王庙"请水"，意为请求龙王赐神水携回去供奉本主神，希望可以带给白族人吉祥和安宁。节日期间还要举行迎神仪式和敬肉仪式，迎神仪式在庙会要安排礼炮、音乐，各校师生列队以及古代的兵器组合列队，再加村民自发组织的龙灯、狮子灯等环街游行，以表迎神，借以祈求风调雨顺，还要宰杀一头肥大的猪来祭本主神，等等。传统的节日不仅被赋予神秘而浓郁的宗教色彩，而且在一定程度上增强了民族内部的凝聚力，增强白族人民的团结友爱。而随着社会的发展，民族传统节日依然被赋予了一些新的时代意义，如今的"三月街"的仪式越来越简单，程序及形式随之简单化，在节日期间，除了简单的仪式之外，还将一些特色饮食供给前来的游客品尝，当地政府在宣传白族民族文化的同时，也打着"民族特色"的旗帜来带动该地的经济，游客的增多将这种传统祭祀活动变成了一个赶集活动。由神秘的祭祀活动演变成了少数民族物资商业交流大会，时间也从以往的7天变成3天左右。本来富有内涵的神秘的民族传统节日如今已成为人们满足物质需求的工具，久而久之，将会忽视纯粹的民族文化所带来的民族认同感，以及具有深厚文化沉淀的民族文化。

无独有偶，火把节作为沙朗白族传承至今的民族传统节日，其节日文化内涵中的原始宗教信仰也在现代化进程中不断被消解，逐渐演变成为缺乏传统底蕴的娱乐性活动。沙朗白族火把节一般于每年农历六月二十四日举行，是白族民众点燃火把、祈田禳灾的民族传统节日。每逢火把节，沙朗白族都会展开一系列丰富多彩的民俗活动和信仰仪式。火把节前夕，沙朗白族男性青年在同性长辈的带领下选松树、竖火把，白族女性采凤仙花包红指甲，用松包树皮缝制装松香的器具，形制较大的为"弥悠"（mi33ʐou44）桶，可随身携带的为"弥悠"（mi33ʐou44）袋。各家"舅老倌"则至少提前一天接家族中出嫁的女儿回家过节。火把节当天，敬天地、祭祖灵是当地民众协力合作的重要内容。火把节的中午到祖坟前扫墓、祭奠。白族主妇还要到田间敬献土地神，祈求丰收……等到夜幕降临，村中老人领头献祭品，向大火把叩头。仪式作为文化记忆首要组织形式之一，沙朗白族男性与女性、老人与青年、个人与集体的祭祖仪式贯穿于全天性的火把节活动中，集中展现了沙朗白族祭拜天地和祖先的文化传统。傍晚时分，村寨头人带领民众举行完祭献仪式后，几个勇敢矫健的小伙子，一个接一个地攀上高竖的大火把，将小火把逐人上传将大火把点燃。刹那间烈焰腾空，鼓乐齐鸣。每个人再利用大火把火焰相互引燃手持的小火把回家由内而外"撒遍"房屋的每个角落，同时念诵"一年到头，除除晦气、顺顺利利"之类的口诀，以盼"新的一年"家中事事和顺。耍火把为沙朗白族火把节节庆活动的高潮，撒松香和敬火把寄寓着清洁平安、吉祥喜气的美好祝愿。现代化进程中，电子通信设备和便捷的出行方式改变了舅舅接出嫁女儿回娘家的特殊任务，五颜六色的快干指甲油代替了耗时费力的凤仙花，高效实用的农药甚至隐匿了松香、火把禳灾去晦的民间信仰，白族火把节的神圣性和神秘性逐渐萎缩。

还有一些传统节日的内涵也淡化得只剩下一丝丝朦胧的记忆。例如白族最传统的节日绕三灵，"绕三灵"是白族群众沿袭千年的年度盛会。绕三灵不仅是悠久历史文化的体现，也是文化阐释的结果。"绕三灵"，白语为kua33sa55 na21，其汉译名称为"绕三灵""绕山林""绕桑林""逛山林"等，并以"绕三灵"最为常见。在其发展的第一阶段，桑林谷，比作女阴，极其形象地告诉我们：逛桑林产生于母权制社会，是以女性生殖为崇拜中心，以祈求子嗣的繁衍为目的、不加区别的交合为手段的一种古老的原始的民俗活动。到了逛桑林发展的第二阶段，逛桑林即转化成为某种空隙之间的一次娱乐性的体征，从而使宗教、婚姻的种种淡化得只剩下一丝朦胧的记忆，如用简单的语言概括，那就是：逛桑林是古代的社祭活动和婚姻活动，最后演变成为歌舞活动和游春活动。类似传统节日的演变的例子还有很多，白族很多传统的节日内涵中带有宗教色彩的神秘性也随之在慢慢消失，代之而来的是娱乐性的增强。

二、传统节日变迁特点之娱乐性的增强

白族传统节日的演变过程中，因时代的前进、经济的繁荣、各民族文化的交流，各种各样的传统活动都是以娱乐性为目的的，其懂得传统文化内涵的人越来越少。现举例来说明娱乐性使传统文化的含义在表象上的消失。火把节，是我国西南地区许多兄弟民族所共有的节日，时间在每年农历的六月二十四日和二十五日。其各民族的原始寓意有所不同，白族从其文学的角度看，认为其起源于优美动人的故事"火烧松明楼"。依据文献，其最完整的故事见清代云南大理人师荔扉在嘉庆十二年（1807 年）所著《滇系》之中有所记载：

火把节即星回节，六月二十五日，农民持炬照耀田间以祈年，通省皆然。其说有三：一、武侯征南，于是日擒孟获，侵夜入城，城中父老设庭燎以迎之。二、曼阿奴之妻阿南，时阿奴为汉将郭某所杀，欲妻之，阿南恐逼己，绐之曰："妾欲从君，君能从我三事乎？"曰："从。"曰："一须作幕次祭故夫，二须焚故夫衣，三须令全国人遍知礼嫁。"明日，如其言，聚国人张松幕，置火其下，阿南抽刀出，令火炽盛，乃焚夫衣，告曰："妾忍以身事仇乎？"遂身跃火中，以刀自断，时六月二十五日也。国人哀之，以是日焚炬聚会以吊之。一、邓睒诏妻慈善，开元中，南诏于星回

节召五诏燕会，慈善逆知其谋，止夫无往，夫不可，乃作铁钏约其臂而去。既而南诏果焚五诏，佯以醉失火焚死告，各诏骸骨无从辨认，独慈善舆户而去。南诏闻其哲，欲妻之，慈善闭城自固，发兵围之，三月，食尽，乃盛衣装，西向，自缚于座，竟以饿死。临卒，曰："吾往诉夫冤于上帝矣！"南诏闻之，悔曰："误逼此贞洁妇"。乃旌其城曰德源城。三说均有所本，今则农人卜丰年，相率为欢宴而已。

游国恩认为，"师氏谓三说均有所本者，但谓其各有来历而已，非必谓其皆有典据也。今考三说之见于记载者，多出自元明以后，前乎此者无之。"[1] 师荔扉据本所录的三则火把节起源传说集中体现了明代以来云南地区在汉文化强烈冲击背景下火把节节日文化内涵的发展演绎。沙朗地区则主要流传着"五谷神王""慈善夫人""白族火把节"三则各具特色的火把节起源传说，体现出了不同历史语境下白族火把节文化内涵的差异和演变。"五谷神王"主要讲述了跋达向观音求五谷籽种，撒种后迷失在森林中，人类在跋达的帮助下获得了谷种与树种，人们为纪念跋达而有了白族火把节，跋达因此受封"五谷神王"。李缵绪指出，"作品中有很多是农耕生产的内容，属稻作文化，但比起其他传说来，显得更为古朴，别具风格。"[2] 此则传说中，人世间的谷种和树种皆依赖于神的恩赐，纪念跋达为人类带来农耕作业所需谷种是传说所表达的核心文化内涵。相较于"五谷神王""火烧松明楼""慈善夫人""柏洁夫人"等传说，这是白族火把节节俗传说中流传最为广泛的故事形态。在世人层累的附会中，由六诏燕会、南诏火焚五诏、铁钏辨尸、慈善死节等母题构成了标志性的白族火把节释源文本，为白族

---

① 徐嘉瑞：《大理古代文化史稿》，云南人民出版社 2017 年版，第 296 页。

② 李缵绪主编：《白族学研究》（第二辑），云南民族出版社 2015 年版，第 102 页。

民众普遍接受且影响深远。沙朗地区流传的"慈善夫人"故事情节大同小异，讲述了蒙舍诏以祭奠祖先为名，邀约另外五诏在事先搭好松树枝的楼上饮酒，酒过三巡，蒙舍诏偷偷溜走并燃放一把大火，将五诏全部烧死。慈善夫人闻讯赶到后以金手镯辨尸，哭祭完丈夫后纵身跳下大河，以死来抗拒蒙舍诏的野心。百姓们知道后不约而同地点燃火把找遍大河的上下游，自此人们为怀念慈善夫人而有了一年一度的火把节，痛斥蒙舍诏的不义和纪念柏洁夫人的坚贞是传说表达的文化意旨。昆明沙朗乡、团结乡一带流传的"白族火把节"传说则讲述了白族首领是个英俊勇敢的王子，武艺高强，百战百胜，经常骑一匹高大的白马，穿着白色的盔甲，巡视自己的国家。在他的治理下，白族人民不怕外族的侵略，过着安居乐业的生活。外族常与白族发生纠纷，可每次都杀不死王子。后来，敌人因杀不死王子，便出钱买通王子的妻子，得知了用尖刀草杀死王子的办法，王子遇难时正好是农历六月二十五这天。以后，白族人民为纪念王子，每年六月二十五这天，大家都点燃火把去寻找王子。久而久之，便成为传统的白族火把节。

而从科学的角度看，火把节的真正根源要追溯到原始社会。在1939年对马龙遗壤的发掘中已发现红烧土地面两处，考古专家证实该地的原始居民保存火种火源。由此看出早在原始社会，白族先民就对火产生神秘的崇拜感。那时候的白族先民不仅认识火而且还将火把来吓唬各种野兽，将它们逼进自己事先设计好的大坑里。人们开始欢呼、跳跃、高兴……这不正是今天白族人民火把节的来源吗？而对于其火把的原始寓意白族人也有自己的见解：昆明沙朗地区的白族过传统的火把节其寓意是要送走瘟神，其又称为"过草"会，主要是荤祭。而另一种寓意则是火烛或火炬，以其具体而微的形象类似男性的生殖器，高竖火把就是对男性生殖器进行崇拜，因而，火把节就是性崇拜的节日。从家庭起源和形成说，火把节是父权制英雄们炫耀自己机会的盛会，也是欢庆父权制确立的大典。而火把无疑是一种象征物，当这个象征物被其他的实物一层一层地被粉饰起来后，外在的美的形式终于毫无遗漏地掩盖了象征物的实质，这种民俗上的浓妆艳抹不仅使被奴役的女性，甚至连被奴役的男性都忘乎所以地沉湎于这种浓郁、壮观的美的活动。火把的含义终于在表象上消失了。而如今节日之际，灿星如海，然而，毕竟高烧火把的是不同的民族，他们各自有着不同的生活环境与文化传统，有着相异的审美观念和美的表现形式，所以对同一个火把节自然也就有着不同的活动的习俗，不同的情趣、主题和不同的历史解释，琳琅满目，千差万别。白族的火把节除了火把这一节日主要道具与其他民族类似外，节日的时间和名称、火把的形状和装饰、节日的活动和习俗都有别于其他民族。特别是表现节日主题的形象则尤具个性。传统火把节期间，沙朗白族常以火把、升斗、花红、五彩旗、火把梨、海棠果等节俗象征物烘托气氛，白族男女老幼则身着民族服饰载歌载舞共度佳节。

现在的火把节只是一个载歌载舞的节日，是人们释放压力的一个场所，娱乐性的成分远远超过了它本应有的意义。

第二节　云南沙朗白族传统节日的变迁因素

经济的发展，与周边民族的交流对沙朗白族传统文化造成了很大影响。白族人的思维及生活方式以及对待本民族传统文化的态度发生了改变，很多世代生活在这个地方的人不愿意将本民族的文化传承到下一代，他们认为自己的民族传统文化太落后，只有外来文化才是适合于当今社会发展的，才是先进潮流的代表。所以，白族传统文化的传承面临了很大的问题。如果不处理好白族传统文化与外来文化之间的相互影响关系，不好好思考白族传统文化在当今时代中的发展及传承问题，白族传统文化将会面临流失甚至的可能，这是任何人都不愿看到的。

一、集传统节日各功能于一身——"文化舞台，经济表演"

白族的民间传统节日繁多，在如此众多的传统节日中众所周知、独具特色的"三月街"，是所有白族地区传承上千年的重要节日，经历起初的宗教祭祀活动，慢慢成为少数民族交流商业集会的发展历程，集体的讲经庙会、生活品贸易市场、经济商品贸易市场以及民族文化传播与交流功能集于一身，发挥着传承民间文化、发展社会经济的整体功能。

自 20 世纪 80 年代开始我国实行改革开放之后，经济的发展成为重中之重，众多的传统节日也戴上市场经济的色彩之帽，而沙朗白族的传统节日"三月街"的社会功能真正向集民族文化认同与交流、生活品贸易市场、经济商品贸易市场及民族交流等功能于一体的民间经济贸易的方向发展。由此，以经济贸易为主导的社会功能起了主导的作用。沙朗白族先民主要是农耕族类，长期生活在适宜从事农业生产活动的平原、盆地以及河谷等地。新石器时期滇池流域出现了人类活动的痕迹，至战国时期滇中地区已成为农业生产水平较为发达的肥沃之地。沙朗地区地缓坡平、依山傍水、沃野棋布，有利于农业生产发展。《徐霞客游记》记载"出复四渡水而上岗。闻冈上有人声，则沙朗人之耕陇者"。[①]沙朗白族有着悠久的农耕传统，擅长因地制宜种植农作物，在坝区主要种植水稻，在山地则多种植玉米、蚕豆、大麦、小麦、辣椒、土豆等农作物。沙朗白族在长期的农业生产实践活动，积累了丰富的生产经验和技能。我国经济的快速发展，为昆明沙朗地区所带来的贡献是巨大的。正如马克思所言，那些发展着自己的

---

① 朱慧荣校注：《徐霞客游记校注》，云南人民出版社 1985 年版，第 874 页。

物质生产和物质交往的人们，在改变自己的这个现实的同时也改变着自己的思维和思维的产物。中华人民共和国成立后，随着社会的迅速发展，采石业、运输业、旅游业等逐渐成为沙朗地区的支柱产业，沙朗白族的生计方式日渐多样化，经济生活日益多元化。自世纪 60 年代始，沙朗境内的采石场每年开采量在 20 万立方米以上，占昆明全市用石量的 25% 左右。沙朗白族青壮年男性多在采石场务工，有的沙朗白族人家父子两代人共同在采石场工作，沙朗白族采石工以技术精湛、吃苦耐劳著称。至 20 世纪末，城市建设和生态保护政策实施过程中沙朗采石场陆续停工，沙朗白族富余劳动力大量外出务工。90 年代以来，在政府扶持和指导下，沙朗白族乡集观光、休闲、度假、娱乐于一体的乡村旅游应运而生，沙朗当地部分白族家庭开始经营农家乐。农家乐模式的乡村旅游推动了沙朗白族乡餐饮、住宿、交通等公共设施的建设与完善，沙朗白族民族文化资源得到了利用和开发（如下图）。同时伴随着大棚经济的发展，乡民多在大棚经济内种植

2012 年的沙朗街道　贾蔓 摄

草莓、果树等采摘型经济作物，协同农家乐共生形成特色餐厅。目前，仅沙朗东村社区尚有福泉园、尚泉园、尹一注、客回园、金竹湾生态园等多家农家乐，已成为昆明近郊务农采摘、休闲观光的旅游胜地。为满足昆明及周边地区的游客到沙朗观光度假，以及本地人外出务工、求学、买卖商品的双向需求，部分沙朗白族以面包车为主要工具从事短途客运。旅游业和运输业的发展，增强了城乡之间的人口流动，沙朗宝泉路成为白族民众贩卖各类季节性新鲜蔬菜水果以及从事各种小商品交易供游客自主选购的集散点，商业成为沙朗白族家庭经济收入重要来源之一。沙朗白族乡依托昆明近郊的区位优势和民族文化的资源优势，推动了产业结构调整，促进了产业健康协调发展，使得社会成员经济收入大幅增长。与此同时，近十年来，随着沙朗乡土地大面积外包流转，农业播种面积和牲畜出产量不断减少，经济生活发生了显著的变迁。这个契机使当地找到了一个支柱产业，经济发展为昆明沙朗打下了坚实的基础，同时也使沙朗人民的物质生活有了普遍提高，更加使西山周围那些世代以务农为生、生活贫困的人摆脱了贫困。沙朗白族又属昆明地区的稀有群体，政府对该稀有群体的传统节庆旅游文化的过度重视和开发，使"文化舞台、经济表演"的模式将经济贸易的社会功能置于重要的引导和领导地位。多年以来，沙朗乡每年举办的"三月街"也一直遵循着这个模式，他们为了取悦游客，为了能够吸引更多的游客，让他们能够故地重游，沙朗当地人将自己的文化简单化，久而久之，他们也开始在淡忘自己真实的文化，并且去接受已简化了的白族文化，或者不在乎，我们就将这种文化称为伪白族文化。经济的发展虽可以大力提高传统节日"三月街"的知名度，但是其经济功能也会提高到最重要的地位，而本应该起主导地位的民族传播与交流功能则会占从属地位。时间一长，"三月街"将会单纯地变成经济贸易场所。这样不但不会使沙朗地区的经济得到又快又好的发展，反而会影响其经济的发展，产生相反的效果。

"在当代'泛节日化'社会语境下，传统节日受到民间、官方、商业、学界、媒体等多主体不同程度的操弄，呈现出一种复杂而立体的多面相，传统节日内外传承双轨并行，传统节日资源被滥用，节日主题蜕变为世俗狂欢，节日内涵渐趋标准化等乱象频出。"① 火把节作为西南地区白族、彝族、苗族等少数民族遵循自然时令安排周期性农业生产活动的民族传统节日，在多主体操弄下以多元形式如火如荼地加以开发，成为民族文化旅游中吸引贸易和投资的重要方式。据不完全统计，2019 年仅云南一省至少有 10 个县市举办较大规模的火把狂欢旅游节，节庆日期从三天到半个月不等，节日庆典中的展演仪式也不囿于满足单一民族内部精神诉求而被赋予全民共享的狂欢形式。以云南省昆明市为例，2019 年 7 月 25 日（农历六月二十三日）至 7 月 28 日（农历六月二十六日），昆明市举办第一届世博园国际狂欢火把节。由政府引导、民间参与、商界引资、新媒体推广，多主体合力打造的"五洲之火，点燃世博"国际狂欢火把节，引云南彝族之火，汇聚非洲"起源之火"、美洲"自由之火"、欧洲"文明之火"、亚洲"文化之火"、大洋洲"新星之火"的世界五大洲火文化搭建全民性狂欢交流平台。第一届世博园国际狂欢火把节建构了超越血缘、地缘、业缘，更具活力与包容性的节日经济贸易场域，整合了地方社会群体，拉动了地方经济增长。沙朗白族传统节日作为沙朗白族文化的重要组成部分，具有道德教化、文化传承、文化认同、休闲娱乐、经济贸易等功能。随着社会的发展、经济的变迁，沙朗白族传统节日的经济贸易功能发挥着至关重要的作用，成为影响沙朗白族传统节日变迁的主要因素之一。

---

① 黄龙光:《当代"泛节日化"社会语境下传统节日的保护》,《原生态民族文化学刊》2019 年第 4 期。

由此可见，为传统节日戴上经济之帽，以经济名义吸引更多的外来者是不可取的，而应该把这众所周知、独具特色的传统节日发展成为立足于沙朗实际、增进各民族共同的文化认同感、弘扬当地传统节日文化、增强民族文化自信心和民族自豪感的文化场所。

二、失忆的民族，再寻心理的认同——"被群体集合起来"

经济的大力发展使得外来人大量涌入沙朗旅游或定居，在为沙朗带来经济效益的同时也将各地的文化带了进来。久而久之，这些外来文化也就逐渐渗透白族本土文化之中，对其产生了影响，例如对民族历史文化了解越来越少，少数民族语言的使用越来越少，民族服装已很少在平日穿着，古老的习俗有很多改变，城镇民族建筑在快速现代化，这对白族传统文化开发是一种釜底抽薪的影响，从而直接影响了白族民族文化的传承和发展。

民族节日是构成民族文化的重要组成部分，也是民族文化特质的一种直接表现。在外来文化的影响下，白族的传统节日有很多都发生了很大变化。这里主要以"三月街"为例：现在三月街是白族闻名的物资交流大会和传统的盛大节日。每年农历三月十五日举行，而昆明沙朗地区也会举行此节日，会期五天至十天，是一个具有浓厚民族色彩的贸易集市和民族文体节日盛会。三月街的较大改变是从1991年1月，三月街上原本主要由当地白族群众自主发动的文艺表演、赛马比赛以及民间贸易等都改由政府主持操办。这样一来，原本朴素的群众集体参与的娱乐表演和竞技活动成了政府吸引游客的大型文艺表演和民族体育比赛，虽然规模更大，却导致热情的普通群众无法参与其中、纯正的白族文艺无法表现。以前在三月街上经常可以看到成群结队的白族老人即兴表演大本曲和吹吹腔等极富白族特色的、地道的白族文艺节目，而现在再也看不到他们的身影，也寻不到台下的观众即兴参与其中的场景了。与此同时别具特色的交易商品和各地土特产也被大的外地企业展销品所替代。以前每逢三月街，一定要去看看藏族人带来的酥油、中草药和其他地方的民族工艺品和食品，而今，三月街甚至成了积压商品大甩卖的三流交易场所。每年三月街的会场都是临时搭建起来的，别具特色，也不占用资源，会期一过撤掉简易房的土地依然可以供农民打场晒粮。旅游业的发展导致外来文化的涌入，不论在观念上、生产生活上以及行为模式上都对白族人民有较大的影响，最终造成了他们对本民族文化看法上的改变。

外来文化与城镇化冲击下，沙朗白族老年人作为传统节日传承主体中历史记忆的重要传递者往往不再具有话语权与权威性；求学、务工、经商、婚姻也致使沙朗白族青壮年游移于多种文化环境中，难以在长期的言传身教中习得民族传统节日文化知识。与此同时，沙朗白族传统节日短时期内的发展与衰落，与城镇化进程中政府政策的支持密切相关。沙朗白族乡建制以来，以 2001—2003 年官方主导举办的白族火把节庆典活动最为隆重，主要形式有节庆仪式展演、民间文艺汇演、篝火晚会等，参加者可达三万人左右。2009 年沙朗白族乡实现城镇化，时隔一年，2010 年《沙朗派出所为火把节安保的工作方案》一文，明确规定了"火把节期间为贯彻落实治安状况良好的各项工作要求，成立火把节安保活动小组全面加强对沙朗街道办事处宝泉路段安全保卫工作"。考虑到火把节之"火"存在的安全隐患，政府不再主导承办任何形式的白族火把节民俗文化活动，且加强控制甚至干预民间社会自发组织的庆祝活动。每年火把节期间，沙朗白族社区主干道沿线均设民警执勤点限制民众私自燃火把、洒松香等行为。目前，沙朗白族仍如期在各社区指定地点举办火把节小型篝火晚会，即当地白族居民用平日储备的干柴燃起一个小火堆，共同围聚火堆唱跳白族民间歌舞。在政府管控下，沙朗社区以"火"

为核心的火把节传统民俗活动已基本消失，取而代之是民间自发组织的娱乐性文艺活动。"活着的民俗活动是民间文化传承的根本，保护和传承好各个民族优秀的传统文化。首先要保证有这些文化艺术赖以生长发育发展的土壤和环境。即'文化生境'。"① 当代社会文化语境中，沙朗白族的文化生境发生了巨大变化，致使依赖于原来生存状态的沙朗白族传统节日发生了不同程度的变迁。

要想更好地发掘、保护以及使白族传统文化更好地传承下去，首先就必须理清外来文化对白族传统文化的冲击和影响，然后思考白族传统文化在这样的环境中如何传承和发展。

第三节　云南沙朗白族传统节日在变迁中传承与发展

沙朗地区白族民族节日凝聚着民族精神和思想情感，承载着民族的血脉文化和思想精华。传统的民族节日是本土白族居民精神生活的重要组成部分，具有一定的历史、经济和文化价值。传统民族节日在历史的长河中会进行变异，而笔者认为必须找出一条传统文化在变迁中传承和发展的道路。

一、民族文化展示和传承的载体

文化是传统节日的灵魂，而在经济如此快速发展的今天，对当地白族传统节日的利用和开发，是一件势在必行的事情。然而，当我们在开发和利用当地传统节日的时候，更重要的是要延续这些民族节日原有的文化价值，我们要更加重视还原其文化的原貌，以其最真实的一面来展现它，呈现多民族文化百花齐放的色彩。流传至今的白族传统节日都有丰富的内涵，影响着人

---

① 杨福泉：《少数民族文化保护与传承新论》，《云南社会科学》2007 年第 6 期。

们的生活。传统的民族文化是伴随着各民族的生产和生活，在传承中延续、演变和发展，在漫长的发展过程中必定会受到时代、经济及外来民族的影响。

颜勇、雷秀武指出："传统节日的功能是民族文化身份的条形码。传统节日是一个民族的传统生活集中而充分的展现。在节日活动中，通过活动或者仪式中的种种行为，展示并建立了一个民族文化的整体系统，因此，节日活动本身就是民族文化的载体。传统节日提供了一个相互沟通和理解的公共世界。传统节日以独特的方式、固定的程序，形象地体现出鲜明的民族文化特色，对外影响和左右其他民族对该民族文化的关注和认知，向周围异文化族群表明自己的文化身份，对内传承自己所属群体的文化，并以此作为指认同一族群成员的标志和依据，是族群指认的'条形码'，是民族感情认同的黏合剂，是同一族群民族文化认同的旗帜，代表民族文化的文化诉求。"① 传统节日是民族文化集中展演的时空舞台，也是个人文化实践与记忆传承的最佳节点。"节日和仪式定期重复，保证了巩固认同的知识的传达和传承，并由此保证了文化意义上的认同的再生产。"② 沙朗白族在长期历史发展过程中通过周而复始地参与三月三、火把节等节日民俗文化活动，展示和传承着民族的传统文化。首先，沙朗白族传统节日传承着大量的口传文化。例如神话、传说、民间故事、祷词、吉利话等作为沙朗白族口头创作、口头传承的智慧结晶，有着特定的表达方式和表述语言。沙朗白族在节日的一系列民俗活动或信仰仪式中自然地将代代相传的口头传统传承下来。其次，沙朗白族传统节日传承的物质民俗文化丰富多彩。从服饰民俗来看，沙朗白

---

① 颜勇、雷秀武：《贵州民族文化传统节日综论》，《民族问题研究》2008年第3期。

② ［德］扬·阿斯曼著，金寿福、黄晓晨译：《文化记忆》，北京大学出版社2018年版，第57页。

族传统节日期间，沙朗白族男子多穿蓝色或白色对襟短衣、大襟长衫，外套钉银纽扣的黑领褂，下穿黑色或蓝色长裤。头戴瓜皮小帽，脚穿布制连绊鞋。部分未婚的青年男子腰系未婚妻手工缝制的布制花裤带、花钱包。沙朗白族女性多穿白色上衣，下穿蓝色、黑色、水红色长裤，腰系绣有"鸳鸯戏水""喜鹊看梅""童子拜观音""桃李百花香""福禄寿喜"等不同纹样的花围腰。未婚姑娘垂长发辫于脑后，戴红丝绸或丝绒绣花箍。已婚妇女则绾髻、套网兜，发箍上插有一对银制带链的小响铃或飞禽饰品，有"凤凰叼银铃""白鹤含玉章"等，走路时发出清脆悦耳的响声。从饮食民俗来看，沙朗白族有着趋同于大理白族的特色饮食民俗。适逢民族传统节日，沙朗白族通常宰猪烹羊，制作肝生、血肠、凉白肉等白族特色美食。"物质生活民俗的每一个方面，几乎都是该民族传统观念的外化，它不仅造成民族成员之间的共识性，产生彼此身份的认同感，而且还可以强化其宗教信仰、伦理观念和政治观念，增强其内聚倾向。"[1] 最后，沙朗白族传统节日传承着沙朗白族的多元宗教信仰。如"绕桑林""三月街""火把节"等在不同历史语境下承载着沙朗白族的生殖崇拜、祖先崇拜、本主崇拜和佛教信仰等。此外，沙朗白族传统节日还传承着沙朗白族的历史记忆、伦理道德、文化心理、审美观念等。露丝·本尼迪克特在《文化模式》一书中指出："个体生活的历史中，首要的就是对他所属的那个社群传统上手把手传下来的那些模式和准则的适应。落地伊始，社群的习俗便开始塑造他的经验和行为。到咿呀学语时，他已是所属文化的造物，而他长大成人并能参加该文化的活动时，社群的习惯、信仰、戒律便是他的习惯、信仰、戒律。"[2] 传统

---

① 钟敬文：《民俗学概论》，上海文艺出版社 1998 年版，第 71—72 页。

② ［美］露丝·本尼迪克特著，王炜等译：《文化模式》，社会科学文献出版社 2009 年版，第 2 页。

节日是民族文化的重要遗产，也是民族文化传承的主要载体。沙朗白族通过传统节日定期进行传统文化的展演与传承，使得一代又一代沙朗白族在耳濡目染的社会实践中理解、传承和弘扬传统文化，从而推动民族文化认同的再生产。

每个民族所独有的传统节日是该民族文化的展示和传承的载体。节日是民族文化生活直接的表现形式，能够比较全面地反映民族的历史、经济、物质生活、宗教、道德等各种文化现象。必须大力发挥该民族传统节日的文化传承功能，昆明沙朗白族所独有的优秀的民俗文化，如传统节日、舞蹈、艺术表演、手工绝活等，都是一种民族身份的象征。对于传统节日的研究，更重要的是民族文化的传承和保护，实现民族文化的认同价值，因而要挖掘和开发民族文化传播与交流功能，正如大理文化研究学者赵敏认为："'街'文化的内涵是在商品文化的背后，人类更有思想交融，感情通融的欲求，消费者消费的不仅是物质，而更是一种觉得有意义的生命方式，……虽为街市，但人们可以不为购物而来，为的是寻找一种适意的心情。"[①] 由此可以看出传统节日如"三月街"不仅仅是一种做生意的场所，而应该是一种展示自己民族独特文化、充满民族文化氛围的街。因此，要把传统节日打造成为民族文化的展示和传承的载体。当地白族传统节日中所蕴含着的文化优秀传统，是提高当地人民思想道德水平的宝贵资源。

二、塑造精神文化的黏合剂

白族人民能否在繁荣的经济、周边民族的融入、族群文化的重建中保住自己的传统民族文化，是一件很重要的事。经济的发展固然重要，可是少数民族特有的文化却是耐人寻味的。经济对民族文化的冲击一年两年内

---

①　赵敏：《大理洋人街文化透视》，《大理学院学报》2007 年第 2 期。

并不会明显显现出来，可是十年、二十年后呢？我们不想时间像一个过滤器一样，把我们原汁原味的民族文化过滤得平淡无奇甚至从我们手中慢慢消失。保留宝贵的民族文化遗产以及使其长久地流传下去是我们的义务，也是我们义不容辞的神圣责任。

"传统节日是一宗重大的民族文化遗产，它承载着丰厚的历史文化内涵，是民众精神信仰、审美情趣、伦理关系和消费习惯的集中展示日。节日是传承民族文化的有效方式，是提高民族自信心的重要途径，是发展民族新文化的基础与凭借。"①传统节日作为沙朗白族传统精神文化的非物质载体，散发着强大的黏结力，对增强民族向心力和凝聚力、巩固民族团结和整合地方社会文化具有重要作用。一方面，传统节日促进了多民族地区的精神文化交流。原沙朗白族乡作为昆明滇池区域最大的白族聚居区，沙朗白族已至少在此历经了百年的繁衍生息。在长期的社会交往中，沙朗白族时常同汉族、白族、苗族、彝族等民族在特定的时空背景下共度佳节。如每年农历六月二十四日，沙朗境内的白族和彝族共同庆祝火把节的到来，白族跳起"霸王鞭"，彝族跳起"左脚舞"，苗族则欢庆"吃新节"，在午饭后斗牛取乐，各民族在喜气祥和的节日氛围中欢聚一堂。传统节日增进了各民族之间的友谊，进一步巩固了民族团结，建构"多元一体"的民族和谐关系。另一方面，传统节日凝聚整合了地方社会群体。沙朗村寨作为昆明近郊的"金花之乡"，有着区别于昆明市区的独特自然景观和人文景观。境内山清水秀、风光旖旎，地处东经 102° 40′，北纬 25° 10′ 交界处，属北亚热带半湿润季风气候类型，冬无严寒、夏无酷暑、干湿分明，年平均气温 13.5℃ — 15℃。三多、龙庆、陡坡等社区为河谷山地地形，东村、大村等社区四面环山为盆地地形。沙朗坝子内七坨山、宝华山山色各异，大

---

① 萧放：《一宗重大民族文化遗产》,《北京师范大学学报》2005 年第 5 期。

2012 年城乡一体的沙朗 贾蔓摄

小不一的龙潭随处分布，沙朗河蜿蜒曲折，由北向南顺势流淌贯穿整个沙朗坝子，形成了一幅"山水相绕成趣，良田瓜果飘香"的山水田园景象。沙朗境内自然资源丰富，三处优质天然温泉呈"品"字形，水温常年在30℃，沙朗白族称之为"热水塘"。1936 年云南省政府主席龙云命人在沙朗修建了两座温泉浴池，其中龙池现位于宝泉路与沙朗河段垂直相交的西翥温泉田庄内，内置龙云所提"健体清心"匾额一方，在昆明地区素有"官塘"之称。沙朗地表岩石层属石灰岩，在流水侵蚀作用下，孕育了沙朗洞、仙桥洞、观音洞及竹箐溶洞等姿色各异的喀斯特溶洞。此外，沙朗地区还有照壁、本主庙、白族风情一条街、微缩版的大理三塔、蝴蝶泉以及白族刺绣和扎染技艺等丰富多彩的人文景观。沙朗白族村寨现已成为昆明近郊不可多得的世外桃源，有昆明"后花园"之美誉。尤其每逢沙朗白族传统节日庆典，昆明以及周边县区的游客多扶老携幼闻讯赶到沙朗坝子体验白族民俗文化，品尝酱菜、肝生、火烧猪等白族传统美食。三月街、火把节等不仅是白族人民的传统节日，也是区域内广大民众的共同节日，维持着地方社会成员的情感联系，使其在共享节日文化、共叙节日记忆、共表美好愿望的过程中自觉融入社会整体中，从而更好地增强了社群的凝聚力。

传统节日作为人类群体在长期生产生活中创造的一种传统文化，是在漫长历史发展过程中逐渐形成的。"传统是指我们的祖先经过长年累月，通过各种各样的经验累积起来的文化命脉，……是祖先留传给我们的珍贵遗产。传统的力量给予我们的文化以固有性质。所以传统对于一个民族的存在来说是多么重要。"[1] 民族传统节日展示着民族的历史、民族的记忆、民族的精神、民族的风尚，构成了独具魅力的人文风景。然而，任何一种传统都不是一成不变的，而是随着人类社会的发展而不断发生变迁。因此，以开放包容的文化态度正视少数民族传统节日文化的变迁，既是理解不同历史时期民族传统节日文化现象的一种智慧，也是对特定社会环境中正经历文化变迁的文化持有人的一份关怀。在沙朗地区新型城镇化的不断推进过程中，沙朗白族乡经历了城市行政区划调整、行政建制变动，实现了"村改居"城市化转型，当地白族则完成了由村民到市民的社会身份转换。沙朗作为官方通行的地名成为历史，"但'沙朗'至今仍是沙朗民众表达文化认同的地域边界，'沙朗人'也仍是沙朗民众的自称，而'西翥'这个八年的新称谓，却在民间甚少有人使用。"[2] 沙朗白族作为云南省昆明市近郊以大杂居小聚居格局分布的少数民族居民，不仅远离大理白族文化核心区，且处于城市文化的边缘，民族传统节日文化的"正统性"长期遭到外部社群甚至内部成员的

---

① ［日］柳宗悦著，张鲁译：《日本手工艺》，广西师范大学出版社 2006 年版，第 13 页。

② 王明达主编：《白族学研究》第四辑，云南民族出版社 2019 年版，第 103 页。

质疑，整体性保护与传承民族传统文化本就异常艰巨，同时大部分植根于农耕经济的少数民族传统节日文化与城市文化、工业文化发生着剧烈的碰撞。城市文化风格的开放性、差异性与融合性要求沙朗白族加快适应城市文化，不断调适民族传统文化与城市文化之间的关系，寻求民族优秀传统节日文化的当代建构。费孝通先生曾指出："一个社会越是富裕，这个社会里的成员发展其个性的机会也越多；相反，一个社会越是贫困，其成员可以选择的生存方式也越有限。如果这个规律同样可以用到民族领域里的话，经济越发展，亦即越是现代化，各民族凭各自的优势去发展民族特点的机会也越大。"① 在现代化与城镇化进程中，旅游、资本、文化、现代技术等已混融成为一个不可分割的共同体，政府、企业、媒体、学界等社会组织应在尊重民族传统节日文化逻辑的基础上，相互合作、整合资源、适度开发、多方保护民族传统节日，将其塑造成为精神文化的黏合剂，为沙朗白族优秀传统节日文化传承机制注入活力，同时在城镇化建设中探寻民族节日发展的新路径，为传统文化提供新生长，从而使得民族传统文化根脉延续。

昆明沙朗白族传统节日想在变迁中传承与发展，则必须充分发挥民族传统节日的民族凝聚功能。要将它塑造成精神文化的黏合剂，要通过这些传统节日的精神纽带紧紧凝聚当地人民，促进当地的繁荣和发展。另外，传统节日也为当地提供了社会平台和机会，这些对构建和谐文化、和谐民族关系的意义十分重大。但在利用和开发传统节日时需慎重，当今社会、经济、旅游业的发展对当地白族传统节日具有相当大的冲击力，因此必须对当地民众进行正确的引导和规范，有效地保留传统节日最真实的一面。

①　费孝通：《文化与文化自觉》，群言出版社 2018 年版，第 53 页。

总之，传统节日在变迁中的传承和发展是一个很重要的问题，不仅需要政府的正确开发利用，而且还要沙朗所有白族民众的配合，只有将这一切有机结合起来，才能有利于传统文化的现代化发展。其中最重要的是沙朗当地白族人要正确认识自己的民族文化，要重视自己的民族文化，以拥有的民族文化为骄傲，并要主动参与到文化传承当中，这样白族文化将会在当地白族人当中世代传承下来。一个没有历史和民族文化的民族是悲哀的民族。曾经在历史长河中成功生存的民族是有与时俱进的特点的，而一个能够在汹涌的潮流中坚定地保持住自己文明的民族是具有民族性，不会被历史所遗忘的。笔者也希望沙朗白族的传统节日能在这种变迁中完好无缺地传承下来，当地的白族文化也将更好地向世人展示其独有的魅力和风采。

第六章　宗教色彩与民族风格的融合：
迪庆藏族"八瑞相"壁画与卡瓦格博神山

　　从最初的印度佛教开始，就有许多吉祥的标志和符号陆续流传下来，并积淀了一定的象征性和文化内涵。这些吉祥的标志和符号蕴含的内在意义是文化的思想内容，每一个象征符号都有其实际的含义，如藏族"八瑞相""八瑞物""和气四瑞"等，皆表达着迪庆藏族同胞的一种思想，体现着他们对世间事物及其自身生活的关注和思考。大部分的象征符号都与藏民族所信仰的藏传佛教有着一定的关联，来源于藏传佛教的这些符号经迪庆藏族地区的民众吸收、接纳和创造，成为其思想意志的重要表现，并在藏族同胞的社会经济中发挥着重要作用，影响着他们的生活，体现着藏民族的价值观念、思想意识和道德伦理等。

　　卡瓦格博不仅是一座自然的山，也是一座神圣的山，它的神圣，来源于本地的藏族文化赋予它的独特意义，来源于由神山信仰所体现的人与环境的密切联系。本章主要从生态审美的极乐境界交融性原则以及从审美中主体创造的角度来展示卡瓦格博的气势及其各种文化仪式，其目的是让更多的人去理解这种崇拜模式。下面就让我们走近藏族"八瑞相"壁画与卡瓦格博神山，以管窥其神秘的文化思想和滇西北藏区人神兼具的雪域高原神山文化之源。

第一节　迪庆藏族"八瑞相"壁画的文化秘境

　　"八瑞相"是藏族最常见的八种吉祥的符号，八瑞相，又称为八吉祥，

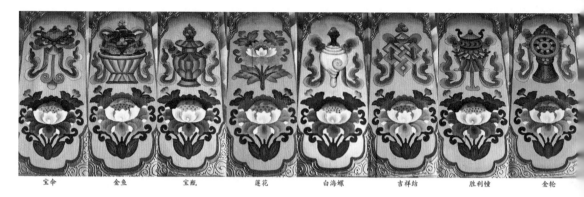

宝伞　　　　金鱼　　　　宝瓶　　　　莲花　　　　白海螺　　　　吉祥结　　　　胜利幢　　　　金轮

八瑞相组图　汪孙英 摄　贾蔓 组图

是集祥瑞和威严寓意于一身的系列图腾，在迪庆藏语中称之为"扎西达杰"，其中"扎西"为吉祥之意，"达"有扛、抬之意，"杰"就是八，译为该套符号有八种。藏族传统的"八瑞相"分别是宝伞、金鱼、宝瓶、莲花、白海螺、吉祥结、胜利幢和金轮。它们与佛陀的教法有紧密的联系，时常在佛教寺院、藏族民众家中的壁画、雕塑品、装饰物和唐卡艺术品等中出现。它们以一种符号的形式存在，具有鲜明的象征意义。在迪庆藏族地区的传统中其表现出和谐理念，对藏族社会历史文化有很大的影响，而且还有很高的艺术欣赏价值。

一、传统壁画"八瑞相"的渊源

传统壁画"八瑞相"最早是表达藏传佛教的教义、思想和佛陀的象征的一组图案，是中国和印度的传统文化与宗教信仰相结合的产物。就中国的历史而言，金鱼、花、瓶、幢等是在佛教传入之前就已经存在的图案和器物，甚至已被中国人视为吉祥之物。在印度也如此，鱼、花、螺、轮等在被赋予宗教思想之前即已广泛使用，后经佛教教徒加上教义、思想和内容使之变成佛教的图案，但细究发现，在图案和器物上赋予宗教思想并非一日所为，其根本来源在中国、印度都源于民间信仰和神话传说，因此应当是民众经过长期、广泛的使用，互相借鉴并不断地注入新的文化内涵以及宗教思想，赋予其非凡的意义，这些动物、植物、器物的象征意义和内涵也就越来越丰富、复杂。因而，它们所承载的宗教意象内涵也往往超越了其本身的意义。

（一）佛教传说下诞生吉祥寓意的图腾

据佛教传说记载，象征好运的"八瑞相"是释迦牟尼成道时吠陀教众神敬献的圣物。据说，众神中的梵天神首现身，供养了一尊千辐金轮，祈求佛陀通过转轮演说佛道，正法传道像轮子一样常转不绝。随后大天神因陀罗神现身，赠给佛陀一只巨大的白色海螺号，祈求佛陀在宣喻佛法真谛时，其法音声闻四方，造福世人。亲历见证释迦牟尼成道的地神母敬献了盛放长生甘露的金瓶等八宝。

"八瑞相"作为佛教传统中的吉祥符号，最早出现在印度佛教画像当中，当时，佛像被画时通常用菩提树下的空宝瓶或者带有神刻足迹的石头刻画来表现。佛陀灭度，采用在石头上刻画吉祥符号来象征。随后，慢慢地，佛教徒开始采用这些符号来象征佛，石刻渐渐演变拓展为含有吉祥寓意的系列图腾，如胜利幢、吉祥结、海螺、双鱼符号，但是最常见的标识是莲花和金轮。

早期金刚乘佛教中，"八瑞相"则是八位天女的化身，她们每人手持一个吉祥符号作为器物，被称为"八瑞相天女"。

"八瑞相"中的图案若要深究，其渊源并不是佛教，正如我们在上面所说的，金鱼、花、瓶、幢等是在佛教传入之前就已经存在的图案和器物，甚至已被中国人视为吉祥之物。后来经佛教徒赋予佛教教义、思想之后变成佛教图案。但是，被命名为"八瑞相"图案是八个吉祥符号放在一起的总称，则是一个赋予完整的宗教内涵的组合图案，而这一点确实是由佛教来完成的，所要表达的内涵也是宗教思想。在藏传佛教中，它既是释迦牟尼成道时吠陀教众神敬献的圣物，后来因与汉地文化交流之后，所指代的意象也有了变化，被视作佛陀的组成部分，分别是头、眼、颈、舌头、身、语、意、脚，这样意象的变化也具有表法的含义，因此，"八瑞相"将组合在一起并完整化，是在对佛陀的敬畏下佛教思想象征性的呈现。

中国佛教有汉传佛教和藏传佛教两大体系，"八瑞相"吉祥符号大部分出现在藏传佛教寺院、藏民家里以及艺术作品中，几乎成为藏传佛教的标志性图案，而汉传佛教的寺院中很少出现这组图案。但我们不可否认的是，作为完整的系列图案的形成出现于元代，"八瑞相"中八个图案的宗教与文化渊源并不在西藏，而在印度与中国内地的汉文化区，藏传佛教其形成过程中确实起到了"催化剂"的作用，应该说"八瑞相"是中国、印度文化所孕育，在西藏进一步发展，而最终成熟并完整形成于元代。

（二）现实意义与宗教教义结合下的新寓意

随着印度及中国传统文化和宗教信仰的形成和发展，"八瑞相"中的八个图案以佛教为纽带，在两国文化交流中，其被赋予的内涵越来越丰富。佛教传到汉地后，伴随着藏传佛教，汉地、印度间民族关系、民族文化的交融，寓意佛教教义的"八瑞相"被赋予新的内涵，其象征意义得到了延伸。

完整的"八瑞相"图案的形成并不是一蹴而就的，而是经过了长期的发展、演变、定型的过程。根据考古资料记载，最早的"八瑞相"在元代龙泉窑的瓷器上出现，当时被称为"八吉祥"。从宋代起，龙泉窑就以生产"梅子青"遐迩闻名，到了元代，随着水上交通以及对外贸易的繁荣，龙泉窑成为重要窑厂，在其中发现了八吉祥纹样瓷器。据资料记录，"八吉祥纹样"的瓷器制作年代大约在元统三年，是元中晚期的作品，当时的"八吉祥"图案已基本形成。后来明朝、清朝在整个图案的顺序排列、图案的装饰风格和构图复杂上作了变化，而"八吉祥"的八个图案组合这一固定格局上并未使其变化。从元代的龙泉窑瓷器上绘制图案看，当时也只能笼统地称之为吉祥图案。

佛教传到汉地之后，藏传佛教和汉传佛教有了更多的交流融合，在交流交融过程中，"八瑞相"吉祥图案的寓意也越来越丰富。在藏传佛教当中，"八瑞相"象征着佛陀的头、眼、颈、舌头、身、语、意、脚，在汉传佛教当中，则象征着佛陀的脾脏、肾脏、胃、肝脏、膀胱、小肠、肺、心脏。随着佛教的盛行，教徒为了更加广泛地宣传佛教教义，让"八瑞相"图腾的内涵、思想也更加趋于现实，让其更加自然化。"八瑞相"的寓意也基于现实又脱离现实，在现实意义和宗教意义的结合下诞生了新的寓意。

如金轮，又被称为法轮。在古印度，轮因如同太阳放光的形态被认为是太阳的象征，最早出现在了印度河流域文明遗址出土的印章上，喷着火焰的千辐金轮是宇宙万象的象征，它代表着持续性的运动和变化，就像圆形天体一样永远转动向前。在当时的印度，它也是统治和权威的标志，最初它是一种武器，金轮外围设置刀片，杀伤力极大，因此在佛教中一种说法是金轮象征佛法如转轮一般旋转不停，生生不息，具威慑魔力；另一种说法则是在藏文中意为能消除一切烦恼，轮无休止的转动代表着佛教教义广泛传播四方的精神转变。金轮的转动就像佛陀的教言给人民带来了迅速的思想转变。佛陀首次在鹿野苑宣讲佛法，被称为是"初转法轮"，他传讲了"四圣谛"和"八正道"（《佛学概论》第 63 页）。之后在拉贾吉尔和萨拉瓦斯蒂，分别举行了两次传法活动，相应地被称为"二转法轮"和"三转法轮"（《佛学概论》第 68 页）。与古印度以往作为武器使用的意义相比，佛教的金轮象征着智慧和悟性，可以断灭障碍、消除疑惑。千辐金轮像太阳的光芒一样散射着，象征着佛陀上万次的传法活动和教法广大；又如海螺，亦称法螺，是佛事活动中最常用的一种乐器。佛教把它作为佛法教义至高无上、延绵传承的象征，通过法螺发出的声音洪亮无比、响彻四方，如同佛陀法音传遍四方，因此用法螺来比喻佛音的广宣世间，更是象征佛陀救度众生的无畏精神。在古印度，右旋白海螺更为珍贵，经常也会在盛大的场合吹响，由此成为王室贵族的象征，象征着力量、权威和统治。同样像宝伞，在藏传佛教中寓意佛陀的谆谆教诲，象征着佛法像伞盖一样遮蔽人世间一切病痛、烦恼、困苦及淫邪等魔障的侵害，守护着世人内心的清净。在古印度的皇族生活中，则是皇族世俗地位的象征，撑伞的数量越多则说明其地位越高。印度的传统里，规定国王可以撑用十三把宝伞，用此来象征他的地位。宝伞不仅用来象征个人尊严，更具有"庇护、遮蔽"意义。胜利幢也叫盖，除寓意佛的教法祛除欲望根源、修得正果、象征一种战胜烦恼的智慧之外，在印度时用作战旗，象征胜利，其象征意义得到了延伸。

　　整体的"八瑞相"组合图案虽然以表达宗教思想为主导，但也不排斥世俗文化，即便是在宗教文化中也映射出许多世俗文化。"八瑞相"图案其实是一种象征符号，所谓象征符号，是反映各民族的文化心理和价值追求，是各民族文化精神的具体表现，对各族群众有着思想教育和心理引导作用。总体而言，象征符号所反映的思想内容和精神实质都是正面的，积极向上的，反映着各族群众至善至美的文化精神和思想追求，具有引领社会积极进取，不断向上、向善的作用和意义。正如象征图案中的金鱼、宝瓶、莲花、宝伞等都在现实社会、自然中存在，有飞禽走兽、有树木花草，也有生活用品，通过这些自然存在物作为载体来表达抽象的人的理想追求和思想理念，将人民大众的精神思想自然化、具体化和形象化，同时也深刻地说明人民的理想追求和思想意识离不开自然环境和生产生活。正因为像"八瑞相"这样吉祥图案被象征化，人民大众也在这样的理想追求和思想意识下，更会去关注生物的存在价值，注重人与自然的和谐，才会去保护自然环境、珍惜生命价值。

（三）藏族地区民俗中的象征延伸

据文献记载：过去"八瑞相"作为一种装饰在汉地的瓷器上出现，这类图案由西藏喇嘛教流传而来，始于元代，盛行于明、清，元代采用印花装饰，至于具体纹样的排列无一定规则，而明代开始则多用彩绘，清代乾隆时期，则是粉彩居多，具体的花纹排列也有了一定的规律，明代永乐开始按轮、螺、幢、伞、花、鱼、瓶、结这样的排列，从明至清则以轮、螺、幢、伞、花、瓶、鱼、结为序。清朝以后就不按顺序排列了，作为供器之一的"八瑞相"最初做成的是瓷制品，流行于清朝乾隆年间，清朝乾隆年间将这八种宝图制成立体造型的陈设品，常与寺庙中的供器一起陈列。开始只见于喇嘛庙，后来在道教的寺庙也以此作为供物。

如今藏族的广大艺术家们在绘画艺术之中，会用一种巧妙的处理方式，把这八种宝图有机地结合在一起，从整体看，看似一个完整的宝瓶，其实是将八种宝图的纹样浓缩在一起。从局部看，才会明白是八种吉祥宝图的组合。藏族艺术家在排列组合中，是以金轮为中心向外延伸的，宝伞为瓶盖，胜利幢为瓶颈，金鱼分别画在金轮左右两侧，形成瓶腹，瓶足置吉祥结，瓶底为莲花。吉祥结和莲花有机地结合在一起，形成瓶座，至此一个非常美丽的吉祥宝瓶展现在我们眼前。

迪庆藏族自治州是云南唯一的藏族地州，迪庆境内有 26 个民族，居住在这里上百年的有藏族、纳西族、彝族、普米族、白族、傈僳族、汉族、回族和苗族 9 种世居民族，迪庆藏族自治州文化多样，特色鲜明。各民族创造了丰富多彩的民族文化，有着多宗教并存、多民族共融的文化特色，突出了民族平等、团结、互助、共同发展的主题。迪庆境内的藏族同胞基本信奉藏传佛教，其他一些少数民族也信奉藏传佛教，迪庆也就成为一个以信仰文化为主流文化的地方，宗教文化对当地各民族的生活、生产有一定的影响，因此，在当地人民群众的生活、生产中，随时随地可发现宗教文化的影子。在历史上，藏传佛教一般以松赞干布吐蕃王朝时期，作为佛教正式进入西藏的开端。吐蕃王朝的时期，开始与文化和宗教比较繁荣的唐朝和尼泊尔建立联系，之后，唐朝的文成公主和尼泊尔的尺尊公主入藏更是奠定了藏传佛教和西藏文化形成的基础。在《西藏王统和佛教历史》和《西藏王臣记》中，就记录了文成公主的一段传说，相传文成公主进藏之后，有一天在帮尺尊公主选择建立佛寺的风水宝地时说："那梁正澎迦山像一把宝伞；玛仲山像条金鱼；……山像朵莲花；山阴积冰像白螺；……山像一个宝瓶；……山像吉祥结；……山像宝幢；……山像宝轮等"，共为"八吉祥相"。虽然这只是一个传说，我们也不能完全相信，目前也无法考证，但是它至少说明，在西藏很早，至少在元以前就有关于"八瑞相"的传闻，这比汉地出现"八瑞相"的时间早。我们只能说"八瑞相"是以历史上中国、印度两国的各民族以藏传佛教为基础，在民间信仰、文化、宗教等意识形态领域中，经过长时间的交往和交流所共同创造的佛教艺术精华，体现了中国和印度各民族的智慧和聪敏，更是中国和印度两国人民世代友好的历史见证。

流传了千年的"八瑞相"图案自融入藏民族群众的民俗和文化之后，其中有些图案纹样在其意识形态的影响下引申了符合当地民众朴素生活观念的寓意。比如吉祥结，在佛教的内涵里寓意佛陀智慧的无穷，象征着佛智圆满，吉祥结图案看似一种用绳子打的结，后来慢慢演变成藏民族挂在腰间的一种饰品，再后来也演变成为服装、建筑物、一些生活用品上的装饰品，其图案开始在藏民族日常生活用品、房屋、帐篷等上出现，用材也变为木质、陶瓷、金属等，被赋予的寓意也更加广泛，有和睦、团结、爱和祥和之意。吉祥结是表达事物之间的连带关系，因此在当下藏民族结婚时，也喜欢用此结，象征着"爱之结"。再如宝瓶，在藏传佛教的教义当中，象征聚满千万甘露，包罗善良智慧，满足世人愿望。迪庆州的藏民族世代过着半农半牧的生活，他们非常敬畏大自然，感恩大自然对自身和后代的无私馈赠和养育，每年丰收季节，会将装满青稞的宝瓶供奉在神龛里，逢年过节都会把它放在福座中央以表回馈大自然，同时也祈愿年年大丰收，祈愿富裕绵长，因此，藏民族心中宝瓶也有储存的含义。在传统的佛教教义之中有众生皆有智慧宝瓶的思想影响下，宝瓶则寓意着承载智慧和吉祥，而对于藏族同胞而言，宝瓶的象征意义有了再次延伸，象征着收获和珍藏。"八瑞相"不仅存在于藏民族的宗教生活中，也已经融入他们的民俗生活当中。

藏民族群众面对社会生活的种种压力、矛盾或冲突，始终希望事事称心如意，人人健康平安，社会充满祥和安全。"八瑞相"作为象征符号也是在这样的愿望的期待下内涵得到的延伸，当下"八瑞相"的各个图案在藏民族的房屋、帐篷、寺院的装饰，以及供奉器具、饮食器具等都大量出现，这些象征符号已经融入藏民生活的方方面面，得到藏族同胞们的广泛认同，也在潜移默化当中影响着他们对与之形似物体的价值判断。类似"八瑞相"的象征符号表达着藏民族渴望和平、团结、社会祥和的愿望，也正是在这样的文化氛围当中，迪庆藏族同胞坚持自己的理想信念，践行社会主义核心价值观，始终铸牢中华民族共同体意识，注重社会和平、人与自然和谐，同时以积极向上的精神追求理想生活，期待美好的生活，对生活充满希望。

二、传统壁画"八瑞相"的文化内涵

众所周知，"八瑞相"图案只有组合在一起，按照顺序排列并且同时出现才能称之为"八瑞相"，以其他方式单个出现则与该称谓不符合。"八瑞相"最初应该说是一种宗教图腾，是佛教徒将佛教思想、内涵、教义以一种图像象征的手法表现的符号学实践。"八瑞相"组合图案的造型是佛教圣物的复制，就其功能来说，是佛陀本身及佛教教义、思想内涵的代指，是具有深刻寓意的象征性佛教符号序列。

"八瑞相"在广大藏族人民的心中是幸福、吉祥、圆满的象征。无论在寺院的各种绘画中、建筑艺术中，还是藏族百姓的吃穿住行日常生活中，都有这种图案的广泛运用，其内涵寓意广而宽。在藏传佛教中，"八瑞相"与佛陀、佛法息息相关，"八瑞相"的标志直接代表着佛陀身体的不同部位，其有很深的内涵。正如在《格萨尔王传》中记载："……头是吉祥白伞盖、身是吉祥胜利幢、语是吉祥白螺吹、意是吉祥吉祥结、眼是吉祥金鱼眼、舌是吉祥莲花开、颈是吉祥金瓶转、足是吉祥之五轮、愿得吉祥八种物吉祥、愿格萨尔大王得吉祥……"蕴含深刻教理的"八瑞相"是广为人知的佛教图案组合，更多时候会被当作佛陀的象征使用。藏传佛教认为"八瑞相"元素符号组成了佛陀之身，其内部组成部分在形态的排列上是有规律、有顺序的。

（一）弘扬佛学文化，福佑吉祥幸福人生

代表佛陀身体的胜利幢，最早是古印度的战旗，其形状是圆柱状，至少有三层，帷幔一般是由丝织品制成，帷幔有木架撑起，中间木柱支撑顶端拴有四条绸带。胜利幢在迪庆藏语中称为"江参"。它并不像宝伞那样可以张弛自如，而是呈圆柱形。据《西藏密教史》中说："胜利幢原来是古代印度军队的一种旗帜，主要装饰在武士战车尾部后面，每面战旗都有胜者和王者的具体标识。在佛教兴起之后，它才逐渐被佛教僧人在法事活动中采用。其作为一种得到解脱、获得觉悟、修成正果的胜利象征。"[1]据记载，早期佛教中，有阻碍修行者精神提升的障碍者，被称为四魔，包括能生一切苦难的五阴魔、能损害身心的烦恼魔、能让欲望重生的魔王欲神，还有天魔和死魔，四魔想尽办法阻碍佛陀修行获得圆满。据说，佛陀在修行获得圆满之前的一个黄昏，通过所修炼的"四无量心"战胜天魔，第二天清晨又战胜了五阴魔和烦恼魔，克服重重困难，最终战胜了其他魔。佛陀凭借

---

① 拉都：《藏族传统吉祥八宝图的文化内涵及其象征》，《康定民族师范高等专科学院学报》2009 年第 18 卷第 6 期。

着大无畏的毅力，冲过种种难关，最终进入涅槃重生的境地。胜利幢寓意佛陀战胜四魔、消除阻碍最终胜利的伟大身躯。藏传佛教认为只有胜利幢才能降服世间的十一种烦恼，是一种吉祥压胜之物，象征佛陀的身体强壮无比，能够战胜世间的歪门邪道，让众生的烦恼孽根得以解脱，觉悟得到了正果。在藏传佛教中，有各种不同形状的胜利幢，代表着佛陀具有百般变化之术，其各种不同形状的胜利幢象征着佛陀不同制欲的具体方法。胜利幢在藏传佛教的教义中寓意佛法正道传播坚不可摧的力量，佛陀依靠智慧破除一切障碍，让众生获得幸福和快乐。

宝伞则代表佛陀的头，自然象征着荣誉和尊荣，在迪庆藏语中称为"斗"。宝伞能够张弛自如，庇护众生。宝伞的圆顶乃佛陀之脑，因此象征着智慧，佛陀之头白伞主要象征着他能保佑芸芸众生免于诱惑、克服恐惧。宝伞现在之所以成为活佛、上师、大喇嘛的专用工具，最初源于释迦牟尼佛成道后，在为众弟子讲经传法时将一把饰有珠宝的白伞为佛遮阳，之后便献给佛祖，相传能在众神头顶举宝伞侍奉佛祖时，经过宝伞之下的人便可获得许多吉祥善果。代表佛陀之头的宝伞能为众生消除贪念，象征着遮蔽魔障，守护佛法。在"八瑞相"之中，宝伞代表的是一种精神力量，一种积极的精神力量。

从古至今，中国人一直将金鱼视为一种吉祥物，寓意为福瑞、美好的愿望，这些美好的愿望贯穿于物质生活和精神生活之中，创造出很多神话故事，塑造千姿百态的器物以及绘制灵动传神的图案等。藏民族将金鱼与佛教教义相结合，从而走进佛堂寺庙甚至民众的民俗生活中，作为佛陀慧眼象征。佛陀的圆眼放明光，并且他能透视世间万物，则用金鱼的眼睛代之，因金鱼的眼睛也可透视混浊的泥水，所以用金鱼的眼睛代表佛陀的眼睛是再恰当不过了。象征着慧眼的金鱼在迪庆藏语中称为"思尼"，在"八瑞相"中一般画成雌雄双鱼形，这对雌雄双鱼可以融合在一起，且能够随意接触，它们也可以成双成对游动。这里，金鱼象征着世间万物不受种姓和地位的约束，体现着人人平等的寓意；同时佛陀也希望众生能像水中的金鱼一样自由自在，自在成长生活，因此也代表着幸福和自主。

"出淤泥而不染，濯清涟而不妖"的莲花也是"八瑞相"之一，也被称为妙莲，其在迪庆藏语中称为"白马"，顶部有黄帽，下方有莲花承托黄帽，呈现开放姿势。黄帽是宗喀巴大师的象征，外围花圈寓意佛教的智慧之光，莲花托帽代表花开见佛，两侧环绕的白云则是寓意超脱三界，大鹏金翅护佛法，中间白塔似眼睛，底盘莲花象征众生清净无染的佛性，莲花表示纯净、寓意心灵纯洁和神圣，而莲花瓣类似舌头，因此莲花代表着佛陀的舌头，它象征着纯洁或者说是一种纯洁与神圣的起源。这是因为尽管莲花的根插在池塘的淤泥当中，但是它洁白无瑕的花却能够伸出水面，虽说这样的水生植物繁多，但它强有力的茎却能使花离开水面一段距离。虽说佛陀显现在轮回之中，但是他的舌头犹如高洁品质的莲花绝没有受到不洁之物的污染，其身、语、意也绝对是清净的。另外，莲花又是一种高雅、美丽的花，其又代表着具有性情温和、言语文雅的特点。因此迪庆一带的藏民家家户户都养莲花，不仅能美化环境，更重要的是藏族人民希望自己来世能像莲花一样完美无瑕。

宝瓶是一个瓶体宽大，颈短而细的瓶子，底座是圆形的，上面有很多装饰，在"八瑞相"中出现的这种特殊形状的宝瓶被看作精神和物质需求的最高满足。在迪庆藏语中称这种宝瓶为"崩巴"，即不朽的花瓶。其瓶颈代表着佛陀的喉咙，而宽大的瓶体则代表着佛陀的肚子。瓶内的纯净之物乃佛陀体内的智慧与佛法。因此这个宝瓶作为吉祥清净之意是一种净瓶，也作为一种密宗修行灌顶时的法器。在迪庆藏地佛教寺庙中，宝瓶内装有净水，象征甘露，寺内拜佛的藏民会喝上一小口净水，并且将几滴净水洒于头顶，具有在接受佛陀的智慧与佛法之意，而且也能够驱除病魔，幸福平安。另外，在瓶口插有孔雀翎或者如意树，象征着吉祥清净和财运，又象征着聚财无漏，福智圆满。

"八瑞相"中的又一个象征符号图案金轮乃佛陀之足，在迪庆藏语中称为"几枯"，在佛教形成之前，金轮则有两个含义：一是一种武器，二是代表太阳。佛教兴盛之后，才逐渐成为象征符号图案，佛陀之足犹如金轮般旋转，不仅是在传播教义，而且还能摧破众生烦恼邪恶。一般都有八根辐条，表明永不停息地在向八个方向传播。

（二）"措当给""白比"之声传佛语

"八瑞相"中唯独白海螺代表的是佛语，在迪庆藏语中称为"措当给"。白海螺一般都是洁白莹润，表面光滑细腻，在作为乐器使用时，在海螺上面还要雕刻上图案花纹，还要镶上铜或者银的饰件和吹口。其外壳上的螺纹是自然生长的，并不是人工制作的，且必须是自左向右旋，一般像这种按顺时针方向的称为仙螺，但右旋海螺据说十分珍贵，而且比较罕见。在绘画白海螺时通常是垂直绘制的，在其较低处有一根丝飘带。

在佛教形成之前，白海螺被看作印度神的本质和象征，它是一种女性的象征，主要运用于宗教祭祀仪式上，同时，在古印度它也是一种战神的器物，是一种战斗号角，相当于今天的军号，是一种力量、统治的象征。后来被藏传佛教吸纳之后，作为一种发声乐器受到珍视。人们用贝壳或者白海螺召集法会。并且白海螺还可以水平放置，当作盛放甘露或者香料的容器。按佛经说："佛陀说法时声音洪亮如同大海螺声一样响彻四方，深沉的海螺号能响彻整个十方大地，并且传出的佛语可以驱除病魔、驱除邪魔，使世人可以避开自然灾祸并且可以吓死一切有害生灵。"① 此外，白海螺也可

---

① 扎雅·罗丹西饶活佛：《藏族文化中的佛教象征符号》，中国藏学出版社2008年版，第23页。

以代表佛教教义的声誉，这种声誉就如同海螺号的声音一样四处传播。另外，人们还会用它们来装饰佛塔、雕塑等。

俗话叫"万字不断头"的吉祥结乃是佛陀之意，在迪庆藏语中称为"白比"，"白比"之意扬佛智。对于吉祥结，现今也没有任何与早期的含义相关的资料流传下来，也没有任何原始的记载。吉祥结是一种用一根绳子打的结，无头无尾。它被赋予的是一种和睦、祥和的意义，正因这个结连续不断、无头无尾，所以经常用它来表示佛法回环贯通、佛智圆满，代表着佛陀的智慧及胜利。

吉祥结是一个自然的吉祥符号，它可以呈现三角形的旋涡状，也可以呈垂直的菱形，其中四个主要内角挂有环圈。一般而言，吉祥结有两种说法，一种说法是，在古代许多教派中，吉祥结代表着永恒、无限或神秘，而在传统意义上，吉祥结则代表长寿、永恒、爱及和谐的象征。^①但作为佛教思想的象征物，吉祥结则乃佛陀之意，其代表着佛陀无限的智慧和慈悲，还有如世人跟随佛陀，就有能力从生存的海洋中打捞出智慧珍珠和觉悟珍宝。另外，吉祥结还比喻成佛法的强大生命力，如无穷盘结一样连续不断，无尽无休。还有一种说法，吉祥结是象征幸福、吉祥的一种古典符号，它是诸多佛法存在的一种方式，它相互缠结的线条结构提示我们诸多佛法是如何联结的，诸多佛法之间是相互依赖的，因此它自然而然就成了一个密闭的没有缝隙的整体，这就以最充分和最简单的方式体现了哲学中的运动和静止。所以，吉祥结成为藏文化中很受喜爱的象征符号也就不足为奇了。

吉祥结不仅仅在"八瑞相"中出现，而且经常也会单独出现，如会把吉祥结置于礼物或者是贺卡上赠予他人，这样可以被认为试图在你我之间

---

① ［英］罗伯特·比尔著，向红笳译：《藏传佛教象征符号与器物图解》，中国藏学出版社 2007 年版，第 13 页。

建立起吉祥如意的桥梁，并表明你我未来的好结果仅仅是因为现在种下的因缘。

三、传统壁画"八瑞相"的传承与发展

"八瑞相"最初的思想内涵是建立在宗教思想之上的，虽然说这组图案在整个藏族传统文化图腾中只是沧海一粟，但它也比较集中地反映出了藏族传统文化自身的独立性和多元性，以及源源不断地吸收外来文化的精华，用来充实自身文化体系所要表达的一种强大的自我消化性。随着时代的发展，"八瑞相"图案在传统的思想内涵上建构了新寓意，使它不断地在成为传统而沉淀在藏民族文化发展的不同时代里，"八瑞相"图腾正在藏民族发展的步伐里走向现代，藏民族也将其作为民族精神的底蕴，作为源头活水，根据藏族文化发展的因素加以整理，进行文化的重构，创造出既具有时代特色又有藏民族文化底蕴，真正具有"他族"和"我族"都能接受的时代美和民族美文化特色。

（一）藏族传统民俗文化元素的开发

自公元7世纪以来，印度佛教被松赞干布在西藏积极传播，得以兴起乃至鼎盛。佛教入藏与本地原始宗教苯教经历冲突至二者的融合，使其审美观念也在相互影响下共同作用于二者的图腾体系，促使它们产生相适应的变化。佛教教义的理论体系以真善美为中心，超然无我、知行合一等形成，这些佛教的教义、思想内涵不仅有美学意境，同时还蕴含了深刻的法理，因此，类似"八瑞相"的一系列符号化图案往往能引起人们视觉上的愉悦和心灵上的震撼以及人类精神对崇高意境的向往。藏传佛教与印度佛教融合后，二者的图腾艺术也相应地融合，佛教图腾与原始宗教苯教图腾其意象和艺术特征的结合，进而发展出当今具有藏族地区藏传佛教图腾的艺术体系。如今藏传佛教的图腾文化现象，不限于寺庙，也存在于藏族民

俗生活的角角落落，成为被藏入民族广泛认同的、聚焦宗教情感的一种符号体系，潜移默化地影响着藏族同胞生活的方方面面。

民俗文化即民间民众的风俗生活文化的统称。其具有模式化的特质，是所有文化元素排列组合的象征体系。因具有象征性也就意味着其体系下的各个元素具有用物示意的功能，藏民族按照元素背后所代表的信仰取向、价值观念、思想道德等来提取。当地藏族民众基于藏传佛教思想内涵，提取"八瑞相"图案中的各个元素将其融入自身民俗生活中。例如，完整的"八瑞相"图案在迪庆藏族民众的房屋建筑中可见，每家房屋内的墙壁上都有色彩搭配完好的"八瑞相"图案，屋内不仅显得华丽辉煌、对比强烈，这种符合意境的色彩搭配更能给人愉悦的观感和寓意更深刻的感受，而且据当地藏族民众介绍，完整的"八瑞相"组合图案画于墙壁，有家庭和睦、团结，也有家族兴旺、富裕绵长等象征。除此之外，单个"八瑞相"符号图案也出现在当地藏民族的生活用品、生产方式中，例如象征着心灵纯洁、启迪众生应具洁白无瑕、极尽善美本质的莲花出现在佛教用品哈达上，完美结合了出淤泥而不染的莲花与洁白的哈达；又如将最为吉祥的右旋海螺常画于藏式帐篷上，赋予智慧、财富的宝瓶常出现于各种器具中，代表了最高意义上的吉祥如意的吉祥结甚至出现在藏族服装上……将"八瑞相"图案与民俗文化元素的结合，让二者的思想内涵能够得到互相补充，丰富象征内涵，体现出一种全新的意象，直观地诠释了世俗文化与宗教之间的文化情结关联。

随着时代发展，传统的这些符号图案虽以宗教为主，但是也并没有排斥民俗文化，即便是宗教文化中也时时刻刻映射着许多民俗文化。一切象征符号图案也随着民众思想、意识、价值的改变而被赋予新时代寓意，这些寓意都与藏民族的生活、生产息息相关，对这些象征图案而言，它们不仅是藏民族思想意志和精神理念的象征，更是藏民族社会生产生活的正式而具体的反映。总体而言，这些象征符号图案在每个阶段所反映的思想内涵和精神实质都是积极向上的、正面的，总体反映着民族至善至美的文化精神和思想追求，具有引领本民族群众积极向上的作用和意义。

（二）藏族民俗场景中的抽象再现

藏族地区具有浓厚的文化地域特色，特色鲜明的民俗活动在当地随处可见，如传统藏族婚俗、藏历新年、赛马节、格冬节等，这些民俗活动是藏民族自身传统文化的抽象再现，也是一种让更多人了解藏族传统文化和宗教知识的渠道。"八瑞相"各个图案以借喻手法在这些民俗活动场景中抽象再现。借喻是比喻的一种，是以喻体来代替本体，本体和喻词都不出现，直接把甲（本体）说成乙（喻体）。借喻由于只有喻体出现，所以能产生更加深厚、含蓄的表达效果，同时也使语言更加简洁。将"八瑞相"图案元素作为喻体，出现在民俗活动场景的主体具象中，是对民俗活动场景中的主体具象和场景空间本身的抽象概括，我们所选取的喻体（"八瑞相"元素图案）具象替代民俗活动场景所包含的主体具象的主体意义。让所选取的喻体具象与主体具象通过"异时空"对话，让民众对传统民俗活动场景有更深层次的认识，同时为人们认识藏民族民俗文化提供新视角，更新人们对藏民族传统民俗文化的理解。

推进"八瑞相"的寓意内涵在藏民族民俗活动场景中的开发和象征延伸，对所得到的相关寓意进行重构，从而得到新的"八瑞相"的意象姿态。例如，藏民族传统婚俗的文化场景再现过程中，"八瑞相"之吉祥结图案融入传统婚俗场景增加神性色彩。传统婚俗中的吉祥结图案由红、白、黄、黑、灰等颜色组成，其颜色选取与藏民族民俗审美对色彩的喜好有关，在藏民族文化认知中，红、白、黄、黑等颜色有特殊意义。传统的婚俗场景其主题是要以婚礼为重点展现。婚礼应该是一件非常喜庆之事，吉祥结的意义却让人思考生命的规律，又给其带来肃穆的色彩。因此，在传统婚俗场景中出现的吉祥结图案采用热情的红色以表婚礼的喜气氛围，洁白无瑕的白色寓意民众对于婚姻生活的祝福，黄色寓意民众对于尊贵、富裕的崇拜，黑色则是婚姻生活中所存在的黑暗面的反映。"八瑞相"元素图案在民俗活动场景中的写实主义再现，是提取藏民族具有代表性的文化场景元素，通过借喻艺术手法在进行抽象重构，以这样独特的形式展现藏民族风情，同时反映了对现象背后的文化的思考。

"八瑞相"元素图案除在民俗活动场景中的抽象再现外，其在自然空间中也有所呈现。如刻画在岩石上，藏族地区的湖边、山脚下、转经途中，都刻有佛教"八瑞相"图案或刻有藏文的石堆，当地称为"玛尼堆"，在岩石上刻画的图案则与"八瑞相"图案在佛教中的教义、思想内涵寓意基本相同，是一种祈福、祈愿世人和谐、和睦团结、平平安安的寓意。

通过民俗活动场景及在自然空间中将"八瑞相"元素图案进行抽象再现和有力开发，是藏民族文化思想内涵呈现的突破，佛教文化要素与民俗文化要素通过"八瑞相"元素图案为纽带的形式相接，让两种文化通过"异空间"进行对话，相互阐释，更能体现这两种文化思想内涵在藏族历史发展中所达到的和谐，这种形式的文化表现是将藏民族独特的风情浓缩在文化活动场景文本中，使人们在民俗活动场景中深刻领略藏民族的文化记忆。

（三）藏族现代文旅产品的开发

近年来，人们开始关注各个地区、各个民族文化特色，文化旅游已经成为创新旅游形式，在文化旅游当中文旅产品的开发也受到高度关注。文旅产品是指以当地旅游景点所具备的地域文化为主体，以文化艺术、生活方式、生产劳动为主要内容，通过加工提供给旅游消费者的旅游产品。文旅产品是依托当地藏民族特色文化而衍生出来的旅游产品，其最主要的核心内涵是文化。"八瑞相"元素图案作为当地藏民族特色文化，同时也在旅游文化资源中得以开发，在开发过程中，注重其内涵的挖掘，形式上做到与时俱进。通过"八瑞相"元素图案所开发的产品深受游客甚至当地人的喜爱，其原因不外乎佛教文化博大精深，其灿烂的艺术文化和宗教色彩的神秘性一直是外地游客以及本地民众所渴望了解的范围。借助现代化的手段搞文旅开发，通过实物和艺术文化来阐释传达佛教教义，其中的思想文化内涵便于民众接受。

旅游文化的兴起，政府及民众开始注重对旅游景点、景区文化的开发，旅游方式也从观光式向体验式转变，而这一转变可以让人们更好地了解藏民族的传统文化，感受文化氛围，既满足了感官需求，传统文化知识也得到了丰富，这种旅游模式的创新更容易被当下青年所接受。正如"八瑞相"元素图案作为旅游产品开发，将各个图案设计成生活用品，如手提袋、手机壳、手机挂件、服装等等，旅游开发者和设计者在传统纹样基础上进行色彩重铺，甚至在"八瑞相"的一些铜器艺术制作中，通过铜丝对"八瑞相"图案进行造型特征重塑，让其设计具有新意。"八瑞相"元素图案经旅游开发者进行大胆创新开发，虽在一定程度上造成其背后寓意的模糊和局限，淡化了宗教色彩，但始终向人们展现了佛教保佑世人美好愿望的正面形象，从文旅产品中进一步加深人们对佛教慈悲为怀的认知，从而吸引年轻游客消费。可见，这样的文旅产品的开发是成功的，因为这些文旅产品的推出游客既然能接受又愿意消费，更重要的一点是其在文化意义上打动了消费者。

以文化为核心资源的文化旅游是人们所向往的。随着社会的发展，物质生活的富裕，更多的人在旅游中趋向于文化求知，衡量文旅产品是否有商业价值的根本是产品所包含的文化内涵具有一定的深度和广度。"八瑞相"象征符号图案的开发是深度挖掘了藏民族的文化特质并予以表现，开发出来的产品不但体现藏族传统文化，更能呈现佛教文化的神秘和庄严。

传统壁画"八瑞相"虽随着藏族文化的发展得到了一定的发展，但是藏族地区经济的不断发展以及现代技术的"入侵"，藏族的广大艺术家在绘制

"八瑞相"的过程中，时间越来越短，并且越来越不规范，在一定程度上影响了"八瑞相"的质量。那么藏文化在保持自己的独特性和民族性的同时，也要适应现实生存环境后再去寻找生存、传承、创新、发展的新方式，在现代技术如此发达的时期，必须重新审视藏族文化的生存发展。

首先，古老的"八瑞相"的颜料是天然矿物质，颜料决定它能否长久收藏不变色的问题。还有就是它的画工，画工精致的"八瑞相"收藏潜力很大，一般的绘制需要三个月时间，复杂的就需要更长时间，绘制的艺术家们每天都至少保持一个动作画好几个小时，绘制"八瑞相"是一个考验耐力的活，所以必须将这种绘制的传统继续传承下去。民族文化"八瑞相"属于迪庆大地上的一块珍宝，必须传承和发展这仅有的一些藏族文化。

其次，有很多有利于"八瑞相"保存的因素，这些都取决于迪庆高原的地理人文等先天条件，其中包括温度、湿度、保暖的藏式建筑，甚至是寺内或藏民家中烧香的宗教仪式。这是由于绘制"八瑞相"的棉布是一种纤维制品，而纤维制品对于温度湿度的变化非常敏感，在高温高湿下，纤维将会生霉。但是迪庆高原上昼夜温差大，年平均气温 7.5 摄氏度，藏式屋顶层较厚，具有保湿作用，并且高原缺氧，温湿度适宜，通风良好，加上寺庙或者藏房中常年点着酥油灯，还有内含珍贵香料的佛香，也具有相当程度的灭菌作用，因此对"八瑞相"的损伤也降到最低，便有利于"八瑞相"的传承发展。

最后，这种"八瑞相"壁画不仅丰富了藏族传统艺术的文化内涵，而且具有独特的民族文化价值。在继承和创新藏民族文化、与国内各民族文化相互交流或宣传藏民族文化方面发挥着越来越大的作用，并且能够让当代藏族人从理性和事实出发正确认识到藏民族的传统文化。"八瑞相"壁画带有浓郁的宗教色彩，因此在几乎全民信教的迪庆藏族人民生活中被视为珍宝，是迪庆藏族传统文化艺术成就的代表。这种壁画从另一个角度讲也代表了整个藏民族的精神世界，具有很高的艺术价值。随着民族文化的不断发展和开放，"八瑞相"壁画艺术形式将会传播到省外，甚至走向世界。

第二节　阿尼卡瓦格博生态美学视野下的迪庆藏区神山文化

中国著名的美学家李泽厚提出"美是人化的自然"。的确，自然是被人类改造的对象，其在改造过程中往往会被人们赋予一些独特的意义，在一些少数民族地区尤为显著。当然，藏族聚居的迪庆也是一个几乎全民信仰宗教的地区。除了信仰藏传佛教之外，诸如神山、圣水、火等也成为他们的信仰，其中对神山的崇拜是迪庆藏区普遍流行且带有浓厚的宗教氛围的传统信仰模式。山作为一种自然景观，其所有的美丽、神圣恰恰是在藏民赋予它的独特意义中展现出来的。当地藏族的神山崇拜不仅体现出藏民与自然之间的一种和谐关系，而且更能展现与生物界之间的一种和睦、平等的关系。

一、人与自然交接处的符号——阿尼卡瓦格博

黑格尔曾说过，美是理念的显现，是通过感性的理念体现出来的，里面没有自然。藏民眼中的卡瓦格博雪山不仅仅是一座自然的雪山，而且是神圣的山。当从一个藏族人的嘴里说到卡瓦格博雪山时，你会看到他眼里满是敬畏和崇拜，他的话语中充满虔诚，他身体语言里的每个动作甚至会谦卑下去。这种自然景观的美是从藏民的这种敬畏和崇拜中体现出来的，在迪庆藏区你总能听见这样一句话："阿尼卡瓦格博"。其中"阿尼"在本地的康巴藏语中是"爷爷"之意，而"卡瓦格博"则是白雪之峰的意思。藏族先民是以突出崇拜山神作为原始崇拜的基础，藏民认为藏区的任何一座

山峰都有神灵，而这些神灵主宰着人们的吉凶祸福。因此在藏族心中，每一座山峰并不仅仅是一个自然景观，而且被赋予了一种象征符号，而文化则又是以这种象征符号为基础的，并且是透过人的活动而实现的，否则文化是空的。

（一）阿尼卡瓦格博——隐藏着神秘"美"的山峰

所谓山峰纯属于一种自然景观，而神山却是紧紧依附于自然景观的符号，神山崇拜对当地人与自然的和谐有着象征性的意义，卡瓦格博具有神性，因此当地人们不会去破坏它的一草一木，从而形成一个浓厚宗教色彩的环保意识。按照马克思主义的观点，"美"是在真和善的基础上达到的最高境界。从本质上讲，美是以主体尺度为依归的主客体高度统一。人尊重自然规律，实现人与自然的"双赢"是"按美的规律造型"最高层面的实现。正因为当地藏民不去揭开卡瓦格博神秘的面纱，所以它也是一座隐藏着神秘"美"的山峰。在我们要进入这座神秘山峰的内部之前，相信有必要交代它的外貌特征、自然地理环境，而不至于看不清它的长相就贸然闯进它的心灵世界，不至于"见木不见林"。

卡瓦格博是位于迪庆藏族自治州的云南省海拔最高的雪山群峰，也被人们诚挚地称为云南省最美的雪山。卡瓦格博位于迪庆州德钦县升平镇的西面，是藏族佛教的朝觐圣地，位居藏区的八大神山之首。在藏北牧歌《赞山颂》中这样唱道："雪域大地，北有神山四十座，南有神山四十座，是南

卡瓦格博峰朝阳普照时的"金山"美景　贾蔓 摄

"银山"景致时的卡瓦格博　贾蔓摄

北各自的保护神。东方的玛加奔日山，西方的冈底斯山，南方的卡瓦格博山，北方的念青唐古拉山，这四山就是全藏区的主护神。"卡瓦格博群雪山地理坐标是东经98° 60′，北纬28° 40′，它是横断山脉的海拔最高点，海拔6740米，是云南的第一高峰，也是位于世界文化遗产"三江并流"的主风景之一。它也被称为生物资源的宝库和天然高山花园，在很多的文章里它被记载为"是我亲眼见过的世界上最为壮美的雪山"，由此可见卡瓦格博孕育了当地所有的生物，并哺育着当地藏族文化的源远流长。

（二）阿尼卡瓦格博——民间记忆中白人骑白马的勇士

在迪庆藏区的境内，卡瓦格博在藏民心中是世界上最著名的山神，在藏民的心中所有的生命是卡瓦格博孕育的。从出现于20世纪中前期的生态美学的角度来看，要为人类的自然之爱找到真正的哲学基础，首要的一点就是要放弃自然功利主义和人类中心的观念，把自然看作与人平等的生命，这也为我们重建人与自然的审美关系提供了一种经得起推敲的理论基础。

藏民族大多居住在高山深处，很多地方被大山阻隔，并且山山相连，山神也成为人所敬畏的神灵，守护着一方水土。对于卡瓦格博神山其"白人骑白马"一说的形象早已根深蒂固在藏民心中，著作《雪山祈文》中也记载了此说法，而这一形象是民族审美心理的不同所致。马克思在谈到希腊神话时，就说过各民族的神话必然带有不同的民族精神，表现了各自的民族性质和心理特征。

在迪庆藏族地区流传着许多有关卡瓦格博的传说，其中"白人骑白马"一说较为普遍。相传卡瓦格博山神年轻俊美，青春焕发，右手拿着白缎彩箭，而左手持如意至宝的白心，身上则是披着一件绣有招财螺纹花团的白绵披风，其头上戴着一项白螺头盔，身上还披着画有金刚图案的闪光铠甲，民间记忆中卡瓦格博的白人形象就这样已不自觉地刻画出来了。藏区所有山神都有属于自己的坐骑，当然卡瓦格博神山骑一匹松石笼头的鹅白骏马，右挂虎皮箭囊，左挂豹皮鞭，明光耀眼。而我们认为"白人骑白马"一说的形象固定在藏民心中是有原因的，藏民最景仰的是白色，在他们心中白色是最美、最崇高的颜色。故而，在藏区广为流传的神话中山神多为白色的神灵，肤色白如海螺，骑着一头白牦牛飞行，口鼻中会喷出白茫茫暴雪的卫藏神山雅拉香波。藏地十二女神的领班，肌肤洁白润泽，身穿飘动的白纱衣，骑毛色纯白的雄鹿的女神玛日羌热，在安多藏区被称为"战神大王"阿尼玛卿山神之妻。在这些众多的藏族神话中可以看出，藏族的传统观念中，"白"是同真诚、善良、美好、光明等概念紧密相连的，而且也跟山神的法力是紧密联系在一起的。显而易见，此形象在民间的固化也是有道理的。卡瓦格博神山还是佛教的修行之地，噶玛巴希的转世即第三世噶玛巴·让迥多吉追寻前世的足迹，亲临卡瓦格博，他运用自己殊胜的神通为卡瓦格博进行了开光加持，认定为藏传佛教噶玛噶举派的闭关修行圣地。在此之后，在藏传佛教的各个教派纷纷效仿，所以现在的卡瓦格

香格里拉清晨藏族民居屋顶景观，仪式感满满　贾蔓摄

博是众多教派的修行之地，众多高僧慕名而来，跟随修行者的朝圣者络绎不绝。再者，根据当地的记载，在 1986 年 10 月，十世班禅额尔德尼·确吉坚赞大师在飞来寺按照藏传佛教传统对卡瓦格博进行朝山煨桑，随着不断上升的桑烟和阵阵的发号声，阴云弥漫几天的卡瓦格博瞬时放晴，卡瓦格博神峰也显示出它的真面目。在藏区关于卡瓦格博的传说是数不尽的，那具有震撼力的形象和让人难分真假的传说也成为藏族人民信仰它的原因。

藏族的自然生态审美观念中，白色是一种纯净、洁白无瑕的象征，与其他颜色相比，处于美之首的地位，藏区一般有神性的东西都为白色，卡瓦格博的这个形象为我们展现了它的另一种"美"。

二、阿尼卡瓦格博深邃而多样的仪式世界

自 20 世纪 60 年代以来，生态美学的研究越来越成为世界性的话题，其

与自然生态有着密切的联系。在生态美学的研究领域，自然的存在分为三种方式：作为认识对象的自然、作为体验对象的自然和作为生命自组织系统的自然。卡瓦博格自然以第三种方式存在于该领域中，这种存在方式自然是生态美学所依托的对象。一般认为自然美在于它可以为人感知的外在形式，与内容无关，而将自然作为生态美学考察的对象时，它的美就具有了鲜明的独立自主性和更丰富的内容。藏族人的一生都与那些矗立在藏区的大大小小的神山有着不可阻挡的联系，在他们的心里卡瓦格博不只是他们的衣食之源，也是他们的精神诉说的对象，卡瓦格博崇拜的仪式内容越来越丰富化，神山的祭祀活动具有了特殊的文化意义，也为世人展现仪式内容中的美。

（一）作为净化和酬祭的煨桑

在藏区，煨桑是一种常见的仪式，多数时是单独举行的，有时会被作为某项大仪式的开端和结尾仪式，甚至有时在大仪式中，煨桑会被作为小仪式要不断举行。我们从藏族民间来看，"桑"其实是一个净化仪式，凡人生活的地方不干净，故要举行煨桑仪式；民间也有因家人生病、家神不高兴，所以要煨桑的说法。至今藏民家中每天也要举行此仪式，若有人出远门也要举行煨桑仪式。可见，煨桑在藏区是与净化、洁净等概念相联系的。

在神山下煨桑最主要目的是酬祭神山的那些神灵，煨桑所采取的材料是柏树枝，蒿草等带有香味的树枝，再加上藏民的主食糌粑，点燃这些树枝之后，上面放一勺糌粑，再洒上点净水，使浓浓的烟雾来祭奠神灵，也就是我们所说的烟供。相传在梅里雪山脚下或在德钦的贡卡湖煨桑时，若桑煨得很大，烟雾弥漫在卡瓦格博上空时，卡瓦格博山神的白人骑白马的形象就会显现，在烟灰中还会有马蹄的印记。对于煨桑，当地的藏民也有自己的解释：燃烧香柏时带有香气的浓烟到达神界后，山神和菩萨会乘着

煨桑时的情景 贾蔓 摄

缭绕的香烟飘飘降临，赐予恩泽。柏树的树枝燃烧时产生的香烟可以驱除污垢，达到净化心灵和环境的作用。桑烟是献给山神的供品，人的愿望将跟着桑烟一同传达给山神。

在阿尼卡瓦格博深邃多样的仪式世界里，煨桑属于是最简单、自然的净化及酬祭仪式，其体现出一种世俗及宗教层面的意义。它作为一种世俗与神圣之间的桥梁，具有一种净化心灵的功能。

（二）超越世俗的苦行仪式

在藏区流传着这种说法：朝山是有功德的，可以让没有虔诚心的人顿时产生虔诚，有虔诚心的人虔诚倍增。苦行仪式之转山是一种以徒步行走的方式围绕卡瓦格博的转圈祭拜神山。在朝圣卡瓦格博的途中会遇到很多以磕长头的方式对神山表达自己崇高敬意的转山者。他们走上三步或五步，双手高举过头，再收回到胸前，将全身向前缓慢扑倒在地，双臂伸直，双腿绷直，额头触碰到地，起身后再向前走三步或五步再拜。朝拜者历经磨难，以"五体投地"的方式向神山表达自己的敬意。

卡瓦格博的转山路线分为内转和外转，内转的主要路线是从德钦东面的飞来寺出发，到巴久寺，相传巴久寺藏有进入卡瓦格博神山的钥匙，所以转山者要在巴久寺里拿进山的钥匙。在迪庆藏区有个习俗，你若要进入一个大的寺庙或神山，须提前拿钥匙，当然不可能给你真正的钥匙。例如：你若想去西藏朝拜，须先去仁安（大宝寺）拿钥匙。下一站当然是雨崩，人们都说：雨崩神瀑是转卡瓦格博的最高境界、转山的最终目的、卡瓦格博神山最圣洁的地方，雨崩神瀑是莲花生大师从天上取来的神水。据《圣地卡瓦格博的秘籍》中记载："雨崩神瀑布具有八大功能：一干二净三柔软，四轻五清六无污，七饮之不损腹，八饮之不伤胃和喉。雨崩神瀑的圣水能消除转山者的身上的罪孽和疾病，同时根据水落到转山者身上的多少来区分罪孽深重的人"。最后来到明永冰川（明永在藏语是镜子的意思，是神山的护身镜），内转最重要的目的地就是雨崩和明永冰川，所以内转的时间只要三天左右就可以把卡瓦格博绕半圈。内转路线也是外转的必经之路，外转路线是从卡瓦格博的南面翻越多克拉雪山垭口（海拔为4479.6米），抵达卡瓦格博西北侧，再顺时针方向向北走，翻越说拉雪山垭口（海拔为4815米）时间整整要一周。在拜山大型仪式中，各种小型仪式不断地要举行，如挂经幡、毛线挂石、盖石房、挂已故亲人衣服等，其寓意繁多。卡瓦格博转山的路途中必定会挂经幡，五彩经幡上的蓝、白、红、绿、黄分别代表蓝天、白云、火焰、江水、土地。藏区有经幡每随风舞动一次就诵经一遍的说法，更有在这种神圣的地方挂上经幡，自己所得到的恩赐也会更多的说法。转山者用彩线或毛线拴着小石子挂在树枝或灌木丛中，对此仪式有两种解释：一是说小石头代表我们今生所有的罪孽，挂在神山上是为让其洗清自己的罪孽；另一种说法是小石头代表我们今生所有精神财产，为了酬谢神灵保佑自己。盖石房是转山之路必做之事，其目的是祈求人死后也受卡瓦格博的庇护。所有藏民的生命是卡瓦格博养育的，所谓死亡只是又回归卡瓦格博的怀抱中，所以应该是庆幸而不是恐惧，所以挂已故亲人衣服的仪式就不难理解。

（三）赐"央"仪式

赐"央"仪式在藏区也是很常见的一种仪式。其中"央"为音译字，汉语中译为"福禄、福泽"。此仪式用汉语可译为招福仪式。多数是在转山途中举行，偶尔也会择一吉日，在神山脚下举行。事前都会准备好青稞籽并且用小包装好，到神山的每一处煨桑的地方，都要将包好的青稞籽触碰每一个人的头顶，再将其撒向神山。其供品还包括其他一切藏民吃的食物。目的是告诉山神今年的收成很好，也祈求明年能赐更多的福泽。简单地说，向神山呈献供品，一是为了还愿，二是为了祈求更多的福泽。

当然，在转山的过程中还会有堆玛尼石、插箭等仪式，但不管是怎样的仪式，都可以表达当地的藏民对卡瓦格博神山的崇高敬意。在当地流传着这样一段话："转山者每走一步路，每过一条河，每经过一座寺庙，每转过一座经台，每放一次生，每煨一次桑，每亲临一次神山，以至于每喝一口水或吃一口冰雪，都在为自己的现在或来世积下了功德。恒河的沙是可以计算的，但这样的功德是不可计量的"。所以，当你每亲临一次卡瓦格博，你的灵魂将会得到一次纯洁的升华，卡瓦格博雪山因被赋予神的身份而具有灵性，神又因居住在雪山上而显得更加尊贵，这就印证了"山不在高，有仙则灵"的说法，更何况卡瓦格博是一座海拔6474米的高山，人们对它的崇拜也就变得理所当然了。

在整个藏区，山神在人们心里有着极其重要的位置，从古至今，藏族人对神山的崇拜从来都没有减退过，反而随着时间的推移而更加浓烈。虽然说藏传佛教使一些山神的职权发生了变化，但在人们的心中，山神还是山神，还是具有孕育众生的法力，还是那样庄严雄伟的。藏族人通过神山崇拜不仅在人与自然之间建立了一种有章可循的秩序，而且也同整个生物界构成一种和睦、平等的关系。迪庆藏区的每座神山上的自然环境早已形成了一个带有原始性质的自然保护区，而且更对维护生态平衡产生积极的影响。

第七章　吉祥图纹绘成的家园：
滇西北藏区民居建筑家园意识的美学意蕴

在风韵天成的滇西北，独具风格的藏区民居构成了香格里拉胜境的一抹绚丽之色，是当地藏族人民"诗意地栖居"的美好家园。作为当地藏族人民生存哲学乃至生活审美的综合体，藏区民居所呈现的绝不仅仅是单纯的居住功能，而且可以说，以其为代表性载体，滇西北地区的自然环境、民族文化和宗教文化都能够从中体现。在坐拥香格里拉胜境的迪庆藏族自治州，藏区民居的审美内涵多从三个方面综合体现，即复杂地貌、多民族分布以及多宗教信仰，其所对应的正是藏区民居的自然地貌状态、多元形态和多元价值观。

滇西北地区是一个跨越多行政区的地理区域，整个地区的海拔由东南向西北依次升高，而迪庆藏族自治州也就在此区域的最高处，全区平均海拔 3380 米，为云南海拔之最。整个迪庆藏族自治州的地貌特征可简单概括为"三山夹两江"，即怒山山脉、云岭山脉、高黎贡山脉以平行姿态呈南北走向排列，中有澜沧江与金沙江自北而南穿越全境，外有怒江并行，是知名的三江并流纵谷区。40 余万亩的大小中甸坝子则居于全境的东部，为当地人民创造了雪山耸峙、草原广袤的生活环境。与其"香格里拉"[①] 称谓的内涵呼应，它的所在代表了藏民心中至高的理想生活状态。

而从民族文化的角度来看，滇西北藏区囊括了茶马古道和藏彝走廊的重要地段，是多民族和谐共居之地，也是多元文化相融相惜之隅，这与其

---

① "香格里拉"：意为心中的日月，象征一种至高的理想国度。

地理环境的影响不无关系。它的存在连通了青藏高原的东端与云南西部，与川西地区相接，三山三江的并行南北走向如同在高山深谷之间开辟了若干南北走向的走廊，自古以来就是许多民族来往迁徙的通道。南亚与东南亚众多河流都发源于此地，文化自然也随河谷通道逐渐传播开来。这也是滇西北藏区民族构成复杂、民族文化多元并存的重要原因。除藏族以外，其他少数民族如白族、彝族、纳西族等久居此地，他们同为汉藏语支藏缅语族，在族源上同属古代的氐羌民族，彼此的语言、艺术、文化等都有相通之处，且长期共居于一地，相互影响，因此藏族与其他民族在文化上的相互渗透及影响在此地十分常见，反映在建筑上也是如此。这里的藏式建筑除了保留藏族本身的文化符号之外，还吸收了诸如白族建筑、汉族建筑的一些特点，以更适用于当地的社会文化生活。这种以藏族文化为基底，同时融合大量其他文化的建筑风格，无论是与其他地区藏族民居，还是与同一地区其他民族民居相比，都独具特色。

由于多民族和谐共居于此，加之这一民族走廊的流通性，滇西北藏区自然也成为多宗教信仰共存的地区。这里不仅是藏传佛教的圣地，还有许多原始宗教及外来宗教夹杂其中。宗教的多元化不仅表现在信仰众多这一点上，更细致地说，此地具有更加复杂的宗教文化现象。首先，吸收多宗教要素形成的信仰，例如在滇西北藏区盛行的藏传佛教，本身就是融合苯教、东巴教和佛教而来，其中又细分为多个教派，不一而足。其次，各民族皆有跨族信仰的情况，就在以藏传佛教为主要信仰的藏族中，也仍有信仰纳西族的东巴教的情况，反之亦然。而在19世纪，天主教传入滇西北藏区，在初期与藏传佛教激烈冲突之后逐渐找到了和平共存的方式，在此地安顿下来，著名的茨中教堂就是一个例证——这个知名的天主教堂在当地收获了大量的藏族、纳西族、傈僳族及汉族信众。另外，多元宗教信仰的共存甚至可以在同一个家庭中出现，父母辈信仰藏传佛教而子侄辈信仰天主教或伊斯兰教的情况时有发生。因此，当地民居建筑也常出现文化混融的建筑表征，反映的是滇西北藏区文化圈成体系的整体多元格局。

生活审美是人对处身其中的生活境遇进行以审美为导向的体验、反思、超越和玩味。艺术是生活美的反映，滇西北藏区民居建筑正是当地藏族人民生活审美意识的物化形态。生态美学将它所建构的新的审美本质称为家园意识，即把地球看作人类生存的家园，是一种宏大的人的存在的本源性意识。家园意识被提出的前提在于当代社会危机的显现："在现代社会中，由于生态环境的破坏和精神的紧张，人们普遍产生一种茫然失去家园之感。"[1]海德格尔针对此问题认为：家园指的是一个空间，人只有处于这个空间之中才具有在家的感受，这个空间是大地给予人类的。在这个家园之中，真理得以呈现，存在得以绽出。[2]无论是滇西北藏区的自然和人文环境，还是其作用于建筑民居上所体现的文化观念，都同藏族人民的家园意识不谋而合，藏区民居正是当地人民综合自然和人文所创造的空间。因此，以家园意识作为切入点，对滇西北藏区民居建筑文化中生活审美意蕴进行研究，去理解藏族人民在滇西北独特而多元的环境之下所选择的生活方式，以及他们是如何于文化变迁之中凸显和坚守家园意识的价值与理念，这些理解都有助于大众文化更好地保护滇西北藏区建筑文化这一非物质文化遗产。

---

① 曾繁仁：《转型期的中国美学——曾繁仁美学文集》，商务印书馆2007年版，第296页。

② 杨嘉烨：《曾繁仁生态存在论美学范畴研究》，硕士学位论文，扬州大学文艺学专业，2018年，第31页。

第一节 精心筑就的家园

建筑作为人类的一种家园，是最重要的文化现象之一，具有普遍性和复合性。普遍性，即每一个人都会在建筑物内、在建筑群内或建筑文化的氛围里生活；复合性，指建筑既要满足人们的物质生活需要，又要体现宗教、美学观念等精神需求，还得满足不同地域、不同民族的生活方式与风俗习惯等。在滇西北特殊的自然环境限制下，藏族人民因地制宜，结合民族文化与宗教文化之精髓，筑就独属于滇西北藏民美好舒适的生活家园。就其具体表现来说，滇西北藏区民居呈现出区别于其他民居的特点主要在于以下三个部分。首先，因地制宜的建筑特点，使藏族居民不仅以当地盛产的木材为制造房屋的原材料，设计出坚固耐用又极易修补的木制民居，还在小范围区域创造出以木质结构为基础的多种制式，来适应迪庆州海拔落差较大且起伏明显的复杂地貌。其次，由于藏族文化和其作为"佛国圣域"独特的宗教气氛，滇西北藏区民居在空间逻辑、结构和装饰等多方面都体现了以藏传佛教为主的宗教因素。最后，其民居上大量使用的吉祥图纹，不仅受到上述宗教文化的直接影响，还包含有民族文化及多民族融合的意味，展现出具有多样性的藏族图案文化。所以，从这三点出发，本节将对滇西北藏区民居进行探讨，或可更加全面细致地展示出独属于这一建筑群的精致之处，将藏族居民精神家园的细节一并呈现。

一、将建筑作为人类的一种精神家园

文化这一概念自产生以来便受到了历代学者的规范与定义，其内涵与外延在古今中外不同人的口中都各有侧重，并不完全相同。例如在我国，文化一词最早便是"人文化成"的缩写，记载于《易经·贲卦》的象辞中，全句为"刚柔交错，天文也；文明以止，人文也。观乎天文，以察时变，观乎人文，以化成天下"。"文"在此处指一切彰显于外的现象，"天文"即为自然现象之所在，"人文"则是自然经由人的认识、理解、改造和重组而呈现出的事物。而到了近代中国，在中西方思想大量冲突和汇聚的时期，许多国内学者也对文化进行了重新定义。例如，胡适就认为文化产生于文明所形成的生活方式，文明是人类改造环境的结果，文明是由自然界中的物质结合人类的精神智慧形成的[1]；《现代汉语词典》对文化的解释是"人类在社会历史实践过程中所创造的物质财富和精神财富的总和"；而法国哲学家伏尔泰则对文化作出了自己的理解，认为"文化是使社会进步的精神要素与物质要素的统一"[2]。无论是从哪个角度对文化进行理解，抑或是从不同的层次将文化进行广义和狭义的区别，从总体上看，文化在社会的定义中都大致包含有物质和精神两方面，即由意识形态和非意识形态交织而成，是人类社会独有的现象。

（一）滇西北藏居作为家园的文化意义

滇西北藏区民居作为当地民众在建筑文化方面的集中体现，是当地藏族人民物质与精神两方面日常的栖息之所，自然也独具其文化意义，其中体现得最为明显的，便是当地藏族人民的家园意识。从非意识形态对当地民居的影响来看，当地藏民与自然的距离十分亲密，自然也就成为当地民居建筑的材料基地和灵感来源，其建筑的构成与制式都受到了自然的影响。诸如气候、地形条件、当地产出等自然对建筑的影响因素虽在当下科技逐渐发展的社会中已不如之前那样重要，但自然之于滇西北藏区建筑而言，已经超越非意识形态的范畴，转化为其内在以"自然"为哲学核心的意识形态。在各地民居建筑逐渐远离自然束缚、迎合当代居住需求的当下，藏

---

① 《胡适文存》第三卷，华文出版社 2013 年版，第 152 页。

② 林坚：《关于文化概念的梳理和解读》，《文化学刊》2013 年第 5 期。

区居民仍坚持保留其住房中的"自然"因素，强调其"来处"与"所在之处"皆为自然。这已然成为当地建筑的一种文化风格，体现的是藏区居民们无法割舍的家园情怀。

（二）滇西北藏区民居的选材

综观滇西北藏区民居，其建筑材料几乎都来源于自然本身且不需要过多的人为加工，以当地出产的木材为主，泥土为辅，兼有少量石料的运用。这些选材及其实际使用中的比例都同当地的自然条件有着极大的关联，由于滇西北藏区拥有丰富的森林资源和极为优良的土质，藏族人民便就地取材，将木与土打造成为当地建筑的主要材料。当然，由于木材产出的丰富，相较于另外三大藏区的藏式建筑来讲，滇西北藏区民居设计中对于木材的使用更加频繁和富余，在承重方式上也多选择木料耗材更多的木梁柱承重结构，而较少见墙柱混合承重结构。石料虽然在藏式建筑中也不可或缺，但由于当地海拔落差较大，行路并不平坦，石料的开采和运输都存在一定困难，因此只将其作为基础或装饰部分进行小范围使用。所以，以木

在建中的香格里拉藏族民居　贾蔓 摄

与土为主的建筑材料构成使得当地居民结合这两类材料进行不同的比例划分，创造出不同制式以适应具体生活环境的民居建筑。但归根结底，无论是哪一类制式的建筑，都以木料为主要架构和承重，所以可统称其为木构建筑。

木构建筑是迪庆藏族自治州乃至整个滇西北地区的主要建筑形式，原因不仅在于滇西北地区森林资源的丰富，还在于传统木制建筑的榫卯结构具有相对优良的抗震性，这在板块运动较频繁的滇西北地区是必须考虑的建筑因素。虽然这种木构建筑已经在此地留存了上千年，但就算以今人可持续发展的目光来看，它的存在仍然是先进而卓越的。使用天然材料同样意味着不会对自然造成过多的破坏，在当地居民因房屋受损或搬家等原因要重新修建新居时，旧屋遗留下的建筑材料不会对当地生态造成负担。在旧屋的建筑材料相对完好的情况下，当地藏族居民通常会保留其中完好的木材再作新居使用，一方面节约了建筑材料，另一方面则使建筑的生命得到延续——来源于自然、作为家中"顶梁柱"的木材可以再次出现在其新家中，作为新家的一分子继续生活，就像它曾经作为树的生命的循环。这种隐含在建筑材料中的生命观是当地藏民与自然相生相伴的结果，也是其家园意识的朴素表达。高原地区的物质资源及其获取手段相对来说比较困难，生态恢复能力较低，而生产力和生产方式由于环境所限也很难进行优化，所以当地居民对于自然的依赖程度往往更高。藏族人民只有建立起与自然同呼吸、共命运的观念，对自己的家园加倍珍惜，才能使族群得以延续。滇西北藏区居民各类信仰中丰富的自然崇拜观也有这一原因。

对于木材的使用，同样的生命观也体现在房屋的中柱上。中柱往往是当地藏民心中家园中心的代表，它与火塘、经堂同时象征了整个房屋的核心部分。中柱不仅有承重的功能，也汇集了全家人对于家族繁盛的寄托（如右图房中贴有毛主席像的中柱）。它通常来自一棵笔直高大的树木，放置时

香格里拉藏族民居内的客厅　贾蔓摄

也按照其曾为树木生长时的姿态，根部向下、顶部朝上地立于房屋的中心位置，意味着家族之树的蓬勃向上。中柱装饰丰富，当地藏族居民将哈达挂于柱上，柱两边的托木常绘有繁复的花纹，或被镂空雕刻。在中柱的顶部位置还挂有彩色的布幔，有时也会插上树枝，以示家族之树的生机勃勃。每当滇西北藏族人民的节庆日来临，家人们都会有围绕中柱载歌载舞欢庆喜事的习俗。因此，家境富裕的藏族人民家中常会选用粗壮、直径超过一米的树木来制作中柱，与汉族文化中对于"顶梁柱"的描述类似。这种典型的自然崇拜已经成为滇西北藏族人民社会文化的一部分，与其生活有关的自然万物都被当地居民以尊敬且亲近的心态纳入他们的生活当中。可以说，滇西北藏区民居在许多细节上，都表现出了与自然生活在一起、无限贴近自然家园的生态意识。除了主要的承重梁木以外，滇西北藏区民居用到木材的地方还有许多，例如门楼、窗户、作为结构装饰的雀替（叠加于梁柱之间的木制装饰，如上文提到的中柱两边的托木即为雀替，在美化家庭空间的同时加强梁木的稳固性）等，甚至连屋顶的瓦片也用木材制成，这类用冷杉木瓦片所构成的房屋制式也成为滇西北藏区独有的类型，被称为"闪片房"，闪片即指这种特制的冷杉木瓦片。上述案例均可见该地区藏族居民对于木材与森林资源的依赖，就像藏族谚语中说的那样："没有木头，支不起房子；没有邻居，过不好日子。"① 木材对藏式建筑的重要性可见一斑。

泥土也是该地区藏民建造民居时会大量使用的材料，云南地区素有"红土高原"之称，其土质的优良程度在地大物博的中国也算是少有。久居于此的各族人民自然将泥土带入了自己的生活中，并互相影响，形成了特殊的使用泥土的方式。例如滇西北藏区常见的夯土墙则明显地带有汉族文化的影响，但与广大汉族地区的夯土墙有所区别的是，云南地区特有的红土及当地藏族人民的夯土方式，使得多处于寒冷坝区的土墙板屋别有一重粗犷浑厚的朴素风格。而除此之外，藏民们还会将生土均匀地覆盖于屋面，达到保温且透气的作用，以适应高寒坝区相对寒冷的自然气候。

泥土的使用使得滇西北藏区民居始终保有一种自然质朴的意蕴，这些民居仿佛从大地中生长，在完成了它们的任务之后，又可以自然地归于大地。迪庆藏族自治州的建筑风格正因为有着大量使用泥土的传统，才至今保留着此地多民族文化原始而厚重的魅力。暗含在其中的生态观念与藏族人民对木材和其他材料的使用是一样的，并无形中完成了自然的生命循环。仅从木材和泥土这两项材料就可以感知到，滇西北藏区传统民居的设计中，光材料的使用便集合了当地人民极高的生存智慧。他们对本土材料的运用几乎平衡了材料的性能与当地的地缘特征，使人民的物质与精神两方面的居住感受都得以最大限度地满足。正如梁思成将建筑称为土木之功那样，滇西北藏区的民居建筑可谓透彻地考虑到了木材和泥土的功能，是具有民族地域特色和生命温度的"土木之功"。

---

① 何泉：《藏族民居建筑文化研究》，博士学位论文，西安建筑科技大学建筑设计及其理论专业，2009 年，第 119 页。

（三）滇西北藏区民居的制式与功能分区

滇西北藏区民居的制式大致分为两种类型，这与其具体居住地区的地形划分及自然条件有着直接联系。总的来说，当地藏族主要聚居在两片区域，一是海拔较高、平均气温较低的高寒坝区，二是海拔较低、气温相对平均的干热河谷。高寒坝区的海拔通常在2800米以上，地形广袤而平坦，其代表正是香格里拉市。居住于此的藏民以半畜牧半农耕的方式进行生产活动，民居分布成较分散状，因此得以半定居半游牧，闪片房就是这一区域藏式民居的代表。而干热河谷多位于海拔2000米至2800米的地区，德钦县正属于这一类型。由于山水穿插而过，地形变化复杂，藏民生产方式主要依靠农耕和采集，民居多集中于水流边的台地，因此得以定居，土掌碉房就是这一区域藏式民居的代表。

闪片房，顾名思义，即用闪片制作的房屋。闪片是一些学者对于当地特制的冷杉木瓦片的称呼，藏民们用这种轻巧的瓦片覆盖于坡状屋顶上，并不作专门连接，而是用石块将其压住，防止屋顶轻易被风掀开。传统的闪片是手工制作，待其干燥后，冷杉木特有的纹理可以使水细细流出，加之双坡状的屋顶样式，在此地区降水较多的雨季便可更轻松地排水，雨水会顺瓦片和屋顶的弧度飞出，远离房屋本体。这种民居的样式相对简单规整，多为方正的房体加双坡屋顶，有时候只将单侧做成外廊，整个房屋露出的表面积较小，可以更好地作保暖之用。一般来说，闪片房的层数不会很高，以两层为主，底层为牲畜居住，第二层则是主人家的住所，连接双坡状屋顶的部分算作半层，作存储之用。由于可居住层数较少，人们在闪片屋中居住的空间逻辑是偏向平面的，即将中柱、火塘和经堂都置于二层，以它们为平面生活的不同重心，分别代表了藏族文化中的不同侧面。

土掌碉房则更接近于大众认知中的藏式建筑类型，属于"邛笼系"住宅，据称其"源自羌族的石室碉房，又系土掌，因此名为土掌碉房"①，由于藏族与羌族在族源上的密切关系，藏族民居中的主流样式都为碉房，土掌碉房也是碉房样式的一种分支。它的形态不如闪片房规整简单，平面图多为"一"字形、"L"字形或"凹"字形，极少数较为华丽的民居会修建成"回"字形，即设置天井并绕天井装饰回廊。不难发现，这种建筑样式使房屋暴露在外的面积更多，迎合了干热河谷地区平均温度较高、需要通风散热的特点。在以石料为地基的基础上，以夯土为墙体，屋顶也以黏性较强的土料抹平作顶，多为三层建筑，也有增建到四层或五层的例子（如下图香格里拉土掌碉房与狼毒花）。一般来说，藏式建筑的空间逻辑具有相似之处，与闪片房一样，土掌碉房的底层通常为牲畜居所，二层为主人家活动和生活的堂屋、卧室等，但因为其层高较高，其房屋功能和内在的空间逻辑更加立体。比如在信仰至高无上的逻辑中，土掌碉房的第三层多用来布置经堂和僧人的房间，藏传佛教的信仰也在房屋内部成为一个至高无上的独立空间。而平展的屋顶则为当地以农耕为主的生产方式提供了晾晒粮食的空间，也可作为天台供人活动。

在同一片区域和同一个民族内部，产生出闪片房和土掌碉房两种截然不同的民居制式，是自然环境和人文创造的综合结果。这两类建筑纵然有许多区别，但可以窥见其中贯穿始终的同一性，即藏族文化生活中的核心——宗教信仰。无论是空间逻辑更偏向平面的闪片房，还是楼层更高、空间逻辑更为立体的土掌碉楼，它们的设计都明显地围绕着一些核心区域进行活动上的延伸，这些核心区域便是中柱、火塘和经堂。如果说中柱是整个房屋和家族结构上的重心所在，那么火塘就象征着世俗生活的热烈。

---

① 赵西子：《滇西北藏族传统民居"土掌碉房"营造技艺调查研究》，硕士学位论文，西安建筑科技大学建筑学专业，2018 年，第 13 页。

狼毒花环绕着的香格里拉藏族闪片房民居 贾蔓 摄

至于经堂，则更为神圣，代表了当地藏族人民将宗教信仰视为其生命中牢不可破的存在。在家中为经堂信仰开辟出独立的空间，并认为它是民居中必须存在的区域，表明的是宗教信仰在藏族民居文化中的重要性。

二、藏区地域的宗教文化

滇西北藏区境内拥有众多的神圣雪山和古老寺庙，宗教氛围浓厚，是所有藏族人民心中的神圣之地。加上多民族多信仰并存于此的局面，此地的藏传佛教信仰总的来说呈现出一种多元化的特征，与其他信仰之间有着互相尊重、互相影响的痕迹，平和地深入信仰者的生活中。就像被赋予了香格里拉这样一个伟大的名字一样，它本身代表的是藏教佛经中的理想王国，是隐秘而又充满信仰的世外桃源。众所周知，在其名字来源的小说《消失的地平线》中，香格里拉正是一个与自然共生，同时遍布着佛教寺庙、基督教堂和各类信仰之所的和平所在，人们的生活在各方面都受到了宗教信仰的影响。小说与现实互相映射，无论是历史还是当下，滇西北藏区都可说是宗教和谐的典范。因此，想要了解滇西北藏区的民居建筑及其文化内涵，必须先了解滇西北多元而复杂的宗教信仰文化，尤其是藏区别具特色的藏传佛教信仰。

（一）滇西北——宗教和谐的典范

在相关研究中，宗教和谐通常指宗教关系的和而不同，其基本内涵是多元平等、彼此尊重、和谐相处，体现在宗教内部、宗教之间、宗教与社会、宗教与政治四个层面。在滇西北，这种宗教和谐的氛围从古至今便一直存在，新中国成立之后，新民族政策和宗教政策的颁布与实施更使这种和谐达到了新的高度，滇西北便成为我国民族和谐与宗教和谐的代表性地域。可见，宗教的多元化与民族的多元化是分不开的。在滇西北，不仅有原本存续于此的各民族原始信仰，例如纳西族的东巴教、彝族的毕摩教等，或是继续发展，或是与其他宗教互相影响、融合，至今仍以多种方式影响着当地人民的文化与生活；还有许多在历史发展的进程中传播到此地并完成本地化的外来宗教，例如佛教、伊斯兰教和基督教，它们很快便在滇西北的红土中扎下根来，并同当地信仰共存，形成了适应当地特色和民族特点的宗教。滇西北藏区的藏传佛教和天主教莫不如此。当然，这些外来宗教在进入当地的时候难免会同本地宗教发生冲突，但纵览历史的长河，吸收与融合仍然是滇西北宗教发展的主流（下图为有小布达拉宫之称的噶丹松赞林寺）。

就当下滇西北地区稳定的社会关系和政治生态来说，宗教与社会、宗教与政治之间的和谐自不必说。首先，在宗教内部，便有多样的流变来证明滇西北宗教信仰的和谐之处。例如与滇西北藏区民居有直接关联的藏传佛教，本身在这一区域便经历了许多流变，最终形成了现有的格局。尽管藏传佛教中的格鲁派在清朝政府的支持下逐渐在迪庆地区站稳脚跟并占据支配地

被誉为"小布达拉宫"的云南省规模最大的藏传佛教寺院松赞林寺　贾蔓摄

位，但最早进入此地的噶玛噶举派和宁玛派仍在滇西北有寺庙和信众，在历史的争斗和交流中达到了宗教内部的平衡。同时，宗教会超越信众的民族限制进行传播，例如纳西族本来的原始信仰属东巴教，但由于滇西北的纳西族人同藏族比邻而居，就逐渐受到藏传佛教的影响。香格里拉地区附近的部分纳西族人多同藏族人一样，信仰藏传佛教的格鲁派，其余离格鲁派影响范围较远的则信仰噶玛噶举派较多，丽江至今仍保留完好的噶举派十三大寺就是例证。其次，宗教之间的和谐则有更明显的表达，不仅如上文所说，不同的宗教信仰在滇西北可以共存在一个家庭之内，甚至还可以共存于同一个宗教场所当中——"过去，松赞林寺在举行一般法会时，都由佛教僧侣主持，但在卜算当年收成如何以及念什么经等事时，则多由纳西东巴来占卜。"[①]就连各宗教的神圣所在，也有彼此联系。比如位于德钦县的梅里雪山，即藏族人

---

①　杨福泉：《滇西北各民族宗教的相互影响及其启示》，《中南民族大学学报》（人文社会科学版）2013年第3期。

称"卡瓦格博"的藏教神山，便与纳西族信仰中的本土守护神玉龙雪山有着亲密关系。在藏族人的信仰中，神山通常拥有神格，与汉族神话中作为神仙居住洞府的神山性质并不相同，因此神山也具有亲缘关系。在卡瓦格博南侧的神女峰，藏族人称"缅茨姆"，便是藏人心中卡瓦格博的妻子，同时她也是玉龙雪山的女儿，正因为思念家乡，才一直朝向玉龙雪山的方向。这也侧面印证了滇西北各民族与各宗教之间千丝万缕的亲缘关系。

（二）迪庆——和谐共生的理想生命家园

就滇西北乃至云南丰富的宗教文化而言，存在着一种别致的平衡现象，即在某一民族或地区内部，总有一种宗教信仰有别于其他，成为这一文化圈层内的主流。但由于各宗教都在不同的地区和民族中自有其影响大小，在云南各地显现出微妙的此消彼长的状态，因此宗教与宗教之间在大范围内得以和谐共存。滇西北藏区，即香格里拉所在的迪庆藏族自治州，以滇、川、藏相连的地理位置和以藏族文化为主的人文风貌闻名于世，加之近代以来，滇西北藏区与其他藏区相比拥有更为和谐的社会环境与政治生态，这里自然发展成了以藏传佛教闻名之地。

从历史的角度看，滇西北的藏文化发展在清代以前是比较缓慢的，但从清代开始，便稳固地形成了两大成熟的藏传佛教区域。一是在民族上以藏族为核心，另有傈僳族、纳西族、普米族等混居的迪庆藏传佛教区域；二是以纳西族、普米族、摩梭人等为主的丽江藏传佛教区域。从资料上看，迪庆作为云南藏传佛教的主要阵地，共有藏传佛教寺庙 24 座、宗教活动点556 个，僧尼 2430 余人、信教群众 12 万人，在聚集了基督教、伊斯兰教和东巴教等所有信教群众中占 64.2% 的比重。[①] 不仅于此，滇西北还拥有众多

---

①　项丽等：《藏传佛教与迪庆社会治理的契合路径》，《云南社会主义学院学报》2019 年第 3 期。

在藏传佛教中颇有声望的神山。神山对于藏传佛教来说是必要的存在，有信众的地方便有神山。而由于滇西北的地理情况复杂，这里的藏族人民便更自然地将神山崇拜纳入其生活中，不仅有属于所有藏族人民和藏传佛教的卡瓦格博，还有许多规模和影响较小、对应附近乡镇信众的神山。这样大大小小的神山在山脉发达的滇西北不计其数，藏传佛教文化的弘扬也使当地居民在敬畏神山的同时保护了山脉的自然资源，无意识形成了与自然和睦共处的状态。这种无意识的自然观也在他们信仰藏传佛教的时候扎根在心中。藏传佛教形成过程中，吸收了许多诸如藏族古代苯教和纳西族东巴教的部分，这些信仰的原始色彩来源于它们同自然的直接联系，所以，藏传佛教中的自然崇拜使得信仰者与自然的关系更加密切。或者说，正是由于居住于滇西北的藏民有着得天独厚的自然环境，他们生活中必须处处与自然为邻，甚至生活在自然之中，才使得他们的宗教逐渐成为现在的模样。

（三）宗教文化对藏区民居的影响

民居当然是人们生活的重要组成部分，民居的设计自然而然也跟随了这种以宗教信仰为中心的生活态度。藏传佛教的影响在滇西北藏区民居中无所不在，无论是整个民居设计的空间逻辑，还是民居内部图纹装饰的使用，处处都含有藏传佛教的文化因子。在此，我们通过大致介绍藏传佛教对于藏区民居的空间逻辑的主要影响，来呈现滇西北藏区民居整体设计的大致面貌。

如上文所述，滇西北藏区两种不同制式民居的空间逻辑是有区别的。闪片房由于层数较低，活动空间比较平面；土掌碉房由于层数较高，活动空间相对立体，将底层作为牲畜居所，二层为人居住，顶层全部或二层某部分单独辟出空间作为经堂，这种逻辑贯穿于所有的藏区民居中，即立体上神圣性和洁净感由下至上增强，平面上宗教意涵外围至中心加重，构成了类似藏传佛教中"三界宇宙"空间观的内部结构。而无论哪种制式，它们的空间布局都隐含着藏传佛教中"神圣中心"的空间逻辑，带有宗教含义的空间往往也是家族活动的重心。譬如火塘，作为原始火崇拜的遗留，在藏彝走廊的氐羌各族发展至今，都有了新的含义。在生活水平发展迅速的当今，火塘本身的功能性作用完全可以被炉灶取代，但多数藏族家庭保留火塘，并围绕它安排起居。这不仅是因为火塘已经从原始崇拜转变为一种文化现象，在家庭中代表世俗生活和家族存续的兴旺，还因为它同中柱、经堂等一起，与现有的藏传佛教信仰结合，构成了具有中心意义的家族的神性空间。另外，在高寒坝区的闪片房中，火塘的排烟系统直通屋顶，会将屋顶的闪片熏干达到防虫防潮的目的，能极大地延长闪片的使用寿命。可以说，火塘在滇西北藏区是集宗教信仰和实用功能于一体的民居构成，既有人文与自然的观照，也有精神与物质的互补。

中柱最早则来源于氐羌民族在游牧和迁徙过程中搭起的帐幕，这是学界目前普遍认同的观点，中间立起的梁柱用以支撑帐幕。随着生活环境逐渐变化，中柱作为氐羌民族游牧和迁徙的记忆被保留下来，成为房屋中的重要组成部分。如果按照这一观点，同火塘一样，中柱是房屋中历史记忆最为久远的部分，是不同历史时期至今的信仰复合体。除了前文说到的树木崇拜和自然崇拜，它甚至还有生殖崇拜、祖先崇拜等多重寓意，更因其"中柱通天"的认知，形成了"天—人—地"的纵向空间观，中柱在藏式民居中也就被作为信仰沟通的媒介来布置，在其周围布置哈达或雕刻佛教纹样都是为了加强这一空间的神圣性。祈福对于信仰藏传佛教的藏族人民来说是日常生活的一部分，中柱作为在空间感上向上延伸的事物便是能将祈福上达天听的媒介，如藏区常见的经幡塔与佛塔在其中心位置都有类似的中柱结构。围绕民居中的中柱有许多的祈福仪式，譬如在滇西北藏族人民的婚礼中，结亲两家都要在家中围绕中柱进行祭祀，祭中柱后，女方可出发去往夫家。男方期盼女方能将"央"（福气）带入家中，在招福仪式快结束时，"大家起身，围绕中柱跳起'央卓'，歌声中，新郎手捧香炉，新娘抱着福萝，家人端着贡品，绕中柱顺时针转三圈之后，将福萝送入库房，表示迎来福气。"[①] 可以看出，同神山之于整个区域一样，中柱作为家中的核心，奠定了整个民居达成"三界宇宙"和"神圣中心"复合的空间逻辑基础。

由于很难像寺庙等宗教建筑那样从外部就开始渲染宗教性，藏传佛教的神圣感主要还是在房屋内部体现，经堂就是民居内独属于宗教信仰的空间，在藏传佛教的洁净观中，它是民居中最为洁净的所在。经堂是全家人的精神寓所，住在迪庆州的藏族人民几乎家家都供奉这样一个经堂，有时候同样也作家中僧人或请来作法的僧人起居供佛所用，其他任何人不得居住。所以，经堂通常是家中洁净感最强、装饰最为华丽之所在，除了佛龛与佛像外，其余诸如香炉、经书、各类法器一应俱全。就从外部装饰来看，尤其是在碉楼中，经堂所在的窗户也不似其他房间的窗户狭小，而是相对开阔并附有繁复的雕饰。主人家每天清晨都会将佛堂打扫得一尘不染并进行供奉参拜，而每一个有条件的藏族家庭都会建立满足其条件上限的经堂，与其他生活区域隔开，这是为了保证信仰的神圣不受世俗生活的浸染。如果说物质条件的限制使得主人家无法开辟出独立的经堂，他们也会选出屋内最洁净的地方放上佛龛，并在外人来访时用帘隔开。以上种种都强调了藏传佛教的观念对滇西北藏区民居的安排，经堂便是民居中象征神圣和洁净的精神中心。总而言之，宗教文化从各个方面影响着当地民众的一切生活，在民居建筑上更是将物质上的实际和精神上的象征紧紧融合在一起。从大的方面来讲，就是将信仰的核心观念通过对房屋结构的设置植入藏族

---

① 秦富强：《藏彝走廊地区氐羌系民族建筑中的共生文化基质研究》，硕士学位论文，重庆大学建筑学专业，2018 年，第 105 页。

人民的心中；从小的方面讲，民居的装饰图纹等细节也在审美和观念上进行强调，从而形成整个民居乃至人的实际生活对于宗教信仰的映射。

三、滇西北藏区民居建筑别有韵致的吉祥图纹

在滇西北藏区民居的细节之处，也有许多包含着藏区民族文化和宗教文化的部分，其中，别有韵致的吉祥图纹就是相对具备完整体系的文化符号，出现在民居随处可见的雕刻和彩绘中。因为滇西北藏区民居主要是木质结构，且墙面为土墙，既易于雕刻也适宜大面积的彩绘，所以展现大量图纹样式，这当中又以吉祥图纹为主。所谓吉祥图纹，就是人们将吉祥的寓意赋予某些特定物品，并将这些物品经过艺术处理绘制成特有的纹样，它们通常表现为成系统的样式，对应生活在不同文化体系中的人民各色的生活向往，象征着多样的文化话语。

由于受到多样文化的影响，滇西北藏区的吉祥图纹拥有多种题材类型，大致能分为人物类、动物类、植物类、器物类及几何图案与符号类五种。人物类主要以藏传佛教中的神佛和藏族历史人物为主，释迦牟尼、观世音、度母等都是藏族民居中会出现的图案（当然通常是以画像或雕塑的形式供于经堂中）。动物类的典型则有白象、牦牛、狮子、鹿、鹤等在滇西北各族文化中寓意较好的动物，在有的彩绘中也显现出古代氐羌民族遗留的图腾崇拜色彩。植物类的典型有莲花、格桑花等，是藏传佛教文化或藏族实际生活环境中常见的植物，作为文化符号来说具有宗教性或民族性的内涵。器物类多是来自宗教信仰中的崇拜物或法器，具有神圣不可侵犯之意，例如法轮、哈达、胜利幢等。几何图案与符号中有相对简单和繁复的，例如简单的有祥云纹、雷纹，为单一图纹；复杂一些的有吉祥结和曼陀罗等，为复合图纹。可以看出，这些滇西北藏族常用的图纹大致有三个来源，一是源于宗教信仰，尤其是藏传佛教，佛教人物、法器等皆是如此；二是

源于对具体生活的认识，牦牛、格桑花等就是藏族人生活中常出现的事物，甚至已经成为大众眼中藏族文化的代名词；三是源于其他民族的文化，在藏族与他族往来交流时吸收到自身文化中的，例如鹿与鹤，便是典型的汉族祥瑞，在藏族生活中也有所见。吉祥图纹具有强烈的象征性，即"通过某一特定的具体形象来表现与之相似或相近的概念、思想和情感"①。因此，解读这些为滇西北藏区民居增添了美感又常为人所忽略的图纹，将其中的寓意挖掘出来，或可更加细致地与滇西北藏区居民的生活与情感形成共鸣，感受民居艺术之于他们的情感意义。吉祥八宝与六祥瑞是滇西北藏区最常见也最具代表性的图纹，本节将以这两种组合图纹为中心进行解读。

（一）八宝图纹

"吉祥八宝"是滇西北藏区民居中最为常见的组合图纹，也是藏传佛教在藏族人民生活中的集中映射，藏语称"扎西达杰"，象征着藏族人民精神世界里趋吉意识的集合。由于其太过频繁地出现在藏族人民的生活中，乃至成为藏族文化的代表之一，被称作"藏八宝"。八宝图纹是寓意完整、结构复杂的组合图纹，由宝伞、金鱼、宝瓶、妙莲、右旋海螺、吉祥结、胜利幢和法轮组成，将此八物的图纹有机地组合为一体，便是吉祥八宝。关于吉祥八宝的来历众说纷纭，在藏文典籍中所述最广的说法是，在佛祖释迦牟尼悟道成佛之关键时刻，由帝释天、大梵天等众多施主为佛祖供奉了此八物，吉兆顿生，因此，此八物经佛祖加持成为众生永久吉祥的象征。当除宝瓶以外的七物组合在一起，形成一个巨大的宝瓶状图纹时，这种特定的组合也被称作"瓶型八宝"，即藏族人口中的"达杰崩桑"，其各部分代表着佛祖的身、语、意和功德等。除了将此八物作为整

---

① 李天智：《试论中国吉祥图案的象征性》，《吉林师范学院学报》1997 年第 3 期。

体呈现，滇西北藏区民居的装饰上还常出现单个的图纹或将其中两三者自由组合的形式。所以，吉祥八宝为藏区民居的装饰带来了许多不同的变化。

宝伞是藏传佛教中常见的一种装饰物，在佛教寺院或级别较高的佛教上层中时有出现。宝伞的来历据传是由大梵天敬献给佛祖，形制为一把巨大的伞，由众多丝绸帷幔装饰，一般为黄白两色，宝伞顶部以圆球为中心，多被漆成金色或红色，并据实际情况饰有各类珍宝。其象征意义早已大于实际功能。宝伞成为佛教象征物的源头很可能来自佛教的故乡印度，在古印度，只有皇室和上层人士才有地位和财力去拥有这样一把宝伞，它不仅有着隐含的等级分野，还意味着拥有者有条件在宝伞下免受日晒雨打。这两重寓意在佛教中都得以发展，真正的宝伞逐渐成为某种仪仗物出现在上层僧人的身边，作为象征物的宝伞则寓意着庇护众生、免受邪魔伤害。所以藏族人是在接受佛教的过程中接受了宝伞这一象征物，是宗教作为文化超越国家边界和民族边界联结民众的例证。藏传佛教中教派繁多，因此各派对于宝伞的释义都有区别，除了上文说到的庇护之意，宝伞还被认为是佛祖的头部，既有"利他之菩提心"[1]的内涵，也有佛陀教诲之权威，可消除众生的贪、嗔、痴、慢、疑五毒。

金鱼又作金鲤鱼，是亚洲多个文明中都会出现的观赏鱼种，由其金子般的身体和玉般的双翅得到了大众对其代表富贵吉祥的认可。在互联网时代的当下，人们将其称作锦鲤，在网络上将金鱼的图片、视频转发下载以求得福报，是在佛教文化影响下祈福行为的当代版本。在吉祥八宝中，金鱼图纹为两条并行或交叉出现，在宗教意义上代表着佛祖的双眼，象征着

---

① 普华才让：《论藏族吉祥符号及其意义》，硕士学位论文，中央民族大学民族学（藏学）专业，2007年，第14页。

智慧，亦有"坚固活泼解脱坏劫"[①]之意；而更为大众的意义上，则因其雌雄一体，象征着复苏和生生不息。不管是在藏族文化还是其他文化、宗教文化还是民俗文化中，金鱼总能以其多维度的吉祥寓意获得民众的喜爱，可谓最具有普适性的一种吉祥符号，作为图纹而言自然可以适用于民居的多个场合中。

宝瓶在吉祥八宝里呈现的姿态通常是大肚细颈，有时会有双耳加哈达作装饰，瓶身饰有宝石，以龙凤、花草等常见纹路雕绘，瓶下以莲花为托。在许多民间文学中，宝瓶都因其盛放功能成为盛放财富、吉祥、生命的媒介，在佛教文化中也是如此，其中最为著名的便是观世音菩萨手中持有的玉净瓶，瓶内装有无穷无尽的甘露，插嫩柳一枝，有生生不息、点化众生之意。在藏传佛教里，宝瓶还会被用于仪式中，也是瓶内装满净水，插孔雀毛或如意树一枝，用于灌顶这类具有点化意味的仪式。在八宝中，宝瓶代表的是佛祖的喉颈，象征知识与智慧、福泽与吉祥的宝库，可聚集一切的善业，为众生降下甘霖。瓶型八宝也有此汇聚和点化的意味。

妙莲自然是佛教中最为常见的图纹之一，佛教中常以莲花喻佛法。传说中修佛圆满的僧人常有莲花相伴，如佛陀常坐于莲花之上，莲花生大师的名字也与莲花相关，莲花在佛教中的尊崇地位可见一斑。因为它出淤泥而不染的品格，佛教认为莲花代表精神上的高洁纯净；又因为它花开美丽圆满的模样，佛教也将莲花比作佛法的圆满，所以菩萨、佛陀等都有其莲花座。在吉祥八宝中，莲花代表着佛祖的舌头，喻佛法的高洁与圆满，即是取上述两层含义。

右旋海螺在自然界中就是极为少见的存在，海螺通常为左旋，所以其

---

① 普华才让：《论藏族吉祥符号及其意义》，硕士学位论文，中央民族大学民族学（藏学）专业，2007年，第15页。

珍贵不言而喻。海螺因为其自然生成的复杂形制，既可作盛放之用，又可制成乐器发出极有号召力的悠远之音，所以它在古代便成为常见的宗教仪式物品，集装饰品和乐器为一体。而吉祥八宝中的右旋海螺，在佛教中也称法螺，代表着佛祖的声音，指佛法之悠远可跨越三千世界。在古印度的民间故事中，佛祖在讲经弘法时声音悠远明亮，如同海螺发出的声音一样，可将众生由俗世之痛苦引向光明。①

吉祥结也称盘长，不仅是藏传佛教的吉祥符号，也是整个中华民族文化里具有典型意义的吉祥符号，是上古绳结文化发展至今的遗留。它被大量使用在各民族的生活中，或用绳线编织而成、作为装饰物缀于门廊衣饰，或用红纸金纸剪成窗花贴于门窗，或以雕刻和彩绘的形式留在家具上，逐渐从结绳记事的功能转变为象征吉祥如意的装饰品。总而言之，吉祥结为整个中华民族所喜爱，因此也被人称作"中国结"。吉祥结在藏传佛教中也有其独特的含义，它盘旋环绕的形制使其看上去循环往复、回环贯通，代表着佛之意，喻智慧的贯通和无障碍，佛意的圆满祥和就在于此。

胜利幢具有强烈的军事意味，据考证来自古印度代表胜利的旗帜，在发展过程中逐渐变得繁复华丽，以其无往不胜的寓意被纳入佛教的范围中。其外形层层叠障，以丝绸和布幔做成，辅以金丝编制，顶部用多条丝带连接圆球为中心，常装饰在寺庙的天花板上。普通的一般为三层，繁复的则有九层之多，有的还绘有狮身大鹏、獭身金鱼等藏传佛教中知名的和解图，也就是说，在佛教中，胜利幢不仅有胜利和破除邪魔的战斗意义，还有和平与矛盾化解的意义（将狮子与大鹏金翅鸟、水獭和金鱼这些敌对之物融为一体，使其不再敌对，即是和解图的深意）。吉祥八宝中的胜利幢，对应

---

① 吉薇羲：《藏族吉祥符号解析及其在现代设计中的运用》，硕士学位论文，四川师范大学美术设计专业，2014年，第10页。

的是佛祖之身，象征破除污秽、解除烦恼，顺利修得正果。

法轮是藏传佛教中最具代表性的器物之一，由轮毂、辐条和圆边组成。虽然辐条的数量各有不同，但藏传佛教的装饰中，辐条通常被设定为八根，隐喻佛祖所做的"八正道"，即佛陀成道时为众生开示的八种转凡成圣、涅槃解脱的正确途径。在吉祥八宝中，法轮代表着佛之足，象征佛法如轮一般不停旋转、永无止境。

（二）六祥瑞图纹

除了吉祥八宝，六祥瑞也是滇西北藏区民居装饰中最常出现的图纹之一。因为迪庆藏族自治州所处位置沟通内地和边境，往来多个民族，是藏彝走廊、茶马古道的重要所在，因此六祥瑞这一组图带有强烈的多民族文化印记，是中华民族文化互相交流并熔铸在一起的典型。藏人称六祥瑞为六长寿，整组图纹由鹿、鹤、岩石、水、树木、人物组成，寓意长寿吉祥，也带有浓厚的万物共享世界、众生平等的自然观。滇西北藏族居民常将此图纹绘于藏柜或墙面上，认为此六物是不同的长寿象征，对其发愿求得世上万物生命的长寿安康。另还有一种组合方式，即画面以鹿、鹤、树为主，鹿与鹤取谐音六合，树则代表春天，即为六合同春图。而"六"这一数字在中华民族民间文化中又有极强的吉祥寓意，代指"福禄寿喜财安"六种福气。因为是组合图纹，其中组合方式及表现形式也随着地区文化侧重的不同而存在差异，因此，在形式表现上，六长寿在不同地区和不同民居中有细微的区别，在此取其最广为流传的解释作如下释义。

鹿长寿，多表现为草坪中无忧无虑玩耍的鹿，享受着自然所带来的美满与喜悦。鹿作为图案来说更常出现在汉族文化和道教文化中，其形象健壮、俊美、善跑动，但又温和灵巧，是道教传说中许多仙人的坐骑。又因鹿和"禄"同音，也常伴随在寿星老人身边，代表着福禄寿一体。所以，在汉族文化中，鹿是一个极为常见的吉祥符号，这一认知影响到许多民族，如白族的照壁之上也常以鹿为图，寓意福寿吉祥。同为氐羌民族的藏族自然也受到影响，将鹿认为是长寿的象征。在藏传佛教中，因佛在鹿野苑初转法轮，鹿代表了自然与神性的合一。

鹤长寿在图中表现为院落中细长高挑、鸣叫着动听声音的鸟儿，有一种说法是它居住在仙人的院落中，予以财施和无畏施①。鹤同鹿一样，也是汉族文化中常见的吉祥符号，以其高雅著称，腿、颈、喙皆长，在道教中也是与鹿齐名代表长寿的象征，有"松鹤延年""龟鹤齐龄"的说法。此图中的鹤不仅受到了佛教文化的熏染，还保留了其作为吉祥符号的原意，丰富了藏族文化的图纹体系。

岩长寿在此图中被绘作一块右旋海螺形状的大岩，传说中它伫立在乐园仙境之中，形成于人所不能及的时光之前，由无量寿佛加持，至今长寿无量，成为此乐园的象征。岩石在这里代表的是大地的本质，亘古不变。

水长寿则是图中岩石间的缓缓流水，经仙人加持，有长生不老的功效，长年不竭，滋润着万物大地。水在这里代表着生命的源泉，这是所有文明对水形成的共识。

树长寿是图中一棵高大的无忧树，据传佛祖正是出生于此树下，所以在佛教盛行的地方，无忧树被尊为圣树。此树枝繁叶茂、鲜花盛放，代表着植物生命的无限和蕴含在其生命中的神性。

人长寿则被绘作一位汉地仙人，鹤发童颜，作道家打扮。他右手持拐，拐上挂有葫芦状的长寿瓶，左手捧仙果作施舍之意。他的外貌与道教神仙中的寿星老人十分类似，是寿星崇拜由内地传到滇西北藏区的变体。总的来说，他的入画代表了各族文化在滇西北的互相影响与融合，

_____

① 佛教中布施的三种类型之二，财施是以自身物质财富周济他人，无畏施是以自身心志之坚定解决问题、予以他人力量。

甚至超越了狭义的宗教层面的桎梏，这里的各族人民真正达成了文化和谐与相互尊重。

除了吉祥八宝和六祥瑞这两种最常见的图纹之外，滇西北藏族民居中还有许多其他的组合图纹，例如吉祥八物、和睦四瑞等。单个图纹往往不只具有一层寓意和文化内涵，而且将其有机地排列为组合图纹，可以更为多样且精准地表达居民想要在家中寄托的情感，以及想要传递给后代子孙的意识形态。总的来说滇西北藏区民居在以上多方面对于家园意识的体现，不仅深刻地表现了他们熔铸于宗教信仰之中的家园意识和生态观念，还在无意识下表现出作为三省交界往来之地的滇西北藏区，其民族文化圈层的整体多元格局。除了宗教文化和藏族文化有其重要影响，并深入民居建筑的材料使用、空间逻辑和美学设计上，汉族、白族等多民族文化的影响也投射到民居中，并成为藏族生活中牢不可破的一部分。

第二节　多彩描绘的家园

作为建筑文化的一个组成部分，色彩是呈现藏式建筑形态最重要的视觉要素之一，亦是藏族人民彰显精神气质、反映文化心理的一种艺术表现形式。色彩的美感来自视觉产生的愉悦，但对滇西北藏区民居建筑色彩的审美意识却不应该仅仅是基于直觉的，因为"它们不单是一种符合自然体系的具现方式，而且更是一种与藏民族宗教心理结构相契合的佐证形态"[①]。也就是说，在滇西北藏区民居中，色彩的使用不仅单纯地出于美的考量，而且与当地的自然环境、宗教文化、民族人文性格不无关系，可谓民族审美意识和价值观的集成。他们常使用黑白两色与红黄蓝三原色进行搭配，对

[①]　纵瑞彬：《藏传佛画色彩功能管见》，《西藏艺术研究》2001 年第 2 期。

有白红黑色彩的香格里拉藏族民居　贾蔓摄

比简单强烈，形成了别具一格的审美视野，具有浓厚的滇西北特色。这种色彩观不论从意识形态还是非意识形态的角度来看，皆符合本民族的审美意蕴与审美理想，充分体现了藏区居民深藏在人文价值观中的家园意识。

一、色彩是呈现藏式建筑形态最重要的视觉要素

在迪庆藏族自治州，丰富而落差较大的地理面貌常常被自然以鬼斧神工、超越人类想象的方式组合在一起，烈日与雪山、红土地与森林、峡谷与河流，远看就像碰撞在一起的巨大色块，富有原始自然感的强烈对比便不经意地出现了。生活在此处的藏族人民将根植于他们族群记忆的色彩自然而然地带入生产建设中，并在创造时赋予这些自然色彩以人文意义。当他们在实际生活中与这些色彩相遇时，便可与每个个体心中的族群情感相呼应，并不断回响，最终成为其民族文化和地域文化的部分，回归其精神家园。而在诸多色彩中，白和红是滇西北藏区居民大面积使用在民居中的

颜色，兼有黄、蓝、黑等色，在这一基础上大量保留来自自然的原材料本色，既显现出滇西北藏族民居与自然相生相伴、同源共生的亲密关系，又突出明亮度和对比度，在细节处强调民族审美和宗教气质。本节将以滇西北藏区民居中使用的典型色彩为例，挖掘滇西北藏族居民在营建民居时选择色彩装饰背后的文化现象及根源。

（一）蕴含崇高之意的白色

与其他颜色略有区别，白色在藏族文化中几乎被推到了最为尊崇的地位，除了展现在藏族人民的日常生活中，例如将民居的外墙刷成白色，着白色的衬衣等，他们还将白色与信仰结合，在从古至今流动着的信仰中都有白色的一席之地。在具体可考的溯源中，藏族被认为是由古羌族分化而来，与羌族等多民族同源而生。可以看到，在那个古老的时代，古羌族便有着白色崇拜的习俗，至今保留在藏族和羌族中的白石崇拜便对此进行了印证。而到了藏人被称作吐蕃的时代，其原始宗教苯教（即蕃教，吐蕃之名也由此而来）经历了相当长的以白为尊的时期，将世界的组成以上天、中气、下地为基础，天神的代表色正是白色，白是至高无上的象征。在后来佛教进入藏地并逐渐占据优势的时期，苯教虽被打压，但其中的信仰结构也被佛教吸收，最终形成藏传佛教如今的面貌，以白为尊的观念也被继承到了佛教中。

在当今的滇西北藏区，白色频繁出现在各类藏传佛教的场合中。佛教中的神山多为雪山，白色是雪山的颜色，与崇高之意相连，神山卡瓦格博的形象就是白人白马；人们见面时互相表达祝福的哈达正是白色的织巾，代表着对对方极高的尊敬与祝福；上文提到的宝伞与胜利幢，是藏传佛教具有代表性的吉祥符号，也多用黄白两色布幔制成；最为珍贵的法器右旋海螺，以通体洁白为最高，绘图时也总是将这一图纹画成白色；更不用说藏区随处可见的白塔，是藏族人民寄托信仰的崇拜物。不难想象，滇西北藏族人们将外墙涂白，确实为自己的家寄予了美好寓意，象征家园的纯洁和不受邪魔侵犯，有宗教和传统形成的色彩观的影响。此外，大面积涂白也有其功能性——滇西北藏区所处海拔较高，太阳带来的热辐射较多，白墙对热辐射的吸收和散出相较于其他颜色慢上许多，因此可以保证房屋长期处于一个相对稳定的温度中，使民居更适宜居住，以调适昼夜温差较大对人的影响。更不用说在洁白的雪山、云朵掩映下，民居纯白的外墙与这些高处的白色相呼应，仿佛天界在人间的神圣倒影，给人以对比强烈、富有藏式风情的美感。

（二）显示身份与权势的红色

如果说白色在藏族文化中给人以崇高圣洁的温和之感，那红色则有震慑之意，与白色形成鲜明对照。一方面，红色在宗教信仰中是熊熊烈火的颜色，如在藏传佛教的宇宙观中有地、水、火、风、空五物，其正与黄、白、红、绿、蓝相对应；从具有侵略性和力量感的火延伸开来，饱满的红

黄白基调的建筑物 贾蔓 摄

色往往也象征勇气和权力，被用在藏传佛教中的护法金刚身上；而在佛经中，"息"为温和，"增"为发展，"怀"为权力，"伏"为凶狠，世间所有的业都分属这四类，其对应白黄红黑四色，红色就是权力的颜色。另一方面，红色，尤其是明度较低的绛红色，在藏族人的传统生活中是"血与肉"的颜色，有血污的意味，所以红色的血肉被藏人称作玛尔，作为祭品的红被用来进献给护法凶神，却不能用在祭祀温和神明的仪式上。或有这一原因，在佛教进入藏族之初，并不以红色为善色，藏传佛教的僧侣多穿着绛红色的僧服，原意便是自愿穿着卑下的服色向佛祖表明苦修之心。但随着藏传佛教地位的升高，僧侣们随之尊崇起来，僧服的红色也逐渐成为含有宗教意味的色彩，与氐羌民族古老的火崇拜结合，成为真正意义上的善色。所以，寺庙等宗教场所或上层人士的住所常使用大面积红色装饰外墙，以显示身份及权威，而普通民居却不被允许这样做。滇西北藏区民居上的红色一般被用在建筑的檐口和门窗等外部，在装饰白色墙体的同时以示威严，使外物不敢入侵，对应藏传佛教中的护法之意。

（三）其他颜色

尊贵的黄色。黄色在整个中华民族的文化中都被当作高贵的颜色，尤其是特定的一些如明黄、金黄，在封建社会，只有阶层较高的一小部分人才能使用。在藏传佛教中，黄色一样是尊贵的颜色。除上文说到的红色以外，还有一些教派更多地使用黄色作为僧服和寺庙的主色，例如宁玛派也因此被称作黄派。同时，取黄金稀有珍贵之意，黄色也被认为是活佛的颜色，这些佛教领袖出行时的衣饰车架等，都以大面积的黄色来展示其高贵，像活佛使用的仪仗宝伞等，便以黄色为主。另外，黄色在佛教宇宙观中代表土地的颜色，也是"增"即发展的颜色，所以它也对应着生命的生长和事物的发展。由于黄色较高的地位及其宗教内涵，它的大面积使用只存在于宗教建筑中，同红色一样，不会被较多地使用在普通民居中。因此，滇西北藏区民居的黄色主要出现在建筑的装饰上，如布幔或图绘等。

有广袤、深邃、静谧感觉的蓝色。蓝色是天空和湖泊的颜色，滇西北藏区是世界自然遗产"三江并流"的腹心区，水资源丰富，当地藏族在日常生活中与水相伴，村庄聚落就常选在依靠水源的河谷中，对水充满热爱与崇敬。投射到文化生活中，藏族人发展了水的洁净之意，构成了如圣水、圣湖、沐浴、灌顶以及水葬等多元一体的特殊水文化。蓝色在民居所用色彩中占比不大，多以少量蓝色与其他颜色形成配合，用在门窗檐上的彩绘中，勾画水纹等传统的吉祥图纹。这一点蓝色与天空呼应，使建筑的颜色灵活而又不突兀地和天空构成同一画面。另外，将天空之蓝作为建筑的背景，以其蓝色自然地成为民居整体设计的一部分，将自然与人们的生活融为一体。这种对于蓝色的灵活使用方式，是滇西北藏族自然观在审美领域中的表达。

有凶狠和驱邪之意的黑色。黑色在民居中使不多，除了外部布幔等细节装饰偶有出现黑色外，滇西北藏区民居上最大面积的黑色是小而深邃的窗形成的自然阴影。这种阴影的黑与外墙的白形成强烈反差，显得白与黑都十分鲜明。在自然中，滇西北藏区居民最常见到的黑色便是由于巨大的地形地貌差和海拔落差形成的山洞深谷，是人力难及、充满危险而又神秘的地方，其黑之深邃令人感到不可探究。而在建筑上，化用这一种藏人在自然界中对黑色的感知，他们将窗户做得小而深邃，从外部看上去便如小型的山洞深谷一般，使屋内的情况难为外人探知。这种黑色易使从外部窥伺其中的人感到畏惧与深不可测，寓意对房屋内部的守护。在藏传佛教中，黑色常有凶狠和驱邪之意，正是与此呼应。

总的来说，藏族民居的色彩中包含强烈的自然反映和人文内涵，将藏族人民的实际生命体验与藏族文化中的宇宙观熔铸在一起。民居色彩的选择，不仅有美的感受，更形成了一套自己的哲学观。从审美角度来看，白色、红色、黄色等颜色的使用都是滇西北藏区居民对自然色彩的模仿，融合了藏民族对生活中自然色彩观念的理解与独特的色彩认知习惯。在他们社会文化发展的过程中，这些颜色也逐渐具有丰富的寓意，例如黑色寓意驱邪、金黄色象征尊贵、白色寓意圣洁等。藏族的原色平涂、调和对比等巧妙的色彩绘制方法更使建筑色彩显得纯净与壮丽，更加迎合了以藏传佛教为核心的藏族文化的气质。每到春夏之际，滇西北藏区漫山遍野繁花似锦、五彩缤纷，冬季则是白雪皑皑，当地民居建筑充分利用了自然景观效果，其色彩与自然环境相得益彰。在巧妙运用色彩的基础上，滇西北藏区民居相对于其他藏区民居而言颜色的饱和度稍低，显得更为古朴低调，原因就在于，除了上述典型的藏式色彩之外，此地的民居还大量使用了直接来源于自然的材料，例如前文提到的闪片房，就在民居的屋顶上大面积保留了闪片质朴的本色。这类颜色乍看不起眼，但与白、红、黄、蓝、黑等搭配，以未经处理的天然状态呈现在人们眼前，体现的正是远离工业社会的亲近自然的质感。房屋与天空、雪山、河流相应和，藏族人民世居于此，无不拥有一种"诗意地栖居"[①]的审美享受，构建出独属于藏族人民的多彩家园。

二、"诗意地栖居"的审美享受

"诗意地栖居"这一概念与"家园意识"一样，是海德格尔哲学体系中的重要概念。"人，诗意地栖居在大地之上"，这句诗来自古典浪漫派诗人荷尔德林，诗意地表达了人类与大地万物亲密共处的愉悦。海德格尔在《追忆》一文中抛出"诗意地栖居"概念，曾繁仁对此的解读是："长期以来，

---

① 丹明子：《海德格尔谈诗意地栖居》，中国工人出版社 2011 年版，第 96 页。

人们只在审美中讲愉悦、赏心悦目，最多讲到陶冶，但却极少有人从审美地生存，特别是'诗意地栖居'的角度来论述审美。而'栖居'本身必然涉及人与自然的亲和友好关系，包含生态美学的内涵。"① 而要达到"诗意地栖居"的状态，最重要的是要摆脱对于大地和自然的控制，解决当下人类无限的物质欲望与有限的自然资源的矛盾，使人与自然能够和睦相处。传统工业社会孕育出的"人类征服自然"的观点，在滇西北藏区这里不完全适用，这既有地理条件、经济模式、政府治理等复杂原因，也有其精神文明和社会文化的因素。但不论如何，滇西北藏族民居的营造和审美正体现了人与自然的融洽情感，是当下飞速发展的社会所少有的，为人类摆脱逐渐空虚的"技术地栖居"、重返"诗意地栖居"提供了一种路径。

无论是仅从色彩观还是从滇西北藏区民居整个设计的审美角度来看，藏族人民家园意识中都饱含强烈的"诗意地栖居"，这与两方面有着最直接的联系：一是自然在藏区居民实际生活中的无所不在，使藏族人民形成了独特的自然观，甚至反映在文化中进而发展为自然崇拜；二是宗教的影响，从本土宗教到外来宗教，在此地发展的宗教信仰都与信众的实际生活相结合，吸收其对自然的独特观念，并化为宗教中的一部分，反过来继续增强、改造民众的自然观。这两方面相互促进、相互影响，在藏族人民生活中的方方面面不停回响，细化到民居文化方面，便集中体现为"诗意地栖居"的审美享受。

（一）自然崇拜中的自然观

藏族人民对于自然的看法从文献和考古资料可考的时期便有了雏形，具体原因或许是氐羌民族在早期多有迁徙、游牧的历史，在这一过程中，

---

① 曾繁仁：《转型期的中国美学——曾繁仁美学文集》，商务印书馆 2007 年版，第294 页。

为了保证在居无定所的环境中能够获得相对稳定的生产资料，他们必须学会在自然中生存，找寻到与自然长期和平共处的办法。而且由于他们生活在自然之中，能够更直观地感受到自然的状态变化，并更容易被自然的变化影响，为自然情况所限制，所以在藏族的传统文化中，他们长久以来对自然万物保持着敬畏之心，万物有灵的观念被深深刻印在其民族记忆里。从文化的本质看，文化是人类在特定环境下产生的特有的存在和发展方式，人们对自然的认知，最终会汇集成特有的文化模式，反过来左右人与自然的关系。由于自然在藏族实际生活和文化体系中的重要性，藏族人民在日常生活中表现出的与自然相关的行动，自然拥有其文化上的深意。

首先，在滇西北藏族人民的生活方式上，包括衣食住行和生老病死这些事，自然几乎处处"在场"。究其原因，主要还是藏族人民将自己作为自然的一部分，将生存于自然之中视为理所当然的事，最能体现这一点的就是藏族人的丧葬方式。滇西北地区的藏族人民可以选择多种丧葬方式，例如天葬、水葬或土葬等。虽然其执行方式和相关仪式各不相同，但在藏族人的观念中，其中最重要的一点往往是去世之人的尸体为天空、河流或土地上的动物所接受并消化的过程。与其他文化中渴望尸身完整保存、将人本身视作至高存在的观念相比，对于藏族人民来说，死亡只是对自然的回归，葬礼是其来源于自然又回归自然的仪式。

其次，滇西北藏族人民传统的生产方式主要有三种，即游牧、农耕和采集。无论采取哪类生产方式，在传统的藏族地区，依靠自然为生是藏族人民普遍的认识。牧区的藏族人民都懂得"逐水草而居"的道理，他们游牧的路线便是依循水源和草场延伸的方向，同时实行轮牧制，不过度消耗某一片草域，使其还能循环生长，天然地理解了"可持续发展"的意义。农区的藏族人民则以务农为主，河谷地区有较多适宜种植的耕地，为了保证收获，他们总结出一整套农谚来预测天气和自然的变化，还会在开耕前举行祈祷仪式，祭祀自然神，向自然表示诚挚和依赖之心。还有一部分藏族人民会在游牧或农耕的间隙进行采集工作，常常需要独自进入高山深谷中待上数周，所以，他们必须在了解自然的基础上趋利避害，才能以个体的形式生存于大自然中。长久以来，虽然他们的物质生活资料直接来源于自然，且由于生产力水平不高，往往在生活条件上有所限制，但他们从未向自然过度索取，而是以维持生活所需为界限适当节制，更好地保护自然。

同时，自然界中万物平等、生灵都具有同等价值也是藏族人民的传统观念之一。从上文的丧葬仪式中就可看出，藏族人民没有将自身视作高于其他生命的存在，而是接受遗体被动物吃掉的方式，印证其观念中人与动物没有高低贵贱之分。滇西北藏区同其他藏区一样，多食用牛羊等体型较大的动物，少食用小型动物，其中有一个重要原因就是在万物平等的价值观下，尽管为了生活所需不得不杀生，但杀死大型动物能够比杀死小型动物供养更多的生命，可以在客观上减少无谓的杀生。生前以其他生灵为食，身后将遗体献给其他生灵，在某种意义上完成了自然的循环，这也可以体现藏族文化中的生命平等。

所以，在这样朴素却与当今生态哲学相契合的自然观影响下，藏族人民在早期就产生了万物有灵的思想，进而开始进行自然崇拜。当发展到宗教阶段时，万物有灵观与自然崇拜很快被宗教吸收，逐渐扎根于藏族人民的文化中，成为指导人民精神活动和物质活动的准则之一。

（二）藏传佛教中的自然观

在宗教信仰形成的过程中，自然从一开始就在其中拥有重要地位。在藏族文化中，宗教是大多数藏族人民精神世界最重要的指向标。纵观其宗教文化，它最早产生于人对自然的认知，在形成稳固的宗教体系之后，人与自然的关系又以艺术化、神秘化和宗教化的方式留存在其中，进而加深人们对于自然的独特认知。简单来说，滇西北藏族宗教文化中的自然观大致可体现为两方面，一是自然崇拜中的自然观，二是藏传佛教中的自然观。如果将大传统和小传统①这一对概念引入，那么藏传佛教即是藏族社会中的大传统，是由上至下的系统的宗教理论，以解决人们的精神追求问题；自然崇拜包括后来随之诞生的原始宗教，便是藏族社会中的小传统，在佛教冲击藏区后并未消失，而是融入人们的生活方式和文化观念中，与佛教稍有融合，以解决生活中的具体问题。两套文化系统中关于自然的部分一拍即合，为整个藏族群体的自然观进行作用。

自然崇拜来自藏族先民对自然的最初认识，即认为自然万物都有其神灵和主宰，并外化为对自然物和自然力量的崇拜与敬畏。同时，由于早期人类在生存过程中饱尝自然界的威力，例如风雨雷电等可怖的自然现象、山河湖海等巨大的自然存在，这一切对于早期人类而言极具震慑性，既难以解释也难以应对，所以，人们产生了敬畏、崇拜自然的情感。藏族人民生存的环境从古至今都相对严酷，于是对自然的崇敬更加根深蒂固。万物有灵观和自然崇拜是人类早期的信仰模式，藏族的原始宗教苯教进一步将自然具体化，形成了更为严密的自然崇拜体系。在藏族史料《弟吴教法史》中所载苯教的神灵系统如下："天有天神，地下有鲁神，空中有年神，岩石中有赞神，地方有地方神，水有水神，林中有林神，家有家神，城有城神，灶有灶神，门有门神，……世界万物中皆有神灵存在。"②即将世间自然万物都神格化，是自然崇拜的进一步发展。藏族原始的神灵几乎都是自然神，

① 大传统与小传统是美国人类学家罗伯特·雷德菲尔德1956年在《农民社会与文化》中首次提出的一对概念，意为复杂的社会存在两个层次不同的文化系统，大传统指的是以都市为中心，社会中上层人士、知识分子所代表的文化；小传统指的是散布在村落中的中下层人民代表的文化。

② 恰噶·旦正：《藏民族与地方保护神崇拜》，《中国藏学》2001年第1期。

万物有灵的观念也使得藏族信仰模式以多神信仰为主流。

至吐蕃王朝建立后，大乘佛教被上层引入藏区，与当地的自然崇拜及苯教等融合成为藏传佛教。从大乘佛教与小乘佛教的区别可以清楚看到，大乘佛教与本土信仰的融合成功自有其原因。小乘佛教的体系中，释迦牟尼是唯一的教主，现世的佛仅有此一位，信徒可以通过宗教修行超脱轮回，但无法成佛；大乘佛教则不然，其认为只要发愿普度众生，任何人皆可解脱成佛，因此其体系中存在三世十方的众多佛陀。另外，小乘佛教认为木石等无情识的事物不具备佛性；大乘佛教则认为佛性随缘不变，依情况出现在万物之中。所以，大乘佛教众生平等的观念与西藏本土的万物有灵观极为契合，藏传佛教自然得以本地化并迅速传播开来。

在自然崇拜和藏传佛教的加持下，滇西北藏族人民形成了与自然环境共生共存的系统思想，并不断指导生活，甚至与当下的地区治理相结合。例如就神山崇拜一例来说，从自然崇拜到苯教再到藏传佛教，神山与圣湖崇拜是自然崇拜在现有宗教中影响力最大并随之发展的一类。滇西北藏区的绒赞卡瓦格博是所有藏族人民和藏传佛教信众心中的神山，与它相连的十二峰在藏族传说中都有自己的神格，为卡瓦格博的妻子、儿女和护卫等，共同形成一个巨大的神山系统。按照万物有灵的观念，卡瓦格博山中的动物和植物都有其神灵，属于卡瓦格博庇佑，不能动其分毫。但被卡瓦格博围绕的村庄中的人们需要生存，为了既保护神山又满足人们的生存需求，当地藏族社会由藏传佛教僧侣和官员牵头，很早便划定了一条封山线，规定封山线以上的资源丝毫不取，封山线以下的则按需取用，但不可过度损耗。① 可以看到，在这一案例中，基于宗教信仰建立的规则与束缚有力地促

<hr />

① 杨福泉：《藏族、纳西族的人与自然观以及神山崇拜的初步比较研究》，《西南民族大学学报》（人文社会科学版）2005 年第 12 期。

进了当地居民对自然的保护，使他们得以生活在一个可持续发展的"诗意地栖居"环境中。在这样的文化环境下，去营建对于自然友好的类型民居、赋予民居生于自然长于自然的理念，就有其根源了。

海德格尔说，建筑的本质是让人安居下来。在滇西北藏区这一特殊的地区，无论从自然环境的角度还是从社会文化的角度来看，与自然相伴共生并打造此类概念的民居建筑，是滇西北藏区居民在历史变迁中摸索到的、在此地安居下来的最广泛的实践，是藏族人民实现家园意识的重要载体。

第三节　家园的文化意蕴

建筑学家梁思成曾说："建筑是人类一切造型创造中最庞大、最复杂的。所以，它代表的民族思想和艺术更显著，更强烈，也更重要。"[1] 作为家园意识的重要载体，建筑拥有巨大的艺术容量和艺术表现力，具有映射某一文化环境（文化圈）中的群体心态的文化功能，因而，建筑文化又称为环境文化和背景文化。[2] 李健夫认为："在人的生活理想和审美理想等意识中，包含着人赖以生存的种种自然物印象和日常活动涉及物的印象，以及这些印象引起的体验感受和情感，还有这些印象牵动着的生理需要和生活愿望，更高层心理上还有思想观念和欣赏的需要或理想。"[3] 滇西北藏区民居

---

[1]　徐万邦等：《中国少数民族文化通论》，中央民族大学出版社 1996 年版，第 112 页。

[2]　徐万邦等：《中国少数民族文化通论》，中央民族大学出版社 1996 年版，第 113 页。

[3]　李健夫：《现代美学原理：科学主体论美学体系》，中国社会科学出版社 2002 年版，第 143 页。

建筑文化作为中华建筑文化的重要组成部分，其内涵深厚丰富，具有独特的文化意义和美学价值。经过一系列的考察和探究，滇西北藏区民居建筑文化中家园意识的生活审美意蕴主要有这两个特点：一是族群认同的体现，二是祈福文化的渗透。

一、族群认同的体现

马克斯·韦伯定义族群为"对他们共同的世系抱有一种主观的信念，或者是因为体质类型、文化的相似，或者是因为对殖民和移民的历史有共同的记忆，而这种信念对于非亲属社区关系的延续是至关重要"[1]的一种群体。而关于族群认同的概念，中外学界并没有完全统一的解释，但总的来说，西方对于族群认同的定义更基于"自我"的视角，即以"我"的角度探讨"我"与族群的关系构成，在社会文化上更多地体现出"西方社会独立型自我建构的特性"[2]；中国学者则更强调文化因素对族群认同的影响，以及"自我"与"群体"的双向互动，体现的是"东方社会互倚性自我构建的特性"[3]。所以，在中国的社会学体系中，文化与互动关系是族群认同的重要形成过程和表现形式，族群认同即是个体对自己所属群体文化的主动接纳，以及随之而来对同一族群成员认知、情感和行动的共情。滇西北藏区藏族恰是这样的族群，就民族归属感和地域认同感等多方面来说，滇西北藏族具备完善的族群认同要素。

民族性和地域性的双重作用造就了滇西北藏族文化的独到。例如上文

---

① 万建中：《民间文学引论》，北京大学出版社 2006 年版，第 187 页。

② 周爱保、刘显翠：《国内族群认同研究：现状与反思》，《西南民族大学学报》（人文社会科学版）2018 年第 3 期。

③ 周爱保、刘显翠：《国内族群认同研究：现状与反思》，《西南民族大学学报》（人文社会科学版）2018 年第 3 期。

提到的族源情况和宗教情况，以及日常生活中的习俗等，可以显见藏族在滇西北地区的特殊性。藏族文化的显著特点是宗教文化与世俗文化的互融，因此尽管身处多民族与多宗教信仰的环境中，滇西北的藏族人民仍然得以在生活中保有其藏族文化的内核，这或许也归功于滇西北藏区长久以来的和平局面，使得藏传佛教和藏族文化可以在深厚积淀中继续发展。

而在保有藏族文化内核、展现藏族文化风貌的基础上，滇西北藏族人民还带有浓厚的地域性，以和平发展的态度吸收和借鉴其他文化。在多民族汇聚、混居的滇西北，多民族间的相互交流与来往十分频繁，因此在文化的表现上，各民族都有吸收其他民族文化的成果，就像前文所说滇西北藏区民居的吉祥图纹中，也较多运用"鹿鹤同春"这样出现在汉族和白族建筑中的图案。此外，滇西北藏区民居的梁柱造型以及雕花门窗、木制隔扇等，皆采用汉族和白族工艺，使民居建筑的细节处不同于传统藏式建筑。而闪片房的制式在藏族建筑中虽然少见，但却常见于其相邻的彝族建筑中，这不得不说是滇西北地区自古以来的文化氛围促进民族交流的结果。但是反过来说，滇西北藏族在多文化交流的同时可以坚守本族文化，反映的正是他们牢固的族群认同意识。

与其他藏区相比，滇西北特殊的地形及文化特征造就了这一藏区文化性格的特别，所以也使得此地的建筑风貌与传统藏式建筑略有不同。迪庆地区因为其整体社会环境相较于其他藏区而言更加稳定，受到的侵犯和战乱较少，其民居大多修建在开阔之处，如平坝和河谷高地上；民居制式也没有采用防御性较强的类型，而是以相对简单的闪片房和土掌碉楼为主。由于云南地区自然资源相对丰富，滇西北藏族也没有兴建较多的储藏功能区，且与西藏、四川、甘肃等藏区相比使用木材更多，总体上体现的是其生活环境和文化氛围的开放与富足，因此，他们才会更多地使用吉祥图纹、色彩和装饰等来打扮民居，以心理上的防御来概念性地保护家庭。

通过对比可以得知，滇西北藏族文化的民族性和地域性都是构成这一族群群体意识的重要来源，也是使这一族群与其他族群文化相联系又有所区别的重要因素。正因为有这样的同一和区别，滇西北藏区民居建筑才能够在融合于整个中华民族文化的同时又树立自身的独特性。民族性和地域性的双重作用造就了滇西北藏族对于文化的开放与坚守，建筑就是增强其文化认同感的公共记忆之一。生态美学认为，"可以通过构建人类的家园意识、场所意识和参与意识重新建构人类的审美能力。"[1]民居建筑是一种民俗，其建造和使用无不具有参与性和场所性，滇西北藏区独特的民居建筑文化恰恰是当地藏族人民对相似性认同的一种信念，可谓一种在特定聚落范围内的公共记忆。因此，族群认同对滇西北藏区民居建筑文化中家园意识的建构作用不容小觑。

二、祈福文化的渗透

族群认同固然是滇西北藏区民居反映出的文化特点之一，祈福文化也出现在民居文化的各方面，尤其是在其图纹、色彩和装饰的选用上，无不体现了祈福文化的渗透。祈福作为一种文化，是在人类发展过程中较早出现的精神活动之一，并在历史的变迁中，逐渐形成了以"吉祥"为核心的文化系统。最早在甲骨文中便出现了"福"字，表达向神灵和先祖祭祀祷告以求诸事顺利之意。我国在《说文解字》中第一次对"祈"和"福"字有所解释："祈，求福也。""福，佑也。"将这两个字放在一起，是指人们的期盼和祈望，尤其是在身处逆境之时，希望获得神灵和先祖的庇佑，充满对顺遂、健康、

---

① 孙丽君：《伽达默尔的诠释学美学思想研究》，人民出版社 2013 年版，第297 页。

平安等一切美好状态的向往。自古以来，我国对吉祥的追求源远流长，在中华民族统一的文化结构中，祈福就这样出现在人们生活的各个方面，滇西北藏族文化和藏区民居中体现的祈福文化和趋吉意识正是中华民族吉祥文化的有机组成部分。

滇西北藏区民居中有许多蕴含着祈福文化的部分，就像上文中谈到的图纹、颜色等，都有着各不相同的祈福意味。在图纹的选择上，滇西北藏族精心挑选并使用在民居中的图纹都有祈福之意，因此可以形成完整的吉祥图纹系统，适用于民居的不同功能分区，并对应其祈福的范围。比如在经堂的范围内，无论是墙上或梁木上的彩绘还是木制家装部分使用的雕刻，皆以佛教图纹为装饰，少见其他类型的图案。除了供奉着的佛教人物雕绘等，莲花纹是这一区域常见的纹路，在细节处叠加，加深这一区域的佛教圣洁之感，祈求佛教神灵的保佑，是滇西北藏区居民精神家园的现实缩影，与其他日常生活区域区别开来。再如，在门窗、屋檐等外部入口处，吉祥结纹和雷纹等使用较多，前者是蕴含出入平安之意，对居住在这一民居中的家人进行守护；后者则有震慑宵小的含义，是居民祈祷民居不被外物侵犯、永保平安的意思。可以看出，祈福文化对应到现实生活中有许多不同的方面，对应的是人们实际生活中的不同考量，以及他们在这些考量中希望达到的美好生活境界。在营造民居时，几乎每一种审美选择背后都蕴藏着精神文化上的偏向，滇西北藏族人民的趋吉意识因此展现在民居的各个地方。

滇西北藏区民居作为当地居民表达趋吉意识和彰显祈福文化的场所，反映的是其与自然的密切联系。自觉地将民居建筑取之自然、立于自然中的滇西北藏族文化，深刻地接受了滇西北藏区自然环境的影响。虽说相对于其他藏区而言，云南的地理位置与具体环境使得这一区域自然资源相对丰富，但其山脉、河流间的地形让整片土地碎片化，较为平整宜居的区域并不多，造成了一定程度的闭塞，藏族人民不得不在耸峙的山脉和奔腾的河流的缝隙之间生活。与自然亲密无间，一方面会同自然更加亲密和敬畏，造就别致的自然观；另一方面，生存的困境大大增加，当地藏民只能不断从困境中发现价值，在现实中找寻慰藉。藏民们之所以大量地将吉祥图案和色彩装饰等运用到民居建筑中去，密集地表达其对美好生活的期盼，正是因为现实环境的影响，用精神生活的饱满来代偿物质生活的艰难。或许这种追求从实际功用的角度上说是唯心主义的，但生态美学的家园意识承认自然本身的特性，相比于其他大范围以人类为中心的对生态环境的改造，祈福文化在慰藉滇西北藏区人民文化心理的基础上，更具一定程度的生态美学意义。这不仅是藏族的，也是各民族共同的文化心理，是中华民族吉祥文化的重要组成部分之一。

综观滇西北藏区人民的生活状态，其生活审美与日常生活相互依存，"在日常生活的缝隙中萌发了生活审美，在生活审美的生成中激活了日常世界。"① 在民族意识昂扬且中华民族大家庭积极团结的当今社会，藏族民居以其多方面和谐与美立于滇西北的雪山草原之中，凝结成以藏族文化为核心、各族文化汇聚的集成体，它既是人民生活中必不可少的实用创造，又是富含民族宗教地域和自然之美的艺术品。与生态环境相协调的滇西北藏区民居建筑文化在给当地居民增添了一份"诗意地栖居"的文化韵味的同时，更启示人们要在文化变迁中凸显和坚守家园意识的价值与理念，从而更好地保护滇西北藏区建筑文化这一非物质文化遗产。

---

① 李健夫、骆锦芳：《美学原理教程》，北京大学出版社 2012 年版，第 62 页。

第八章　吉祥图案:
滇西北藏区民居门饰多元文化载体

在我国以"吉祥"寓意为核心的祈福文化源远流长，而吉祥图案正是这种祈福文化的一种表现形式。它被广泛运用于滇西北藏区民居的门饰中，成为当地民间文化的重要载体，是藏族物质与精神、宗教与世俗、本民族与他民族等多重因素混融的结果，体现了滇西北藏族人民的民族特性与精神气质。藏族门饰中的吉祥图案及其使用色彩将滇西北藏区民居点缀得别具一格，蕴含丰富的文化内涵。在此我们以滇西北藏区民居中的门饰艺术为研究对象，对门饰的历史源流、图案及其色彩等多方面进行挖掘，力图展示以门饰及其吉祥图案为文化载体的背后，图腾信仰、藏传佛教和社会变革等多方面因素在滇西北藏族社会中的文化表达。

第一节　滇西北藏区民居的门与门饰

研究门饰及其吉祥图案，不得不从门这一对象说起。中华民族历史久远，其文化博大精深，随着历史的发展和文化的丰富，门也在其中承载了越来越多的文化意味。门文化拥有清晰的发展脉络，兼顾了历时性和当下性、实用性和审美性特征。大致来说，建筑最早出现是为了能够使人类生活在相对于大自然来说更加安全的空间，隔断家与外界、防御野外的猛兽侵袭等，所以最早的门并没有复杂的装饰和背后的文化内涵，只作功能上的要求。但随着时代演变，人类物质生活不断进化，社会文化逐渐变革，与自然的距离也越来越远，门的数量和质量都呈现出与往常不同的规模，门饰文化自然开始发展。人们赋予了门和门饰更多的文化内涵，将阶级、美学、趋吉避凶等意涵都置入其中，丰富这一进入家族领域、连通内外的第一重单位。滇西北藏族民居的门饰和其建筑风格与门的类型有着密切关系，是在当地以藏族文化为中心、多民族文化环绕的多元文化的一类载体，出现在各类建筑和每一个家庭的生活范畴中。可以说，由于其普遍性，即出现在家家户户之中，以及特殊性，即各地区、各类建筑、各家各户的门都因文化和自然环境的差别自有其特点，门饰及其吉祥图案在一定程度上反映了当地社会发展的进程与不同时期人民对美好生活的共同盼望，是人民精神文化变迁的重要参照物。

一、门与门饰的历史源流

门是建筑的"脸面"，是人在认识一幢建筑和进入其中时最先体验的部分，是连通内外的出入口。门最早出现的时间很难确定，但大概在人类的祖先有意识地在大自然中建造相对封闭的空间以供人居住时，门就出现了——"构巢筑屋是门意识的真正的开始，为解决栖身问题，先民们要做的事情是人为地造成相对隔绝的空间，在封闭这个空间时，须设留出缺口，以备出入。"[1] 这个以备出入的缺口，就是门最早的样子。按照这一观点，甚至在人为的建筑没有完备地出现的时候，门就先一步出现了。《释名》中对门是这样解释的："门，扪也。为人所扪幕也，障也。"可见门出现时的主要功能还是在于实用，即作为沟通内外通道中的一道屏障，防止暴风骤雨等自然天气和鸟兽虫蛇等外物对人类的伤害，将人类的领地逐渐构建为安全的家园。随着人类聚落的成形和建筑的发展，除了防止自然的伤害之外，门还延伸出防止外人窥伺家中、防贼防盗的功能。

---

① 吴裕成：《中国的门文化》，天津人民出版社2004年版，第20页。

当社会阶级和人工建筑发展到一定阶段时，建筑的具体功能逐渐分化。例如民居建筑逐渐成为社会文化中人最重要的私有财产之一，物质条件较好、社会地位较高的人常会以自家民居的规格来彰显身份、财富和审美等；而具有公共意义的建筑则为满足其功能逐渐具备固定的形制，背后蕴藏着与社会功能对应的社会意义。总的来说，建筑各部分的规格和装饰渐渐多样化和等级化，这个时候，门已经是建筑不可分割的部分，甚至是从正面能够看到的建筑最显眼的部分，不可谓不重要。它当然也受到影响，有了反映时代与社会当下文化状态的作用，寄托了人们的美学理想。这种作用，正是通过逐渐繁复、渐成体系的门饰（包括形制、图案与色彩等多个方面）表达出来的。

门饰应该是在门出现之后不久便随之出现了，有说法是"为了开关门方便，先民们随手用藤条或其他什么固定在门上，简单实用。后来，信奉鬼神的先民认为用驱赶鬼怪的信物挂于门上。能阻止妖魔，保宅护命"。[①] 所以，大致和门一样，门饰最初也只作实用，并没有更多的样式和规格，不能作为审美对象。但同样随着社会阶级和人工建筑的发展，人们不再满足于门饰的实用功能，而是利用各种艺术手法和审美视角，将门饰打造成寄托精神生活的艺术品。它的文化功能渐渐增加，就最为常见的民居来说，其门饰的形制、选材、表现手法、图案与色彩等多方面，对内表现居民对于家这一安全领地及居住于其中的家族的美好祝愿，对外则彰显这一家庭或家族的社会地位，兼有隔绝生人之意。正是因为如此，门饰才渐渐积累了多重的象征意义，表达人民的审美追求和美好期盼。

---

① 刘芳芳：《云南迪庆藏族建筑门饰艺术研究》，硕士学位论文，昆明理工大学中国少数民族艺术专业，2010年，第12页。

二、滇西北藏区建筑门与门饰的类型

滇西北藏区由其连通川藏的地理位置和复杂的自然情况闻名于世，这里既有雪山深谷，又有草原湖泊，是多民族世代居住的美丽家园。在此居住的藏族人民，根据其聚落的不同自然条件，创造出两种类型的藏式民居。一类是位于高寒坝区、海拔 2800 米之上的闪片房（即土墙板屋），另一类是位于干热河谷、海拔 2800 米之下的土掌碉房（也称土库房）。由于滇西北藏区本来就是藏彝走廊、茶马古道等文化通路的重要范畴，这里多民族文化汇集、融合、互相影响的特征十分明显，许多外来宗教也进入此地，同本地民族的原始崇拜相结合，共同在这一地区和谐发展。

受到多种文化影响，当地的藏族建筑呈现出多种面貌，例如闪片房，更多地借用了彝族、白族、汉族等建筑文化的因子，因此闪片房的门与门饰也更加多元化，具有民族融合的表征；土掌碉房属于典型的邛笼式建筑，是藏族的先祖——古羌族的文化遗留，因此它的建筑制式同大众意义上传统的藏式建筑更为接近，其门与门饰的选择也遵循了这一逻辑。

香格里拉藏族闪片房村落 贾蔓 摄

闪片房门的材质基本为木制，在当地藏族中流传着一句谚语，翻译过来大概是："汉族铁门人家，藏族木门人家。"以木门代指藏族，可见木门在藏式民居中的普遍性。就搜集到的资料来看，迪庆藏族自治州的闪片房门，大致有三种制式。一是带院落的人家所使用的门楼，通常采用藏族古朴庄严的样式，也有一部分使用白族雕梁画栋的样式，更显房屋多彩华丽。这种门楼入口一般为双扇木门，门上贴有驱邪避凶用的图案，通常是白汉两族的门神或藏传佛教中的护法。小小的门楼便汇集了多族文化的精髓，表现出滇西北藏区多元文化混融的特征。二是可随意拆卸拼接的隔扇门，这是一种自带木格门窗的类型，多见于汉族和白族建筑。滇西北藏区民居中的隔扇门，与传统汉族建筑的隔扇门几无差别，因其可灵活组合与占据空间较大的特点，隔扇门上既可以多样的雕刻技法作装饰，也可以彩绘来表现美感。因通常的隔扇门基本以六扇为一组，所以有条件的人家将门上的装饰升级为组图的方式，在每一扇门板上雕绘不同的图案，再将六扇门板有机地组成一套，具有完整的叙事性，更能丰富地表达美好寓意。三是垂花门，这种门曾广泛使用于汉族地区，因其装饰要素的完备，可称得上中国传统建筑中审美意涵最为丰富的门的类型。垂花门的特殊正在于其形制，既有完整的门檐和双坡屋顶，还有丰富装饰过的木梁和其他木构件，横梁延伸的两端分别垂下形似莲苞的短柱，门为双面开合。这种门因特有的垂莲短柱被称为垂花门。在滇西北藏区一些汉藏交流尤其丰富的地区，藏式建筑吸收了这种汉族垂花门的制式，通过门饰将其改造成更具藏族风格的垂花门。例如在雕刻、彩绘和木构件细节的纹样上，均采用藏族风格图纹，同时在色彩上采用纯度更高、对比更强烈的藏族传统色彩搭配。经过文化的不断发展，这些既有藏族文化内核又富含其他民族文化因子的门，已经成为滇西北藏区建筑艺术的一大特色。

香格里拉松赞林寺的垂花门　贾蔓 摄

　　除了民居的门和门饰，在滇西北藏区，宗教建筑的门也值得关注，尤其是藏传佛教寺庙的门与门饰，是滇西北藏区建筑艺术不可忽视的一部分。由于滇西北地区藏传佛教影响较大，信众较多，属于藏族人民几乎全民信仰的宗教，藏传佛教基本遍布各处，在藏族人民的精神生活中有着极为崇高的地位。总的来说，根据寺庙规模的大小，以及各殿重要性的排布，门的制式基本上由大至小，例如大殿的门通常是整个寺庙中最为巨大、厚重、装饰复杂之所在。等级越高，门脸的雕绘越复杂和大型，门楣、斗拱等随之加大，檐部和门框的层数也会变多，需要装饰的部分随之增多。另外，寺庙的门有单开、双开、多开等类型，但通常以双开为主，是典型的藏式做法。由于需要彰显其神圣高贵之意，门上的装饰图纹多用藏传佛教图纹，并大面积使用红与金黄这两类象征藏传佛教高贵地位的颜色。可以说，由于宗教在滇西北藏族人民心中至高无上的地位，宗教建筑的门与门饰基本上是民居的放大升级版本，其门饰方面有许多只供寺庙使用的图案、色彩等，在藏族地区等级制度土崩瓦解的当代社会，这些专用的门饰也逐渐进入了百姓之家，经过吸收和改造成为新的民居文化的一部分。所以在所有的建筑中，宗教建筑的门饰对民居门饰也有其引领性和参考性。

总而言之，滇西北藏族建筑中独特的门和门饰，在吸收多元文化的基础上，已经形成了具有民族特色和地域特色的门饰文化，出现了与其他地区藏族门饰有所区别的类型。具体分析这些门饰的图案与色彩，找寻滇西北藏族人民在历史发展中形成的文化积淀，有利于探究滇西北藏族人民在日常生活中的心灵变迁和审美追求，展现中华民族门饰文化的多元风格。

第二节　门饰图案与门饰色彩

滇西北藏区民居门饰的独特性，除了上述所说门与门饰的不同制式外，主要体现在其图案类型和色彩的选用上。在中华民族源远流长的门文化中，门饰的文化偏向于辟邪祈福、驱恶迎祥，充满了趋吉意识。藏族地区的门文化是中华民族门文化的重要组成部分，藏族人民同样十分看重门的作用，将其看作家庭的"脸面"，甚至在开工之初会请僧侣或巫师举行仪式，对门的方位选择和落成慎之又慎，所以他们自然会花心思在门饰上。在滇西北藏区，民居的门有许多可做修饰的部分，其中有一个重要原因就是当地居民惯于用木材制门，因此门本身很适合雕绘，可以装饰的部位也有许多，例如门扇、门框、门楣、门额、门廊、门檐等，都是藏族人民在装饰门时所重视的区域。此外，藏族人民还喜爱在门上增添附加门饰，例如彩色门帘、风马旗、哈达、唐卡等，使家庭的出入口在方尺之间成为藏式风情的展览地。另外，当地藏族工匠为门进行装饰的方式通常采用雕刻、彩绘、金工锻造这三种，既借鉴了其他民族的装饰技艺，又保留了本民族的一些传统技法和审美造型。综合以上多方面的努力，滇西北藏族民居中的门饰才能以纷繁复杂的图案体系和别具一格的色彩观立于世间，成为当地人民引以为豪的"脸面"。

一、门饰图案的类型

滇西北藏族民居中处处饱含人民对于吉祥的祈盼和对美好生活的向往，门饰图案也不例外。结合这一地区的地域性和民族性，以及宗教文化和社会生活的影响，滇西北民居门饰中最为常见的图案类型大致可分为四类：一是自然图案，包含动物图案、植物图案、星象气候图案等；二是几何图案，由几何图形和一些经文的简化版组成；三是宗教象征图案，这类图案与前两类时有交融，但其图案背后的文化特征多以藏传佛教文化为主导；四是民俗生活图案，这一类图案不仅表现当地藏族人民的日常生活所见，还包括了多民族交流、互渗的痕迹。当然，这种分类只能简单概括滇西北藏族门饰文化的大概面貌，前两种是以表现对象来划分，后两种则以其文化根源来划分，像有的经典图案就涵盖多种，因其复杂而深刻的文化内涵受到藏族人民的广泛喜爱。本节将大致介绍这四类图案在门饰上的运用，剖析藏族人民的审美风格和心理期待。

（一）自然图案

自然图案由动物、植物和星象气候这类自然物组成。动物图案在滇西北民居门饰中是最为主要的类型之一，所以当地人民对动物图案的表现形式往往是具象化的，且在有机组成的整片门饰图案中占据较多的空间。喜爱动物图案的成因比较复杂，一类是这些动物在漫长的时光中频繁出现在藏族人民的日常生活中，与藏民相生相伴，成为民族原初的文化图腾，例如牦牛、白马；另一类是带有神话性和宗教性的动物图案，由民间文学和宗教带入门饰艺术中，虚构性的动物也在此之列，例如金翅鸟、金鱼、狮子、白象；还有一类是在与其他民族交往的过程中吸收其吉祥文化而来，蝙蝠、龙、凤凰、白鹤等皆是如此。由于藏族人民长期以来存在的自然崇拜和万物有灵观，他们极为看重动物背后所表达的文化内涵，将有些动物一定程度地人格化和神格化了。例如鹿是滇西北藏族民居门饰上的常客，它或许借鉴了汉族文化中将"鹿"与"禄"同音的概念，以鹿作为具有代表性的瑞兽之一，但藏族人民喜爱鹿图案主要还是因为佛祖在鹿野苑悟道，鹿在广大的佛教徒心中被视为最早聆听佛法的瑞兽，因此象征智慧灵巧。在这里，藏族人民将鹿神格化，表现阖家对智慧的期盼。可以说，几乎所有的动物图纹都可以进入门饰艺术的范畴，不拘其文化来源和成因，但前提是这些图案的文化表达必须带有一定的吉祥色彩。

植物图案与动物图案的区别在于，动物图案因其人格化或神格化，常常处于整组图案的中心位置，而植物图案则经常以抽象化的表达出现在门饰的细部，与其他题材组合而成寓意完整的门饰图。由于植物的生长形态多舒张伸展，可以艺术表现为线条和几何纹样的组合，同时，其叠加和缠绕也如实反映了植物的自然生长状态，所以在藏族门饰中，植物纹路常常在背景和边缘出现，围绕中心图案展开，表现为藏族特有的卷叶纹和花头纹。滇西北藏族门饰中的植物图案多为藏族生活中常见和常用的植物，例如忍冬、格桑花；还有具有宗教和神话意义的植物，莲花就是其中最具代表性的一种。因为民族交流的原因，汉族、白族、纳西族文化中常使用的牡丹和梅花等，也被纳入这个系统之中。

星象气候类的图案则更为抽象，常简化为几何图案表现出来。但这类图像是最早出现在藏族艺术之中的存在，与其民族的自然崇拜不无关系。例如太阳图案和月亮图案，以及雷纹和云纹等，象征的是人类的原始思维对自然力量的崇敬，其中蕴含的文化线索都可追溯到人类早期的活动。

（二）几何图案

几何图案是藏族艺术历史中被使用最久的类型之一，早在藏族还未从古羌族分化出来的时候，藏族先民便大量运用几何图案对建筑和器物进行装饰。几何图案一般是将线条、圆、三角、方等基础的几何图形进行叠加和变化，或将单一几何图形作旋转、挪移，派生出更加复杂的几何图案。滇西北藏族门饰上常见的几何图案有波浪纹、十字纹、云纹、长城纹、吉祥结纹等，是早期藏族人民对自然生活进行抽象化的想象和提炼的结果。

此外，滇西北藏族人民还喜欢将文字刻于门上，这些文字常常来源于佛经，在艺术化的表现下，既有大方美观之感，又直接地表明了对美好的向往。这些文字常常是固定组合，或周遭以莲花等简单图案相配，表现其佛性。藏族常见的字符图案有"六字真言""十相自在""福""寿"等，多以梵文或藏文刻于木构件之上。

（三）宗教象征图案

可以看到，在前两类以表现对象来划分的图案中，藏传佛教对藏族图案文化的影响十分深入，佛教图案几乎是门饰图案中使用最为频繁的一类，具有相当多元的表现形式。例如上文提到的图案中，白象、狮子、鹿、金鱼、金翅鸟等众多动物图案都有其佛教根源，在佛教文化中自有其吉祥寓意；在植物图案中，莲花是最典型的佛教图案，作为藏传佛教"吉祥八宝"之一，代表佛祖之舌，象征佛法的圆满；几何图案中的吉祥结具有典型的藏传佛教文化内涵，许多的字符图案都是来自佛经中，一般是藏传佛教里最常见的箴言。还有一类人物图案也多以藏传佛教人物为主，尤其会装饰在作为门附加装饰的门帘和唐卡上，比如佛祖、度母、观世音、金刚护法等。藏传佛教的图案中也流行具有特殊意义的组合图纹，"吉祥八宝""吉祥八物""六祥瑞""七政宝"等都是具有深刻佛教意涵的图案，被滇西北藏族人民自如地使用在门饰中。

（四）民俗生活图案

民俗生活图案主要指滇西北藏族人民在民俗生活中的所见所得，从文化来源上看，其中有两类最具有参考性。一类是藏族民俗文化中出现的典型人物，通常是历史或民间文学中藏族的英雄人物，作为人物图案的重要组成部分，常见于门上的贴画和作为装饰的唐卡上，例如格萨尔王，反映的是当地藏族人民的文化价值取向和族群认同；另一类是各民族文化在日常交流中留下的文化生活印记，被藏族人民吸收之后成为其常见的门饰图案，器物类的有元宝和如意，植物类的有牡丹、菊花和梅花，动物类的有龙、凤、麒麟、仙鹤，人物类的有寿星等，不一而足，反映的是文化交流及开放的文化态度对滇西北藏族人民带来的切实影响。

二、门饰主要图案分析

总的来说，门饰的文化寓意多从人们对家庭的期待延伸而来，无非就是追求吉祥、驱避凶险两个方面。如果说上文对门饰图案的分类和解释还不够细致，那么接下来就摘取其中最常见的三种门饰图案进行具体分析，分别表现门的实用功能——平稳内部和防御外部——这两方面所延伸出的文化寓意在门饰图案上的表现，探究滇西北藏族人民如何在门饰艺术上发展出一套完备的趋吉避凶的话语。

（一）妙莲和吉祥结——营造圣洁雅致的民居氛围

"一个民族的精神气质是格调、性格及生活质量，是它的道德风格、审美风格及情绪。"[1] 以图案来装饰日常生活是滇西北藏族人民彰显民族精神气质的一种手段，就像藏族人民将其称作"择吉日莫"（美丽的图饰）一样，为生活增添美感是其重要目的。门饰图案就是其中成体系的一种，具有巨大的艺术容量，可以映射某一文化环境中的群体心态。有许多图案都是为

---

① ［美］克里福德·格尔茨著，韩莉译：《文化的解释》，译林出版社1999年版，第155页。

了表达日常生活之美、营造民居圣洁雅致的氛围，使居民居住在这样的环境中能够从心理上感受到愉悦。这类图案往往都是传统的吉祥图案，在色彩和形状上不会给人以对比强烈的冲突之感，适合人们对于安宁幸福的家庭氛围的期待。在滇西北藏区，这样的门饰图案有很多，但其中最受欢迎的还是妙莲和吉祥结。

妙莲即莲花，藏语称"白玛"，是广受藏族人民喜爱的图案，许多藏族人家会将女儿的名字取作"白玛"，即是取妙莲圣洁美好之意。按常理来说，莲花并非海拔较高的藏族地区盛产的植物，但其受欢迎的程度却远超其他植物图案，还是因为莲花的佛教色彩。在几乎全民信教的藏族中，莲花作为佛法的象征自然受到了广泛喜爱，是藏传佛教"吉祥八宝"之一。此外，它在传统的中华文化中也有高洁的寓意，"出淤泥而不染"几乎成为莲花的代名词。在多民族往来频繁的滇西北，活跃在各民族文化中的莲花图案，具有在文化交流中不断叠加的美好品质，以其尽善尽美的品格著称于世，藏族人民便随着时代的发展和文化交往的频繁逐渐加深对莲的喜爱。

由于深受人们喜爱，莲花、莲瓣图案在滇西北藏区民居门饰上出现的频率很高，并且形态多变——除了基础的莲花形态之外，藏族传统图案中的花头纹，有时候也会使用牡丹和菊花的花瓣形状进行叠加，其实都可看作妙莲图案的变体。在佛教中，妙莲的颜色一般是粉色或红色，但为了迎合人们的审美要求，门饰图案上的莲花不拘颜色，白、黄、蓝、黑都有。作为代表性的植物图案，莲花一般不在视野范围的中心位置，而是出现在门的四周，比如门框常见的雕刻或彩绘首尾相接的妙莲图案，这种形式往往更加线条化和抽象化；再比如汉藏结合的垂花门上，从木梁的两端垂下形似莲花花苞的短柱，就是雕刻和彩绘手法的结合。如果出现在大面积彩绘的中心，莲花一般都与其他图案组合构图。妙莲在佛教中被作为佛祖、菩萨的修行之座出现，为表佛教圣洁庄重之意，在表现主体对象（如佛教人物和佛教器物）的图案时，莲花常被安于其下，作为承托的莲花座出现在画面中。

一般来说，莲花的绘制技法简单，绘制者的工作量相对较小，因此得以在门饰中反复出现，人们也喜欢将莲花以连续排列组合的方式构成韵律感较强的装饰图案，被巧妙装饰在门框和门楣等部位。它的花瓣和枝干线条呈柔软简单的流线形，花心部分圆润可爱，无论采取哪种形态，妙莲图案都给人一种流畅自如、婉转多姿的视觉体验，为民居增添一分纯净平和之感。在妙莲图案的风靡之下，它逐渐成为民居门饰不可缺少的一环，由佛教图案的高不可攀逐渐转变为民俗图案的亲切祥和，增加了吉祥喜庆的意味。总的来说，在滇西北藏族地区，妙莲图案由佛教文化带入到装饰领域，在其发展过程中与民俗文化相结合，为藏族民居带来了清新雅致又充满吉庆的居住氛围。

吉祥结又被称作盘长，藏语称"白武"，同妙莲一样也是"吉祥八宝"之一，是藏传佛教文化中的重要存在，代表佛之意，喻佛意智慧的贯通和顺达。吉祥结的来源很多种说法，不仅在藏族文化中，在整个中华民族民俗文化里，吉祥结都是代表吉祥幸福的符号，富有传统的中国文化色彩，在世界范围内也被称为"中国结"。红色是它最常使用的颜色，因此又有红红火火的寓意。在中华民族文化中，对吉祥结的广泛认知是，它暗含了中华民族最深远的历史讯息，是在文字尚未出现、普及的远古时代，结绳记事传统遗留至今的结果。由于结绳记事无法做到事无巨细，所以通常来说，绳结只记录相对重要的事，其规律是绳结越大越复杂，所记录事由越重要。我国古代的历史记叙常有"国之大事，在祀与戎"[①]的观念，即对国家、族群来说，重要的事一般就是祭祀和军事两类，复杂的绳结一般就是用于记

① 杨伯峻：《春秋左传注》，中华书局 1981 年版，第 861 页。

录这些事的。在文字出现之后，绳结渐渐失去了它的记录作用，而是以排列规律的形态艺术化地表达遇到"国之大事"时祈求平安顺利的共同心理，吉祥结逐渐成为吉祥的象征也就不足为奇了。

在藏族文化中，还有一种更加本土化的说法是，吉祥结来源于卐字符，其互相纠结盘绕的主体部分是卐字符经过不停叠加、旋转和联结得到的，呈现为相对更为连续复杂的图案。卐字符在藏族文化中具有深远的含义，被称为雍仲，最先在苯教中被认为是太阳符号的抽象化，在太阳崇拜的范畴里寓意无限的光明和希望。在佛教进入藏区后，卐字符成为佛教的代表图案，经常被画在佛祖的胸前，作为佛法光明的象征，充满吉祥的色彩。从这一说法来讲，吉祥结无论从形态还是文化内涵上，都是卐字符的延续。

吉祥结同样形态多变，有许多的组合方式，还可以同其他图案组合呈现。具体化的吉祥结一般是作为"吉祥八宝"和另七物组合呈现，表现手法繁复华丽。而抽象化的吉祥结更注重线条的变化和排列，且几乎都由直线组成，所以其绘制手法比较简单，主要装饰在门框、门楣等边缘处，或是作为填充空白的纹路呈现。这些经过旋转、套叠、平移而产生的吉祥结图案以其神圣的宗教性出现在门饰乃至建筑、器物、衣饰的各处，不断启发人们对于无限、永恒和轮回的哲学性思考，为滇西北藏族民居增添了一份神圣又充满吉祥色彩的审美感受。

妙莲和吉祥结图案使门饰华而不俗、多变而不纷乱。藏族人民能充分考虑到边距、角距、轴心、对角线等形式因素，将各类图纹按照大小、宽窄、比例、方向等关系作排列组合，并且综合运用对称、对比、平移、旋转以及错位等多种构图方法，使门饰设计达到非常高的艺术水准，足见其民族文化的艺术积淀之深。这一类图案无论来源于何处，都有人们在进出民居时希望家庭内部吉祥安康、居民出入平安顺利的意味，是人们对于门的实用功能——保护家庭和平稳民居内部，使门内居住的人达到平安和顺状态等寓意在文化上的延伸，具有强烈的趋吉意识。

（二）狮子——寄托驱祟保安的生活希冀

门自发明之初，便有另一重实用目的，即防止外来者对内部的入侵与伤害、将邪祟拦在门外。因此，门可以说是家庭防御的第一重关卡。在这层意义上，门饰作为门在文化意义和审美意义上的延伸，自然有对外具有攻击性和防御性的一面。滇西北藏族民居常用兽面图案来装饰在门的正面，就包含这层含义。在众多的兽形图案中，当地人民最为喜爱的要属狮子，不仅是因为就自然特征而言，狮子形态威武、力量强大，还有它在藏传佛教中的地位使然，同时，民族文化交流也在人们的审美选择中起作用。总而言之，狮子成为藏族人民用于门饰上最喜爱的镇宅图案，背后有多方面的文化因素。

狮子被大众认为是动物界的万兽之王，力量强大，处于食物链顶端，自带威严之感。所以，在中华民族的建筑文化中，狮子一直被用作镇宅辟邪，逐渐成为威严和权势的象征。在藏族文化中，狮子是藏传佛教中佛之力量和权威的代表，佛祖的宝座就是由八大方位的狮子来承载。藏传佛教的史料里还记载了这样一个故事：西藏最知名的瑜伽大师米拉日巴曾梦见雄狮，便请大师玛尔巴为其释梦。玛尔巴解释说，这头狮子表现了米拉日巴狮子般的天性，它华丽的鬃毛代表它身驮密宗教义的尊严，巨大的四爪代表佛教的"四无量"，高高挺起的头颅和仰望天际的双目代表米拉日巴断绝尘缘的决心，它在山野中自由奔跑的姿态表明米拉日巴已达到佛教中绝对自由的境界。[①]

---

① ［英］罗伯特·比尔著，向红笳译：《藏传佛教象征符号与器物图解》，中国藏学出版社 2007 年版，第 70 页。

汉族建筑中喜爱以石狮装饰门，传统是按等级地位排列，将能够表明建筑规格及主人身份的一对石狮放置在门的两旁，起镇宅之用。当然，藏族人家也有将狮子作为门墩的装饰形式，是典型的受到汉族文化影响的结果。而最常见的则是藏族民居门饰中的狮面门钹，狮面中有门环可用来敲门或拉门。因敲门时门环叩击狮面底座的声音类似铙钹，因此这一门饰结构被称为门钹，连接门环的兽面底座被称作铺首。早在汉代，中华民族古代建筑中就出现了铺首这一结构，兽面的铺首在视觉上不仅给人以庄严美丽之感，还有驱邪之意。滇西北藏族人民生活在民族频繁交流的通道中，善于借鉴和吸收各民族的优秀文化，于是当地藏族人民将铺首雕饰为具有藏传佛教特征的狮面图案，狮口衔环，狮目圆睁，正像托举佛祖宝座的狮子那样威武庄严，门环叩击狮面的声音拟作狮子的咆哮，可驱散一切邪祟，保护家中的安宁。另有一种门饰类型是将狮子以彩绘的方式直接画在门扇上，既有庄严圣洁的雪山双狮图，又有活泼灵动的双狮戏球图，颇显藏族人民在信仰世界之外的生活情趣。

总而言之，"文化是人工制品和传统体系所组合而成的，经过文化，个人得到人格的陶冶，社会团体和组织也才得到维系和延续。"[1] 门饰图案正是这样的文化印记。上述两类图案彰显了滇西北藏族人民隐含的不同期待，即对于门所能起到的作用在精神世界中的展示，以及他们所期望的可以被民族文化和艺术塑造出来的社会面貌。在新中国成立前，由于藏族地区浓重的阶级观念和等级制度，许多门饰图案并不被允许出现在百姓的家中。如今，门饰图案正像广大人民所期盼的那样，广泛地走入寻常百姓家，按照百姓们的文化认知和审美观念被塑造、改变、定型，真正以多元化的姿

---

① ［英］马林诺夫斯基著，费孝通译：《文化论》，中国民间文艺出版社1987年版，第116页。

态把吉祥迎入大众的生活中。

三、门饰色彩的类型及装饰特征

在门饰图案之外，门饰色彩的选择也是滇西北藏区民居文化中极为重要的一环。如果从民居的整体来看，迪庆藏族自治州的民居色彩一如既往地承袭了藏族文化鲜明的色彩观，可与西藏等其他藏区相比，由于整栋建筑多用木和土等充满自然原色的材料，所以这一地区的藏式民居在大面积的颜色使用上相对低调。但集中到门这一部分，当地居民却一反低调之常态，善用大量明度高、饱和度高、对比强烈的颜色进行装饰，使门真正成为民居的"脸面"，颇显其多姿多彩的藏族色彩观。

（一）主要的门饰色彩及其文化意义

白色是藏族人民最为喜爱的颜色之一，代表无上的纯洁和崇高。藏族文化中素有尚白的传统，当地民居的外墙也几乎都会涂成白色。或是为加强整体建筑色彩的和谐感，同墙面的白色既有呼应又有对比，白色在门饰中仅适量使用，主要以纹样涂饰的方式出现在门板或门框的装饰上，也有少部分会将狭窄的门围涂成白色。

与显示宁静圣洁氛围的白色相反，黑色给人以威严、愤怒、危险的感觉。在藏族文化中，黑色还具有"恶"的意味，许多民俗中都有以黑为恶的观点，例如新娘在进门前会打翻一块涂黑的石头，象征击破邪祟、顺利入门。在当地藏族门饰中，黑色一般被用来装饰门围，或是较多出现在门帘的图画中。在这里，它表现的是凶神恶煞的护法之意，护卫大门不为邪祟侵犯。这也许源自苯教时期对于黑年神的崇拜，取其"守卫"的寓意。

黄色在门饰中多为金色，代表着财富和权力。在此之前，金色是上层阶级的颜色，由于其造价的高昂和维护的麻烦，下层百姓一般不被允许也负担不了这一颜色，所以很少出现在百姓家中。随着新中国的发展，藏族地区的等级制度土崩瓦解，人民的生活水准逐渐提高，民居的门饰上也开始使用金色。它一般出现在佛教题材的彩绘中，用来勾勒线条，使画面光彩夺目，具有宗教的圣洁高贵之感。另外，门饰上一些结构也作鎏金处理，例如金属质地的门环等。金色的使用彰显了人民生活水平的提高，对外表示这一家庭的富足美满。

红色在藏族文化中代表权力与权威，既有宗教上的意义，也有民俗上的意义。汉族文化中将红色看作喜庆吉祥的象征，用于门的装饰上具有生活红火的意味。受到多方面文化的影响，藏族建筑中会将红色作为门板的底色，与其外墙的白色形成强烈对比，颇有视觉上的冲击感。在过去，红色因其宗教含义，常被用作寺庙的门饰主色，而在民居中却不被允许使用。现在，红色也渐渐为大众使用，出现在民居的大门上。

蓝色和绿色是藏区民居门上常见的装饰色，除了配合其他颜色对图案进行填涂，它们还有模拟自然色彩的作用，是藏族人民自然观的体现。在藏式门的顶部，通常都有雨棚或楼板，为了模拟天空在上的结构，藏族居民往往将这一顶部结构涂成蓝色，暗合了三界世界观中天界在上的排布。

（二）门饰色彩的特点

白、黑、黄、红、蓝、绿是滇西北藏区民居门饰上的主要颜色，其中具有强烈的自然崇拜和藏传佛教因子。在对门的装饰过程中，这些颜色逐渐形成了相对固定的规律，使门饰色彩的使用形成了一套固定可操作的方案，总的来说，其特点如下。

其一，门饰色彩皆选用纯度高、对比度强烈的色彩，不仅展现了藏族人民豪爽、鲜明的民族性格，还形成了独特的具有宗教精神的色彩观。在藏族的文化和审美世界中，颜色多以饱和度高的明亮颜色为佳，这和他们生活在雪山湖泊、草原河流之间的具体经验是分不开的。明亮和对比强烈的色彩正是他们在日常生活中的所见所得，便自然地投射到艺术创造中去。

宗教信仰吸收了环境和文化的影响，这些颜色逐渐具备了宗教释义，反过来更加促进了人民对此类色彩的喜爱。

其二，门饰色彩的组合通常具有稳定的搭配，是藏族色彩观得以在美学和哲学上得到确立的体现。形成稳固搭配的原因主要是藏传佛教对这些色彩在文化上的规训，即相应的人物、器物、植物、动物和几何图案都有其相对应的颜色。有时候，同一对象的不同颜色代表着它处于不同状态，自然反映的是不同的价值取向。门是整幢建筑的"脸面"，门的图案及其颜色一定要按照相对应的规则搭配，这样不仅在审美上可以符合大众的期待，在文化上也能准确传达出图饰的意义。

其三，在主色的使用间隙运用补色进行调和，使整扇门的色彩达到平衡之美。由于上述藏族色彩观中常用的主色都是对比度强烈且饱满的颜色，信息量太大且侵入感强，搭配在一起容易使人产生视觉疲劳，考虑到这一点，藏族门饰色彩在长期的实践中学会注重色彩量感的搭配，使许多对立的颜色走向统一，给人以稳定和谐的感受。例如在大面积的颜色中补入小面积的其他颜色，或在线条和小范围的色块里加入相邻色系的柔和色彩。

综上所述，滇西北藏区民居门饰是藏族传统民俗文化中的一个重要内容，作为一种文化载体和审美创造，它是藏族物质与精神、宗教与世俗、实用与审美等要素的统一，折射出藏族人民的历史文化和理想追求，是长期积累、选择与创造的成果，充分体现了藏民族的精神气质，并具有致信、致思、致行的文化功能。古往今来，藏族人民对于门的装饰竭尽所能，除了满足门的实用功能和增强美观效果之外，更多地赋予象征性的文化内涵。滇西北藏区民居门饰吉祥图案的文化内涵融合了藏传佛教文化、苯教文化、自然崇拜等体系，深深地作用于藏族人民性格和精神世界的培育和建构，直到现在仍具有强大的生命力、表现力和影响力。总之，滇西北藏区民居门饰吉祥图案和色彩具有多重文化内涵，这与其复杂的社会变革和文化根源是分不开的。

第三节　滇西北藏区民居门饰吉祥图案的多重文化意蕴

经过对滇西北藏区民居门饰的细致考察，门饰吉祥图案背后具有多重文化内涵是毋庸置疑的。不仅是不同的吉祥图案之间具有文化内涵差异，就算是同一个图案，也会因其表现形式的不同而具有不同的文化内涵。例如蝙蝠图案在藏族门饰上的运用，就是藏族文化和汉族文化相结合的结果。由于多元文化的塑造，蝙蝠图案以不同的表现形式装饰在门上的时候，其意味是截然相反的。纳福之相的蝙蝠通常是倒挂枝头，头部和翼部圆润，双目有神，耳朵短翘，看起来温和可爱，取汉字同音"福到"之意；而驱邪之相的蝙蝠则翼部较大，双目突出，嘴角下垂，双耳尖立，颇有凶相，有威吓之感。其原因明显在于文化来源，前者来自汉族传统中的福文化，认为蝙蝠是福气的使者；后者则来源于本教对蝙蝠的塑造，认为蝙蝠可回避灾难、驱邪避凶。推及所有门饰图案，它们丰富多彩的差异表达，可以说是多元文化汇聚在此地且不停流变的结果。因此，对滇西北藏族民居门饰图案背后的多元文化进行探析，是了解这一艺术文化来源和流变趋势的必经之路。

一、滇西北藏区民居门饰吉祥图案是图腾信仰的折射

早期人类将自然界的事物当作崇拜的对象，并把它们当作自己的图腾，从而产生图腾信仰这一原始宗教模式。图腾信仰是一种原始的信仰类型，是原始的自然崇拜和祖先崇拜混合的产物。当社会逐渐脱出部落制度，宗教也脱离其原始性之后，图腾信仰便脱离神圣信仰的范畴，神圣性日减而

日常性日增，慢慢化为人们日常生活中频繁出现的具有民族文化意义的吉祥物。藏族是一个图腾信仰遗留痕迹较多的民族，这与其自然崇拜和原始宗教的历史不无关系。在滇西北藏区民居的门饰图案中，有关自然物种的图案相当多，尤其是有自然崇拜意味和自古以来便出现在藏族人民生活中的图案，是典型的图腾信仰的折射。

上文提到的门饰图案受此影响的有许多，比如卍字纹，最早就是太阳的几何形表达，进而发展为太阳图腾，象征光明和生命，是藏民族原始信仰的土著崇拜物之一。所以，在藏区各地都有挖掘出带有卍字纹的陶器，可见该字纹在很早之前便作为审美对象和文化印记存在于藏族先民的生活中。再如牦牛也是带有藏族文化印记的动物，具有强烈的高原地域性和民族性，是藏族人民生活在雪域高原之上的见证者。牦牛常被滇西北藏族居民用于门饰中，象征藏民族生命力量的浑厚，是藏族人民崇拜的图腾之一。

图腾信仰遗留至今并顺利进入民俗文化中，且深受广大人民喜爱，并没有被时代的发展而抛弃，其深层原因还是在于藏族人民被自然环境和宗教文化所塑造的思维方式相对固定，其中饱含原始思维的缘故。藏族自古以来就是自然崇拜和祖先崇拜氛围浓厚的民族，因此，其原始宗教苯教得以在藏族人民的生活中存续多年，直到唐时期受政治影响，才被外来宗教佛教取代其统治地位。也就是说，在唐代以前，藏族先民的文化生活中都深深地被自然崇拜、祖先崇拜、图腾信仰这类带有原始意味的信仰模式所洗礼，打下了图腾信仰的坚实基础和思维惯性。在佛教传入后，苯教及其他原始信仰并没有被一扫而空，苯教中自然崇拜和图腾的部分为佛教所吸收，经重新释义后成为藏传佛教的固定内容。可以说，在藏传佛教发展至今的过程中，苯教和原始信仰中的许多部分都没有消失，而是作为小传统在民间存续，并直接影响人们的生活。门饰图案中对图腾信仰的折射正是如此。

二、滇西北藏区民居门饰吉祥图案源于藏传佛教文化的渗透

藏族人民生活和审美的各个方面都从上至下地受到藏传佛教的直接影响，毫无疑问，建筑及其门饰图案也是这样。在滇西北，藏传佛教的内涵及外延范围都比较庞杂，是以佛教为中心、吸收其他宗教信仰而成的文化体。它最早在 7 世纪前后由内地和印度传入藏区，受到当时上层阶级的推广，作为藏族社会中的大传统存在。在由上至下的传播过程中，佛教逐渐与民间信仰相结合，最终成为现在的藏传佛教。所以，藏传佛教实际上是包含了佛教、苯教、东巴教及其他多种信仰因子的宗教，具有强烈的地方特色和民族特色。

佛教文化在门饰图案和色彩上的表达都占据着主流地位，这是藏族全民信教、藏传佛教在传播过程中与日常生活紧密结合的缘故。所以，几乎藏族生活中的大部分文化印记都带有藏传佛教的影子，那些在根源上本不属于藏传佛教的文化内容，也在藏族人民信仰和世俗的紧密结合中被纳入藏传佛教的范畴。例如牡丹、菊花等在高海拔地区难以生长的植物，随着藏族与其他民族的交流中进入门饰吉祥图案中，并被藏传佛教改造，进而与莲花相结合，形成藏族传统中著名的花头纹，也称宝相花，象征佛祖形象的庄严华贵和其给予众生的美满吉祥。另外，门饰的色彩选择通常是以白、黑、黄、红、蓝、绿为主色，此六色也是藏传佛教固有的色彩搭配。

所以，在几乎所有的藏区民居门饰图案中，藏传佛教的文化影响无处不在，它以特有的审美视角和隐晦的象征体系寓教于乐，使佛教的文化内涵和美学思想渗透民间，在门饰文化中的地位至关重要。门饰图案中最常用的组合图案里，曼陀罗、吉祥八宝、七政宝等都是藏传佛教的产物，佛祖的生平与布道、佛法的智慧与庄严都体现在这些图案中。它们在日常生活中可以引发人们关于宗教和哲学的思考，从而回归精神上的宁静，对民

族的团结与社会的安定起着重要作用。

三、滇西北藏区民居吉祥图案体现社会生活的变革

除了历史文化的积淀，滇西北藏区民居的门饰图案在新中国成立至今的七十余年间，又出现了新的变化，是物质文明和精神文明逐步发展、民族政策欣欣向荣的新社会所展现出来的藏族风貌的更新。但不变的是，这些图案同样代表了吉祥的寓意，一如既往地拥有藏族文化的内核。以上种种都是社会生活变革在滇西北藏区形成的涟漪，使藏族人民的文化生活肉眼可见地变得更加丰富多彩。

对比新中国成立前后，最大的变化就是民居可以使用的门饰图案和色彩较之前更丰富，各类门饰图案也更广泛地流行在百姓家中。在新中国成立前与藏区解放前，藏区的阶级社会和奴隶社会传统致使上层阶级垄断了财富与权力，成体系的文化和艺术作为身份和地位的标志，不被允许下放给下层民众。所以在那一时期，精致繁复的门饰基本只出现在宗教建筑和上层贵族的宅邸中，几乎可称作奢侈品，下层百姓和奴隶们既不被允许使用这些门饰图案，也无法负担起这样一笔花销。例如狮子这一图案，因象征权力和威严，曾经就只在寺庙和官邸上出现。红色和金色也是这样，因其尊贵、权威和深刻的佛教内涵，平民家绝不能使用大面积的红色和金色，否则会遭到严惩。而藏区解放后，随着阶级社会和奴隶制度的瓦解，广大的藏族人民拥有了平等的尊严和社会地位，可以通过自己的劳动使家庭富足，因此也在物质生活上丰富了起来。物质的解放反过来带动了精神的解放，藏族人民对于文化和艺术生活的追求使得这些曾经被限制的图案和颜色逐渐进入百姓家中。现在，红色和金色几乎成为滇西北藏区民居门饰上必备的颜色，狮子也以其威武雄壮的姿态守护着各家各户的大门。

此外，新生活的到来促使了新图案和纹饰的出现，这与藏区解放后同

其他地区、其他民族文化加深交流不无关系。例如在有些民居的门扇上，藏族人民会自发地贴上贴画一类的附加装饰，上面通常是格萨尔王等藏族历史和神话中的英雄人物，手持武器，怒目而视，起到极强的震慑作用。这一活动会在过藏历新年时频繁出现，明显是受到汉族地区在门上张贴年画习俗的影响。但其区别是，藏族张贴年画的时间是藏历新年，而非汉族的春节；年画上也不是传统的汉族门神，而是藏族文化中的英雄人物。这种民俗的平移使得藏族在新社会中创造出不少新的图案，并以其与时俱进的创新性受到广大藏族人民的喜爱。

总而言之，少数民族的吉祥图案作为象征幸福吉祥的文化象征，是祈福文化的主要表现形式，是中华民族吉祥文化的有机组成部分。通过对滇西北藏区民居门与门饰的解读，可以了解到滇西北藏族人民在生活的细节之处如何表现他们对爱与美的向往，如何坚韧地生活在雪域高原上，如何与其他文化碰撞、结合、融为一体。滇西北藏区处于青藏高原的东南部，同其他艺术和文化一样，藏族人民的门饰艺术在这一地域上所展现的，正是"在与严酷、恶劣、闭塞、荒寒的自然环境进行抗争的过程中，不断从现实中去提升理想，从困厄中找寻解脱，从无奈中求得平衡，从生存中发现价值"[1]。

---

① 纵瑞彬：《藏族装饰纹样的历史文化考察》，《西藏艺术研究》2000 年第 1 期。

第九章 "和而不同":
玉龙县纳西族民居建筑文化的人类学纵观

纳西族是一个包容且智慧的民族,其传统民居建筑文化多姿多彩,融汉族、白族和藏族建筑之神韵于一体,是纳西人民博采众长、兼收并蓄而又因地制宜、顺应自然、融天人合一的古老哲学思想与"和而不同"的文化特征建成的诗意栖居之所,同时是技艺与美学的完美结晶。本章采用人类学理论方法,通过对丽江市玉龙县纳西民居建筑的田野调查和分析考证,拟从檐廊与天井、吉祥图纹以及水景观等方面揭示其所蕴含的文化意蕴,从而为当地纳西民居建筑的保护提供文化保障和智力支持。

建筑文化是人类在建筑活动中所表现出的思想意识和行为,包括构筑行为和居住行为两方面抽象内容。建筑人类学家阿摩斯·拉普卜特认为,作为民俗传统的乡土建筑"直接而不自觉地把文化——它的需求和价值、人民的欲望、梦想和情感转化为实在的形式。纳西族民居建筑正折射出了人与自然和谐相处,人与人和谐相处的丰富内涵。它是缩小的宇宙观,是展现在聚落上的人民的理想环境"[①]。纳西族人民素来宽容智慧、亲和开放、追求实效、崇尚自然,他们秉持着人类与自然为同父异母兄弟的价值观念,汲取多民族建筑文化之精粹,造就了主调为中原民居风格的合院式土木结构瓦房建筑。文化人类学家克利福德·格尔茨指出:"人类学的审美研究是要了解'赋予艺术客体以文化意蕴的导入'问题,因而总是一种地域性的课

---

① 单军:《建筑与城市的地区性———一种人居环境理念的地区建筑学研究》,中国建筑工业出版社 2010 年版,第 61 页。

题。"① 在此我们采用美国著名人类学家罗伯特·雷德菲的"小传统"研究视角，通过深入丽江市玉龙纳西族自治县塔城乡上亨土村所进行的田野调查工作与文献法，拟从纳西民居建筑现状、民居建筑审美建构两个方面研究纳西族民居建筑文化。纳西族传统民居建筑是纳西族民族传统文化的重要载体，是我国多元文化宝库中的瑰宝之一，十分具有研究价值，应得到重视和保护。

第一节 纳西族民居概况

从文化学及景观生态学的角度看，一个村落或村寨可以说是自然生态系统与社会文化生态系统的复合。纳西民居建筑是当地自然生态和社会文化生态的结晶和精华，呈现出一种自然、和谐的地域文化景观。自然生态既为建筑材料提供直接的来源，又影响着建筑的选址、结构形式等。实际上，气候、水资源、地形、地质等自然生态条件与民众的生产生活息息相关，因此在很大程度上影响着生活于其中的民族的性格的形成，是该民族审美意识的重要决定因素，即在一定程度上影响着该民族的社会文化生态。

一、地域性特征

首先，从自然生态来看，纳西族主要分布在云南省丽江地区，位于青藏高原东南侧，滇、川、藏过渡的横断山脉东部，滇西北中部。地势大致为西北高东南低，拔地而起的山地众多，如老君山、哈巴山、玉龙山、梅里雪山、小凉山等。金沙江贯穿全区，大小河流和天然湖泊众多，水资源

---

① ［美］克利福德·格尔茨：《作为文化体系的艺术》，《地方性知识：阐释人类学论文集》，王海龙、张家瑄译，中央编译出版社 2000 版，第 125 页。

极其丰富。丽江地区地貌十分复杂多样，山地、平坝、河谷等，海拔落差高至四千多米。因此，当地是典型的山地气候——垂直变化的立体气候。河谷地带大多为亚热带气候，半山区及坝区则属暖温带高原山地气候，山顶又多为寒温带高原山地气候。此外，丽江地区位于云贵高原，纬度低，一年之中太阳直射角度的变化小，地面温度全年相对均匀。春夏秋季受来自海面含水分较多的东南季风和西南季风的影响，阴雨天气多，气温较为恒定；冬季时，纵横交错耸立的山脉阻挡了北下的寒流，降水量少，天朗气清，日照充足。

其次，从历史文化沿革来看，纳西族传承千年东巴古文化，在历史的发展进程中创造了辉煌的物质文明和精神文明。此外，从明朝开始传入的汉族文化，包括汉传佛教、道教和儒家文化，对纳西族社会和纳西族人民产生了相当深远的影响，特别是在清代"改土归流"后，在民居建造以及建筑装饰方面，呈现出多元文化融合的特点，能够反映出该时期与当时社会背景密切相关的文化信息。

最后，在民风、民俗、民情方面，纳西族民风朴实，他们认为万物有灵，自古以来就有维护自然生态平衡、维护环境公德的规章协定。同时，纳西人"尚武好勇""崇奉自然"[1]，时常举办诸如祭天、祭山、祭水、祭署等表达对大自然的恩惠无限感激心情的民俗活动。在建筑文化方面，纳西人将建筑与自然有机融合，强调"天人合一"的建筑理念，白墙青瓦衬托出纳西人爱憎分明的民族性格，斗拱飞檐、错落有致的民房群落顺应自然的时序更迭，刻画出曲线优美的城市天际线，这是纳西人勤劳智慧精神的彰显，更是纳西人代代相袭的尊重自然万物、感悟生死轮回的人生哲学观的体现。

---

① 李劼：《丽江纳西族文化的发展变迁》，中央民族大学出版社 2007 版，第 78 页。

我们开展田野调查的塔城乡，纳西语是"塔展"，翻译成汉语意为"盛产柿子"，是非常著名的"东巴圣地"和"歌舞之乡"。塔城镇位于丽江市西北部的"三江并流"世界自然遗产区，与迪庆藏族自治州相连。该区域还生活着藏族、汉族、白族、普米族、傈僳族等，是纳西族人最早居住的地区之一。而上亨土村属于金沙江旁大坝区，位于丽江市玉龙县的西北端，东临香格里拉县，南接巨甸镇、鲁甸镇，西临维西县，北接德钦县，主要有山地、河谷等地形，正属于暖温带高原山地气候。充分了解该区的自然生态有助于我们了解该区域建筑建设方式的存在及原因，十分具有必要性。

二、纳西民居建筑发展历程

在人类最初建造房屋之时，或只能说是营建栖息地，在一定意义上是人类一种动物性的延续，即一种本能。此时他们的建造活动绝大多数是受自然的启示并模仿自然的，自然生态是造屋活动的决定因素。而随着人类社会的不断发展，以及经济、政治、文化等因素的持续介入，单一的自然因素决定逐渐转变为自然生态系统与社会文化生态系统双重作用。纳西族的民居建筑在由北而南的迁徙和与其他民族交流往来的过程中，不断选择、吸收、丰富和成熟，从而具有开放和多元的特点，其主体建筑的变迁过程可简单概括为：帐篷—窝棚—木楞房—土墙瓦顶房—合院式建筑。

纳西民族是古代游牧民族羌族的一支，由北向南迁至云南，拥有悠久的历史。纳西族在最初的游牧时期居住的是帐篷，轻便简洁，易于拆建，纳西语里称为"贡吉"，有黑白两种色彩，而以黑色居多，因为帐篷的原材料绝大部分是牦牛毛或黑绵羊毛，这也与纳西原始先民崇尚黑色有关。纳西族人民迁至云南的山地地区后，他们的生产生活逐渐转为半农半牧的形式，居所也更加固定，窝棚取代了帐篷。窝棚充分利用了山地地区繁茂的森林资源，整体均由树木枝干搭建而成。相比于帐篷，它更加结实稳固，难搭亦难拆，不易搬迁，也符合纳西族人的生产活动。事实上，在纳西族传统民居发展史中，木楞房是不可忽视的存在，它出现时间早，流传时间长，发展完善，分布范围最广。纳西族的木楞房属于稳定的木架结构井干栏式建筑，纳西人用圆木纵横交错相架，层层垒高，垒到十八层，加上椽桁，用木板覆盖，再在上面压上石头。房子里四周都设木制床榻，房子中央设有与床等高的火塘，这是纳西族木楞房的基本结构形态。木楞房在一定程度上可以说是纳西族传统民居的起源，其传统的空间格局和文化内涵对纳西族民族建筑的继承和发展产生了极其深远的影响。现在纳西族的主要住宅是庭院式瓦房建筑，是基于木楞房的基本结构形式，同时融入多方元素发展而来的。

自元代始，云南被统编为行省，中原文化的影响日益深刻，纳西族民居建筑也越发受汉族建筑的影响。明朝统治时期，汉文化的建筑艺术与建造形式已广泛传入丽江地区，开始出现木构瓦顶和土墙瓦顶建筑，但多为上层统治者所用，民间并不普及。据乾隆《丽江府志略》记载，"旧时惟土官廨舍用瓦，余皆板房，用圆木四周相交，层而垒之，高七、八尺……改流后（雍正元年，即1723年以后）渐盖瓦房，然用瓦中仍覆板数片，尚存古意"[1]，这说明在清朝"改土归流"之后，仿汉式瓦房建造形式才逐渐被纳西族传统民居普遍采用。到了清朝末期及民国时期，云南丽江地区的纳西族民居建筑有了很大的发展，形成了"三坊一照壁""四合五天井"等格局的合院式建筑，此格局一直延续至今并仍成为纳西族民居建筑的主体。本章节研究的重点正是如今丽江地区玉龙县塔城乡纳西族的合院式民居建筑。

---

① 宋兆麟：《明代纳西族的风俗画卷——〈么些图卷〉考》，《纳西族研究论文集》，民族出版社1992年版，第85页。

三、纳西民居建筑现状

云南各民族分布呈现出"大杂居、小聚居"的总体格局，又因为在不同时期外来文化或多或少地不断渗透、交融，最终形成了多元性的民居文化。民族的迁移促进了多民族文化的交流撞击，"如果说民族的迁徙可以促成民族文化总体特征发生较大的变化，那么邻近民族之间的相互影响，则是民族文化具体特征出现微小差异的主要原因之一"。[①] 纳西族是云南众多少数民族中文化发展发达较早的民族之一，同时纳西族具有不闭关自守、不一味盲目排外、善于学习和吸收其他民族先进文化为己所用的特点。在有选择地吸收汉、藏、白多元文化之后，形成了自己独特的纳西文化。相应地，任何地区、任何民族的民居建筑都不是孤立发展的，都必然要与外界其他民族交流，相互影响，相互吸取优点，从而不断更新发展自身的民居建筑。

（一）融汉族、白族和藏族建筑之神韵

藏族、白族与纳西族系属同源，所生活的地区也大多接壤，生活往来频繁，文化方面也有许多交流活动，这些自然而然地体现在民族传统房屋建筑上。再加上政治因素的影响，塔城乡处于金沙江上游地区，地势险要，历史上乃兵家必争之地，曾被吐蕃和南诏接替统治。纳西族的传统民居融入了白族和藏族建筑的元素，再因地制宜，顺应自然，最终形成了自身独具特色的建筑风格。总的来说，汉族的木构架房屋以及高大的台基都影响了纳西族建造房屋的特点——丰富各异的屋顶式样，完善的院落组织以及规整对称的布局。同时，纳西民居建筑从白族建筑中引进了"三坊一照壁""四合五天井"等平面布局形式，使得建筑布局既错落有致又有迹可循，

---

① 杨大禹、朱良文：《云南民居》，中国建筑工业出版社 2009 年版，第 26 页。

金沙江畔的上亨土村　肖敬波 摄

且在砖墙装饰的样式方面，纳西族民居也借鉴了白族民居的装饰特点，例如照壁就是从白族借鉴来的。纳西族人们将白族照壁上五彩斑斓的彩画和精细的雕饰加以简化，从而使得纳西族的照壁更加朴素典雅，别有风采。另外，从藏族建筑中，纳西族借鉴了藏族土楼的结构和空间布局特点，并形成了至今仍被普遍采用的建筑形式之一——蛮楼。

塔城乡地处滇、川、藏经济文化交汇带，在当地纳西民居的建设过程中，大量的汉族、白族和藏族工匠带来了先进的建筑工艺以及建筑文化。纳西族民居建筑现状大致是基于原始的井干栏式木楞房，再融合汉、藏、白等其他民族的民居建筑的元素，既讲究结构布局，又追求雕绘内饰，外墙朴实无华，内蕴丰富深刻。塔城乡上亨土村的纳西民居建筑讲究顺其自然，依山就水，错落有致，多为坐北朝南，有利于采光、挡风和避寒暑，并且有前后院、一进两院、多院组合等不同格局的院落。且不论何种形式的院落，庭院是民居平面构成的中心，增加了房屋的隐秘性和方便性，不仅能够用于采光和通风，还便于绿化、美化环境等。纳西族的民居建筑多建在山上和水边，恬静清幽，古朴而雅致。这些都充分体现了纳西民族的生活智慧、务实的精神，以及追求美的情操。

值得一提的是，在建筑色彩方面，纳西族原本崇尚黑色，先民们认为黑色是无边际的，所以黑色代表着广大。据白庚胜先生的研究，"而纳西族的建筑用色，有一个从尚黑到尚灰、继而黑（灰）白并重相携的基本脉络"①，这正是受到了白族和藏族的影响——白族历来认为白色代表着吉祥，民居建筑上多采用纯白色；藏族尚白主要受宗教信仰的影响，佛教中视白色为高尚坦荡的象征。因为白色算是外来的颜色，为了使之与本民族的建筑完美融合，避免颜色的变化跨度过于突兀，纳西族人们常将灰色与白色搭配在一起，白为主，灰为辅，使之与周围的环境更加协调。纳西族现在的大多建筑是灰瓦白墙，这也再一次显示出了纳西民族自然朴实的一面。纳西族的民居有时使用明亮的东巴色彩作为装饰的一部分，通常有七种基本颜色，如朱红色、棕褐色、鹅黄色、深绿色、海碧色、宝蓝色和胭脂红。这些颜色具有一定的象征意义。在东巴色彩中，红色是生命和生命延续的象征，表达了人们对生命的渴望和热情；黄色是一种宗教色彩，通常被定义为事物的伦理、道德和对事物的感性认知；绿色象征着新事物，表达着对自然界一切事物的崇拜。传统的纳西族住宅建筑通常被黑色勾画出的东巴图腾的形象所包围，图案中间的主要颜色是朱红色、土黄色与湖蓝色，偶尔点缀着绿色和橙色。这些装饰色是三种原色的基本应用，结合兼性色和互补色，形成了清新活泼的整体色调和明快的风格特征。装饰色彩对建筑的外观和气质有很大的影响。纳西族民居位于山水之间，黑龙潭岸边周围有清澈碧绿的水流、金色的野花、浅棕色的砖墙、黛黑色的土瓦，美丽的红色灯笼和深绿色的卵石地铺在周围的自然山脉、河流以及植物环境中显得格外清新。这些色彩朴素自然而又简单大方，是富有情绪变化的建筑"音符"。

"三坊一照壁"是纳西族传统住宅建筑中最基本、最常见的建筑风格布局，即正房一坊、左右厢房二坊，再加上正房对面的照壁围合形成庭院。

---

① 白庚胜：《色彩与纳西民俗》，社会科学文献出版社 2001 年版，第 170 页。

照壁，也被称为"风水壁"，是屏风的一种变体。当清晨的阳光第一次照在这堵墙上时，反照得屋子通亮，给全家带来吉祥好运，因此而得名。风水壁不仅能挡风，还能使庭院规整有致。在装饰方面，照壁上大多绘有自然风景，如远山近水、花鸟虫鱼，并雕刻着"福"和"寿"等吉祥字体图案。

对于相对标准的"三坊一照壁"和"四合五天井"院落建造类型来说，大致可包括正房、厢房、天井和厦子。三坊中一般都是每坊三间两层，正坊是迎接尊贵客人和举行婚葬仪式的传统场所，在纳西民居中属于主体建筑，屋顶较高、体量较大，位于院落轴线的正上方以显示其主导性。正房多为二层，一般面阔三间、进深五架，一层明间为堂屋，除了起居，也是迎接尊贵客人或举行婚丧礼仪活动的重要场所，其余两次间为卧室，一般为家中长辈居住。为保证正房核心空间的神圣与庄重，在正房二层则多为储藏空间，而且妇女也不能在楼上居住或长时间停留，因纳西传统观念认为女性不净，在男人头上走动是不对的。正房两侧的耳房多作厨房或杂用。

玉龙县纳西族民居绿意盎然的天井一隅　肖敬波 摄

厢房垂直布置于正房两侧，地位仅次于正房，一般作为家中晚辈卧室或者杂用，其开间和进深尺寸均比正房稍小，台基也略低于正房，这些差别虽然可以区分正房和厢房的主次关系，但并不十分明显。

我们经过调查发现，檐廊与天井是纳西民居的鲜明特色，亦为纳西建筑文化的浓墨重彩之处。檐廊，又称厦子，设置于二层窗子的下方、一层建筑的外沿，是连接室内与庭院的一个过渡空间，也是一家人日常活动的公共区域。檐廊是纳西民居建筑最重要的组成部分与形式特征，塔城乡上亨土村的纳西民居普遍设有以能置放一桌酒席为宽度的檐廊，在这里，人们可以进行做饭、用餐、会客、休闲、家庭手工业生产等多种活动，是一个极其温馨惬意且利于一家人相互交流加深情感的半敞开式空间。檐廊在纳西族民居建筑中是必不可少的存在，它的设置与纳西族所处的自然环境和人们的性格特点、生活习惯密切相关。纳西族人崇拜自然，也十分愿意

玉龙县纳西族民居檐廊 肖敬波 摄

亲近自然，所以他们比较喜爱待在户外。而由于玉龙县境地处于低纬高原上的山地地区，太阳辐射较强，受春夏秋季受季风攀升的影响，时常有阴雨天气，人们可在檐廊里避雨，丝毫不影响日常活动的进行。檐下畅聊，或只是静静地听雨，想来也独具韵味。冬季时山地气温较低，人们经常在檐廊下晒太阳取暖。由此可见，檐廊提供了一个既能享受阳光又能遮风挡雨，还能接触自然的宜人空间，充分反映了纳西人与自然和谐共生的精神信念。另外，纳西族民居的檐廊相较于中原地区的檐廊来说要更加宽大，这是因为玉龙县处于地震带上，设置更宽大的檐廊可以增加底层建筑的面积，使得整个建筑更加稳固，并能在一定程度上抵御地震对房屋的破坏。檐廊不仅是室内空间的扩展，还是室外空间的延伸，虚实结合，使得房屋的空间布局更加饱满而富有层次，营造出了一种进退皆宜的舒适感。

天井是三坊与照壁围成的方形空间，在塔城乡的纳西人家中，天井较为宽敞，功能众多，包括采光纳阳、通风晾晒、集水排水、美化环境和宴请聚餐等。纳西民居各种类型的院落都有天井，院落以天井为中心在四周布置房屋。院落中心设置较大的近似方形的天井，转角处则布置"漏角屋"以形成较小的天井。漏角屋将主房偏房转角处的房间进深减小，留出一定的院落空间以保障拐角房间的通风换气与采光。庭院内天井的地坪一般先铺设黑砂夯实，再用瓦片、卵石等铺设象征吉祥喜庆的图案，常见有"四蝠拜寿""鹤鹿同春"等，代表吉祥之意。庭院四周再配以花草，不仅显得美观大方，又如海绵体般方便水体的渗透和过滤，即使在雨天，院中也很少出现积水的情形。纳西民居中的天井，多接近方形布置，而不多采用横向尺寸过长的"一"字形或纵向尺寸过长的"日"字形形式。纳西人尤其忌讳"日"字形天井，认为这种天井院落形似棺材，是不吉利的象征。方形天井不仅可以争取更多的采光，也可以获取更多的使用功能。不仅如此，采用方形天井院落，也与关注院落独立性而不强调中轴建筑的主导性和轴向次第的差异性有关。方正的天井院落不仅有利于形成平和、安定的气氛，也反映了在一定文化条件下，人们对特定行为模式和空间感受的坚持。早晨当阳光从天井上方斜照进院落时，纳西人早已把要晾晒的农作物铺在阳光能够照射的区域，而阳光无法照射到的檐廊下则是深深的阴影。在这些合院式的建筑中，四周封闭隔绝外界，人们只能通过一个窄小的门洞看见屋外的一小块世界，这显然不符合纳西族亲近自然、开放大气的民族性格。有天井的存在，人们抬头便能看见大片明亮的蓝天或是璀璨深邃的星空，方才感觉自己身处自然之中。这是一个向上全部敞开的外部空间，这似乎又是一个内在的世界，一切都处于完美的平衡中，内与外、光与影、动与静对立又统一，巧妙地将人们从封闭局限的空间中解放出来。天井还配备了污水排放沟，下雨时，雨水沿着面向内庭的屋顶流入庭院天井集中，然后统一排放到室外，有"四水归堂"的说法，不仅能在雨季及时排出积水，而且丝毫不会影响公共空间。同时，天井也是庭院绿化的重点，纳西人民将花台盆景置于天井，并引水入院，以小池辅之，潺潺流水经檐廊和天井而过，营造出藤蔓绕梁、花红叶绿、红鲤戏水的园林美景，富有自然之气息，可谓生机盎然、满目锦绣，在诸多民族的民居建筑中别有特色。据考证，纳西人民之所以喜爱在家苑中设置花台盆景，是因为纳西先民以游牧、畜牧为主，喜爱自然山水之景，这便体现为延续至今的家家户户中的园林景观。天井中的绿化增加了建筑中的自然野趣，使得人们能够在足不出户的情况下享受与自然之间的亲密接触和交流。天井还被用来举办大型节庆活动，人们在天井中设宴款待客人。我们在进行田野调查时正逢当地纳西族过"杀猪节"，纳西人民在每年年底都有杀猪的习俗，主人会邀请亲朋好友，用最鲜美的杀猪饭招待大家。

无论是杀猪还是吃杀猪饭，檐廊和天井都是主要场地。檐廊或是天井能够容纳十几桌人共进杀猪饭。人们还会在天井里用炭烧烤猪肉以及用猪油炸乳扇，边做边吃，吃饱后便在被冬日阳光晒暖的檐廊里喝茶、聊天和打麻将，十分惬意。逢年过节，当地的纳西人会在民居大门口或者厨房火塘处祭拜祖先。由此可见，檐廊与天井的功能相互融合，与纳西人的生产生活紧密结合，并且为纳西人在家庭住宅内部提供了与自然亲和的空间。

吴良镛曾说过："创造美好宜人的生活环境是建筑的艺术时空观。"[①] 纳西民居多采用木架承重的土木结构建筑，通风透光，冬暖夏凉，有养生之效，并且具备抗震功能。中国文化的园艺概念包含了"天人合一"[②]的思想，即在尊重自然的前提下改变自然，为人与自然创造一种和谐共生的形式。具有天井花厅、屋檐走廊、水景观等特色的纳西族民居，明亮舒张，宽敞疏朗，是纳西族"天人合一"审美追求的投射。纳西人民在这种审美过程中心灵收获了宁静，天性亦得到滋养。

（二）技艺与美学的完美结合

纳西族民居建筑装饰注重平衡性、对称性、对比性和相似性等艺术表现形式，同时，他们也运用美学构图与光影变化的和谐统一来处理结构设计感，试图整合情、景、物，使之融为一体，体现出民族特色的鲜明主题。例如，在住宅建筑的外部装饰中，采用了整体平衡的飞檐，它与立面屋檐和窗栏杆装饰层的横向线条形成了对比，这种对比使建筑风格充满了变化，并具有更稳定的表现节奏。此外，建筑门窗细节所采用的装饰模型也是对称的，寻求对称细节的微小变化，又在对称变化中寻求一个几乎完美的对称统一。另外，纳西族的住宅建筑艺术装饰风格追求力量感、粗犷、高大。同时，在追求庞大的构思下又追求精致小巧、光滑细腻、美丽雅致。在这种强烈对比下的审美理念也反映了这个民族对主导世界的原始意识，以及

---

① 吴良镛：《中国建筑与城市文化》，昆仑出版社 2009 年版，第 318 页。

② 周苏宁：《园趣》，学林出版社 2005 年版，第 181 页。

对客观世界"秩序"的深刻理解。因此，纳西族住宅建筑的艺术特征和装饰性文化内涵体现了纳西族人的社会发展意识和文化选择，他们希望通过保存住宅建筑的形式来传承发扬自己的民族文化。纳西族住宅建筑的窗户装饰不仅具备通风和照明的功能，而且组织了空间内容，形成对称的形状立面的艺术形象，采用剔透和浮雕技术，雕刻了白鹭莲花、孔雀木兰和白鹤青松等自然图案。上栏采用卷草花式设计，运用镂空雕刻技艺，美观大方，也能有更多的光线穿透到内部；下栏为花瓶宝蟾图案，与上栏相呼应，显示出主人优雅的气质，也符合纳西族的民族风格。

纳西族人对待居住问题时，不仅关注居住的地方，更注重以人为本，追求人与自然和宇宙之间的和谐统一，即"天人合一"的思想观念。在这种理念下，纳西族始终坚持引导自然和适应自然的基本原则来装饰设计民居建筑。例如，建筑中的"飞燕"屋檐反映了纳西族人对在生活空间中装饰自然界动植物的向往，让人们置身室内与户外感觉完全无异。同时，它也表达了纳西人对自然万物的情感和崇拜。这种住宅建筑艺术装饰的特点，传达了神秘的文化内涵，也为住宅建筑风格增添了浪漫的色彩。

纳西族民居建筑具有非常浓厚的民族区域特征，它代表了独特的云南少数民族文化特征，也使得滇西北部风景与建筑风格完美交织，是技艺与美学的完美结合。在纳西族住宅的建筑风格中，我们可以欣赏到蕴含着民族古老深厚历史积淀的艺术文化特征，也能够感受到纳西人豁达脱俗、淳朴善良的民族个性，而建筑艺术装饰与周围环境的有机统一也正符合纳西民族的艺术审美风格。

第二节　纳西民居的审美建构

纳西民居的审美建构无疑会受到当地生活生产习俗和精神文化的影响，

建筑装饰或取材于自然界，或借鉴于东巴图腾中的祥禽瑞兽、奇花异草，又或从民间传说、神话故事、生产生活中寻找灵感，遵循着实用性和审美性统一的原则，反映出民族传统的生命道德观、生态自然观等。云南纳西族的装饰图案纹样主题和内容都很广泛，大多来自生活，从人们对周围事物的观察，再基于民间吉祥图案和现实的事物演变。窗户装饰图案可以反映当地人的一些文化习俗，根据表现内容可分为动植物类纹样、文字类纹样、人物故事类纹样、几何类纹样，最终逐渐形成的"图纹呈吉祥""愿流水满塘"是多姿多彩的民居审美建构。

（一）图纹呈吉祥

据我们观察，在纳西族民居的照壁、院内铺地等处，常见到"祥鱼"的装饰纹样，如"连年有余""鲤鱼跳龙门"等，且在纳西民居屋顶的两檐博风板相交处通常会设有吊板，吊板起到固定、防水的功能，其造型图案也多为双鱼。这是出于对生命繁衍的渴求和对农业丰饶的崇拜，其构成了生殖崇拜文化的主要内蕴。纳西人依水而居，常常运用莲花纹样进行装饰，"出淤泥而不染，濯清涟而不妖"，常被用作高洁、清雅、正直的象征。在纳西族人看来，它还具有象征爱情的寓意，常见的"二莲生一藕"图，叫作"并莲同心"。莲花中的"莲"字谐音"连"，莲蓬加上莲子，象征着连生贵子。他们还认为鱼作为水中的生命可以带来福气，鱼谐音是"余"，也蕴含了纳西人追求富裕幸福的生活愿景。鱼是一种卵生动物，它具有非常强的繁衍生殖能力，所以具有多子多孙的象征意义。另外，纳西族人们非常注重学习教育，希望通过"鲤鱼跳龙门"等吉祥图纹激励子孙后代努力学习、奋发向上、成龙成凤。

吊板上有时还装饰有葫芦图案，因为纳西族中流传古老的"葫芦生人"神话，有时还画有石榴、葡萄等图案。石榴被古代人称为"千房同膜，千子如一"，纳西族建筑装饰艺术中的石榴图案也包含了这一意义，因为石榴是一种多籽果实，而纳西族也以石榴的这一特点，祈求多子多孙。由此可见，纳西族多种造型的吊板既对横梁起到了保护与修饰作用，又体现了民间对子孙后代兴旺昌盛的寄寓。

动物崇拜意识在纳西族人头脑中十分浓厚，许多飞禽走兽被他们认为是力量的源泉、人类的朋友或保护者。同时，梅兰竹菊和松柏等花木也常在纳西民居建筑装饰中被广泛种植，寄寓着纳西人追求品行高洁、虚心正直、坚韧不拔的精神向往。在上亨土村的纳西民居中，红梅壁画、双鹤雕塑以及雄狮门墩极富特色。纳西族肖亦桂老人家中有一幅村老龄协会赠送的壁画，壁画文字赞美老人是家庭的精神支柱、看家护家的保护神，其图案便是怒放的虬枝红梅。克利福德·格尔茨认为："一个民族的精神气质是格调、性格及生活质量，是它的道德风格、审美风格及情绪。"[①] 红梅是纳西民居装饰中经常出现的吉祥图案，深受当地人民喜爱，常和喜鹊组成"喜上眉梢"图与"红梅报喜"图。在"喜上眉梢"图中，喜鹊寓意喜鹊报喜，"眉梢"是"梅梢"的谐音，整幅

纳西民居拱门上的白鹤 肖敬波 摄

---

① ［美］克利福德·格尔茨著，韩莉译：《文化的解释》，译林出版社1999年版，第155页。

图寓意着幸福美满、好事将近。"红梅报喜"则寓意自强不息、高洁傲岸的人格以及亲密的友情，纳西人民更将其视为勤劳当家的纳西妇女的象征。

纳西人常采用的以灵禽为题材的装饰纹样是白鹤，白鹤亦称"仙鹤"，古时传说是神仙的座驾，被认为是一种仙鸟，在民间传统文化中寓意吉祥长寿，纳西人民也视其为夫妻琴瑟和鸣、家庭和睦的象征。在民居建筑中，白鹤常以成双成对的形式出现，也多与蟠桃、松树结合在一起，如"松鹤同春""鹤献蟠桃"等。人们认为白鹤是仙鸟，能够带来祥瑞，和傲霜斗雪、顽强不屈的松树或象征长生不老的蟠桃组合在一起，代表着健康长寿的吉祥寓意。在不同的部位，纳西人会采用双鹤的不同姿态以及不同的形式来进行装饰。在照壁、木制花窗上多以双鹤的图案形式出现，在拱门上又常以雕塑的形式出现，且有的姿态是双鹤展翅齐飞，有的姿态是双鹤在空中回旋。如上图是上亨土村肖亦桂老人家，其前后院落之间有可以穿通的拱门，拱门上就立有一对展翅飞翔的白鹤雕塑。

纳西族装饰纹样及其寓意十分丰富，远不止这些。例如，在门窗的装饰图案中，纳西族经常同时使用牡丹和莲花，蕴含"富贵长春"的意思。在纳西族人们的眼中，牡丹和莲花放在一起，叫作"荣华富贵"，鸳鸯与莲花在一起，被称为"一路荣华"。人们在动物中选择蝙蝠主要在于它的谐音，五只蝙蝠围绕着一个字"寿"，被称为"五福捧寿"，这种图案模式非常常见。孔雀在云南的少数民族地区非常多见，它们被认为是美丽、吉祥和爱情的象征，经常被刻画成装饰性的图案。

纳西族最常见的门窗中的文字类纹样图案有"福""禄""寿"等，表达了人们对吉祥幸福、健康长寿的美好心愿。在纳西族住宅建筑的装饰中，文字的整体形状相对光滑、完整、饱满，文字类纹样图案往往与纹理装饰相结合，形成协调、和谐而完整的模式。人物故事类纹样图案是人物、情节与环境的结合，例如神话传说——"嫦娥奔月""八仙过海"，或是突出的历史故事如"负荆请罪""桃园结义"，以及各种民间故事如"二十四孝"。这种图案装饰就像一幅幅生动鲜活的画面，非常有趣又富于教育意味，人们通常用这种纹样模式来表达他们对美好生活的渴望和追求。

值得一提的是，当地纳西民居屋脊正中常立有一只陶制的瓦猫以镇邪求吉，这成为纳西民居建筑的一道独特风景。瓦猫因其立于屋脊的形象远看似家猫而得名，被人们称为"守护民宅的精灵"，由黑土烧制，耳朵竖立，眼睛暴鼓，怒目而视，嘴巴大开，舌头外伸，口内有四齿，上颚阔大，下颚窄小，身有麟纹，四肢粗壮，尾巴直立上翘，一般面向辟邪方向，凶气腾腾，十足的一个"四不像"。瓦猫原意为能食怪的老虎，而古代传说"神荼郁垒执鬼以饲虎"，因此纳西人常用瓦猫来镇宅辟邪。瓦猫口中含有五谷，寓意"五谷丰登"，大张的嘴巴代表着吸纳"五路财富"，所以瓦猫也有迎祥纳福之寓意。瓦猫既驱邪又纳福，作为纳西族守护民宅的吉祥物，无论遭受怎样的风吹雨打，始终坚忍不拔，傲立于屋脊，与纳西人坚毅执着的精神品格

纳西民居的石狮子门墩　肖敬波 摄

不谋而合，成为纳西族民居审美建构中不可或缺的一部分。

门墩是枕于大门两端梁柱下方的石制构件，纳西民居的门墩表面多雕刻雄壮的狮子，栩栩如生，狮子象征着旺盛的生命力、蓬勃的力量、永恒的吉祥等，因此，狮子门墩这种艺术形式传承了传统文化赋予狮子的"威

严""驱祟保安"等内涵。这些审美建构都寄托了纳西人民对家宅平安的美好希冀，传达出求福趋吉的纳西族文化心理。

（二）"愿流水满塘"

"愿流水满塘"[①]是纳西族民间传统祝福中不可或缺的祝词。纳西民族多半是傍山或伴水而居，在纳西族漫长悠久的水文化中，水被认为是生命的母体和吉祥的源泉。在东巴教的各种仪式如婚礼和葬礼中，用净水祈福的程序都不可或缺。纳西人认为泉水的源头就是自然之神的发源地，他们崇拜水，禁止水源污染，严禁砍伐破坏水源所在的森林，甚至不允许在水源处高声喧哗。纳西族村落的选址也十分注重靠近水域，随地势的高低及水系的弯曲而灵活布置，没有雷同。住宅与水是如影随形的，凡是在有缝隙的地方就有水流。有的在门前形成沟渠，有的在房后构成水巷，有的悬流筑屋，有的引水入院，形成一个独具特色、清新幽雅的亲水环境。水的流动也打破了中规中矩的巷口布局，凸显出"家家户户有流水，山城无处不飞花"的环境特征，以及街巷"曲、幽、窄、达"的空间特点。并且，水巷空间是一个藏风、聚气的地方，这种水的空间透着一股灵气，它同山体、草木构成了建筑的背景空间，对建筑起着一定的衬托作用，民间所说的"背山面水"就是这一空间形态的真实反映。为因地制宜、临近水面，纳西族民居的层数、开间数、布局及细部处理的变化也是丰富多样的。房前屋后错落有致，皆因环境条件而变化，建造出自己独具特色的民居环境，使民居中也充满了水的灵气。此外，纳西族在选址时就考虑了房屋周围的山水形势，并将其与子孙后代的福祉联系起来。他们相信山水形势与人类的发展密切相关，形成了"水深民多富，水浅民多贫，水聚民多稠，水散民多

---

① 杨福泉：《丽江大研：云南的世界名城》，云南美术出版社2006年版，第65页。

离"①的说法。塔城乡大部分村落背倚青山、面对金沙江，每家每户筑沟引水，引入从山上的"菁沟"（当地人认为有山有水即为"菁"）流出的山泉水，用于做饭、灌溉农田、布置花厅盆景等，不少人家还有水磨，人们依据地形与水系布局等自然条件，创造了一种极有特色的水路网格局，使水穿街流巷、穿墙过屋，形成一种独具特色的水景观。可以说当地纳西民居既有山城风貌又有水乡韵味，而且这种随地就势、与水相亲的建筑布局，有两点优势：一是避免了对自然地形与水系的破坏，二是节约了铲高填低的人力与成本，充分体现纳西人对自然尊重崇敬的理念与追求。

人类对自然过度索取及无所畏惧地破坏，会遭到大自然毁天灭地的报复。纳西人素来就有人与自然和谐共处的观念，这反映了人类对自然又敬又护的情感，又因为水与纳西人的生活息息相关，于是渐渐形成了纳西人爱水、护水、不过度索取的用水规范，人与水产生了深厚的感情。人与自然一体化以及对自然的挚爱使纳西人民产生了"回归自然的生命观"②，他们把自然作为精神和生命的归宿。他们还认为五行是世界的本源，而人就是从木火土金水的五行中产生的，生命也是由五行构成的，五行也作为民居装饰题材被广泛使用，将木、石、河流等亘古不变自然事物同人类的长寿结合在一起。正如纳西族流传的话语："住在村子里不损坏寨子，住在正屋不损坏厢房，住在山上不损坏山岭，住在山地不损坏水田，住在水边不损坏水沟，住在树旁不损坏树枝。"③因此，不同于其他水乡、水城的浑浊水质，塔城乡的水清澈见底，十分纯净。

对于纳西族民居的审美建构，首先，纳西族民居装饰最大的特点就是

---

①　亓萌、牛原、陈伟莹：《风水、山水与城市》，《华中建筑》2005年第2期。

②　杨福泉：《圣山下的古国——走进纳西人的心灵和家园》，云南民族出版社1999年版，第63页。

③　王清华：《消逝中的风情：守护古城》，上海画报出版社2011年版，第112页。

表现为依托自然、取法自然的生态性艺术特征。从民居地址的选择，房屋朝向、功能、外观的设计，以及民居建筑的整体造型、室内布局和装饰特征上都反映了云南的山地特征、风水意愿和地域审美倾向等。这些特征主要反映了依赖于自然和取法于自然的民居生态学，是一种注重人与自然和谐相处的进步理念。民居院落的布置作为秉承以自然为师的生态院落，体现极高的艺术价值，纳西人把自己家中的小庭院内地面以青花五彩鹅卵石铺设，层次较高的庭院，设置上假山、鱼池、花台、摆上盆景，栽种名贵花木。一年四季，花开花落、暗香浮动，使人赏心悦目，让人足不出户就能享受到大自然的美景。这些设计无不反映人们向往自然的生活态度和审美情趣，表现出对融于自然的理想生活环境的追求。

其次，纳西族民居建筑装饰艺术是以实用性为目的的装饰艺术，是体现人文关怀、以人为本的功能性建筑。从建筑形式、建筑文化内涵到建筑的布局、空间构成、尺度、防护性能、装修构造等都是从实用出发，突出了以人为本的功能性，体现了建筑富有人情化、注重人文关怀的精神内涵。功能性的建筑装饰首先要满足人们的物质生活，然后才是对建筑外形的美化、对结构内涵的艺术处理。它们不是单独存在的，而是依附于建筑结构作附加装饰，反映了一个时期大众的文化观念和时代特征，受到当地经济条件、文化背景和审美倾向的制约，能够表现出鲜明的地域性特征。纳西族民居以人为本的功能性设计表现在风火墙的设计上，这种悬山密封板墙设计，在发生火灾时，能够分隔火源，防止火灾的蔓延。同时为了使风火墙具有艺术美感，纳西人还加上象征水体的垂鱼作装饰，这种抽象手法展现出纳西人超前的建筑观念。

再次，纳西族民居建筑装饰不是单纯以美化建筑结构为目的的艺术品，而是以增加建筑功能为目的的实用性装饰，是一种精雕细琢的装饰形态。这种集功能与装饰于一体的建筑结构，体现了一种原创性的装饰理念。这种原创性装饰造型精雕细琢、生动灵巧，处处显示出朴素秀美的艺术特征。民居中的每处装饰看似朴实，但细细品味实则蕴含了工匠们智慧的结晶，整体感觉大气、悠扬，而细节之处又彰显精妙，它们是建筑造型的延伸与再发展，使建筑空间形象更加丰富和完美。纳西族民居不仅注重建造优美的整体外观，还刻意追求精美的细部装饰，如木雕、砖雕、石雕等，极大地丰富了这种装饰美的内容。那些精美的镂空图案，中间是戏文、人物，周围是花、鸟、鱼、虫，同时将彩绘与雕刻融为一体，可以称之为一件精雕细琢的完美艺术品。那些寓意吉祥的图文装饰以其复杂的纹饰、精湛的雕工成为民居装饰的主要特色，细腻地表达了纳西人对美的追求和对精致饰物的喜爱。

最后，纳西族民居群落的建筑外形极具象征性含义，由表及里地反映出时代特征、社会经济状况以及人文情结。纳西族民居建筑群落全都是白墙青瓦、错落飞檐，纳西人认为黄色是只有皇家建筑才能应用的颜色，而普通百姓家运用这种灰白的色彩，在自然的映衬下会产生一种祥和、安宁的感觉。建筑色彩的象征性，体现了封建等级制度下纳西人聪明的智慧。在几百年后的今天，那些白墙经过长期的日晒、风吹、雨淋，反而呈现出属于自己的斑驳痕迹、冷暖相交的多重复色，这是岁月的痕迹，是历史的积淀。这种颜色象征着纳西人明朗、单纯、不追求富贵荣华的淡然思想，是民族个性的集中体现，这种由表及里的思想内涵表达了厚重的历史感。

第三节　传统文化协调发展的路径

建筑学家吴良镛指出："建筑学是地区的产物，建筑形式的意义来源于地方文脉，并解释着地方文脉"。[①]诚然，建筑形式是地方文脉的延续，有

---

① 吴良镛：《中国建筑与城市文化》，昆仑出版社 2009 年版，第 320—321 页。

着现代化材料与色彩所无法承载的别样美感。民居建筑具有丰富的地方文化特色和浓郁的民族文化氛围，是对当地民风民俗和古代传说的直观记录。纳西族民居装饰秉承中国传统思想，展现"天人合一"观念。同时，纳西人崇尚以"孝"为核心的恭、宽、信、敏、惠的品德，使天道在人道中得以完美显现。

一、建筑形式的意义来源于地方文脉

《易经》认为"人与天在结构形态、活动模式等方面是遥相呼应的，天是一个大宇宙，人是一个小宇宙"。[①] 中国先秦哲学中自然有灵论将天地河山神灵化、意志化，强调人们对自然的屈从认可和积极适应，讲究人与自然的共生共存，你中有我，我中有你。纳西人传承万物有灵的思想，在民居装饰上追求"天人合一"的理想境界，道法自然，合于天地，追求天、地、人三者和谐统一。

纳西人在建造房屋时，并不只关注居住场所，而是以人为主体，追求人与宇宙的和谐统一，把人的生命流程融入宇宙流程中。纳西族民居中的屋顶装饰就是"天人合一"的艺术创造之一。首先，纳西族的屋顶形式设计成为内凹的曲面，屋面从天上展开，向地下飘去，忽然停住向天返去，凝聚着一种既张扬又抑止的力，内孕育着向天向地的精神和收放有度、藏力量于内的气质。其次，翘角式设计更为强烈地表达了天人合一的思想，根据格式塔理论，它有完形效应，把视线引向天际，形成"天穹篷周乎下"之状，天、地、人浑然一体，全部精髓集中在"一"这一点。《易经》中曰："夫大人者与天地合其德，与日月合其明，与四时合其序，与鬼神合其凶吉。

---

① 曾凡朝译著：《易经》，湖北辞书出版社 2007 年版，第 23 页。

先天而天弗违，后天而奉天时。"① 纳西人信奉人们在变化之前对自然加以引导，在变化之后与其适应，从而天随人愿，人不违天。因此，在民居装饰上也秉承人与自然协调长存的守则，用如同"飞燕"一样的屋檐作为象征性符号装饰屋顶，用自然界植物图形美化人居空间，使人仿若置身于大自然中与自然浑然一体，这种装饰在艺术创造上具有丰富的精神内涵，是天人合一思想的集中体现，除了能够表达对自然界万物的感激和崇拜之情外，这种夸张的艺术表现手法更为纳西族的民居增添了一抹神秘而又浪漫的绚丽色彩。

纳西族民居装饰以其独特的造型特征、丰厚的文化底蕴、精细的技术手法为纳西族民居建筑创造了极高的艺术造诣，是一种光前裕后、永续造福的时代宝藏。纳西人一直在寻求美的事物，力量、直线、粗糙、巨大是崇高之美；曲线、圆形、小巧、光滑是优雅之美。纳西族民居装饰在所依存的客观世界"秩序化"的过程中，赋予建筑美的意义和价值。通过几代人的选择、创造、追求和积淀，丰富了建筑形式，并最终形成了具有哲理和个性的装饰特征，这种对建筑装饰美的追求具有极高的社会价值。事实证明，纳西族在面对未来的抉择上，是具有超前意识和时代精神的，民居装饰在经历了百年的沧桑之后，而今留给我们的依然是充满智慧和独具匠心的珍贵遗产。同时，纳西族民居装饰的社会价值还体现在将美学与建筑学巧妙结合在一起的民居文化。石桥、木桥、河水、绿树、古街同民居的白墙黑瓦、斗拱飞檐、雀替彩画紧密连接，相互依存、交相辉映，小桥流水人家的合理布局更加体现着纳西人合理利用自然、与自然共生共存的建筑理念。在民居装饰中随处可见大自然的造化，这种可持续发展的社会文化体系与社会环境的发展有着非常密切的关系。纳西族先民们将民族的、文化的东西完整地保存，对后人来说就是一笔无价的财富，能够满足人们

---

① 曾凡朝译著：《易经》，湖北辞书出版社 2007 年版，第 23 页。

在长期自然历史进化过程中形成的对自然情感的依赖心理，这种美的感官享受不仅传达着先人对生命生活的透彻理解，更是将这种建筑美传古流今，造福于子孙后代，让生活在喧闹城市的人们愿意到这个美丽的地方去体会前人留给我们的宝贵建筑文化，体味纳西族民居的建筑装饰美。

二、为村民服务的公共建筑和文化类建筑

吴良镛曾说，"现代建筑的地区化，乡土建筑的现代化，殊途同归，推动世界和地区的进步与丰富多彩。"[①] 建筑文化总是经历着从自然文化到人文文化再到科学文化的发展过程。在社会发展及变迁的大趋势下，纳西民居建筑自然地存在传统文化与现代发展如何协调的问题。我们在调研中发现，受当前农业现代化、美丽乡村建设、乡村旅游开发、城乡一体化等诸多方面的影响，大部分纳西人家都配有太阳能热水器、卫星电视接收"锅"等，这就在一定程度上影响了民居建筑群落的外观。在城市化过程中，由于对"城市化"解释的不合理，缺乏对"传统化"客观严谨的细化，城市建筑改造的快速复制破坏了村庄，让原本淳朴、厚重的村庄文化丧失了特色，特别是在城乡接合区域，简单模仿、批量改造，致使村落的不同地理位置优势、人文环境、生活韵味都渐渐失落，盲目模仿城市建筑来改造纯美的乡村，千村一面，完全复制，失去了民居最珍贵、最独特的地区特色。要很好地传承和保护民族传统建筑，就要保护民俗风情，保护地域特色，传承其独特的历史文脉，必须从源头上彻底改变当下民居建筑批量化生产的"趋同"现象。住宅建筑的改造设计必须将许多民居建筑元素进行再生利用，进而加强民居建筑的历史价值认同感，表示对民居建筑的尊重，对文脉的延续。合理保护民居建筑不仅可以避免因新建对民居造成的毁坏，而且可以

---

① 吴良镛：《中国建筑与城市文化》，昆仑出版社 2009 年版，第 320—321 页。

节省更多的人力、物力、财力资源。值得注意的是，在建设美丽乡村的过程中，对蕴含历史积淀的民居建筑，一定要加强防火、防潮和抗震设施建设，确保消除安全隐患，避免造成不可挽回的损毁。在保留原有设计要素的基础上，促进美丽乡村建设，赋予传统民居建筑更加深刻的文化内涵。

另外，如今为村民服务的公共建筑和文化类建筑越来越多，例如塔城乡上亨土村就建有村老龄活动中心和图书馆。老龄活动中心定期组织民族打跳等集体活动，图书馆名为"屺林书苑"，其藏书丰富、更新及时。"敬乡亲一缕书香，愿上亨遍地贤达"的门联表达出纳西村民崇尚知识的进步思想，近年来，这里也走出了许多大学生。

在审美人类学家阿尔弗雷德·C.哈登看来，艺术效应指"是为艺术而艺术的研究或实践，目的是追求形式、线条、色彩给感官带来的愉悦感受"，"线条和色彩的和谐问题是所有艺术的根本"[①]。与自然生态环境相协调的纳西民居建筑充分体现了纳西人民的审美感知方式，并且符合关于美的规律的文化创造原则，建构了纳西族充溢审美氛围的生存环境。纳西族民居建筑与自然生态环境相协调，充分反映了纳西族人民的审美感知模式，符合审美的文化创造原则，构建了纳西族审美氛围浓郁的生存环境，具有"诗意地栖居"的审美韵致，无愧被建筑学家誉为最适合人类居住的房屋之一。本章的探究可以为纳西民居建筑的保护提供文化保障和智力支持，并启示当地纳西人民要在文化变迁中坚守美丽的生存家园。纳西族民居建筑未来发展方向不仅要强调装饰与建筑环境的有机融合，而且要呈现文化原生态，并探索传统和现代的交汇点、契合点，使其更好地继承纳西族的地域文化，在全面彰显厚重的纳西文化精髓的同时，更富有新时代的气息。

---

① ［英］阿尔弗雷德·C.哈登著，阿嘎佐诗译：《艺术的进化：图案的生命史解析》，广西师范大学出版社 2010 年，第 2、4 页。

参考文献

安学斌：《少数民族非物质文化遗产研究：以云南巍山彝族打歌为例》，民族出版社 2008 年版。

巴莫阿依嫫、姊妹彝学研究小组：《彝族风俗志》，中央民族学院出版社 1992 年版。

辞海编辑委员会：《辞海》，上海辞书出版社 1990 年版。

辞海编辑委员会编纂：《辞海》，上海辞书出版社 1999 年版。

蔡雯：《彝山寻踪》，云南人民出版社 2014 年版。

［德］恩格斯·格罗塞：《艺术的起源》，商务印书馆 1984 年版。

峨山彝族自治县文化局民间彝集成办公室：《云南民族民间舞蹈集成·峨山彝族自治县资料卷》（内部资料），玉溪地区印刷厂 1987 年版。

樊绰：《蛮书》，中国书店出版社 2008 年版。

冯明祥：《越歌：岭南本土歌乐文化论》，广东人民出版社 2006 年版。

高登智主编：《云南省志》卷七十三，云南人民出版社 2002 年版。

［德］格罗塞著，蔡慕晖译：《艺术的起源》，商务印书馆 2005 年版。

广东广西湖南河南辞源修订组、商务印书馆编辑部等编：《辞源》1—4 合订本（修订本），商务印书馆 1988 年版。

（清）顾嗣立：《元诗选——初集，上，丙集，清容居士集》，中华书局 1987 年版。

顾铁符：《楚国民族述略》，湖北人民出版社 1984 年版。

红河彝族辞典编纂委员会：《红河彝族辞典》，云南民族出版社 2002

年版。

胡庆钧：《大凉山彝族社会概况》，中央民族学院研究部编印 1954 年版。

何祚庥：《关于"自然、科学与美"的若干理论问题》，清华大学出版社 2005 年版。

（战国）吕不韦：《吕氏春秋》卷五，两江总督采进本。

刘贵华、顾建中：《边地风情》，民族出版社 2004 年版。

刘建：《宗教与舞蹈》，民族出版社 2005 年版。

（清）梁友德：《蒙化志稿》卷十六，云南崇文书馆本。

（唐）李延寿：《北史》卷四十八，尊经书局刻本。

阮仪三：《城市遗产保护论》，上海科学技术出版社 2005 年版。

聂滨、张洪宾主编：《花鼓舞彝山：解读峨山彝族花鼓舞》，云南大学出版社 2007 年版。

吉成名：《中国崇龙习俗》，黑龙江教育出版社 2012 年版。

彭兆荣：《人类学仪式的理论与实践》，民族出版社 2007 年版。

李缵绪：《白族民间故事选》，上海文艺出版社 2015 年版。

四川省布拖县志编纂委员会：《布拖县志》，中国建材工业出版社 1993 年版。

万建中编：《中国西部民族文化通志·娱乐卷》，云南人民出版社 2015 年版。

木仕华：《中国纳西族》，宁夏人民出版社 2016 年版。

高世祥：《丽江市非物质文化遗产保护名录》，云南人民出版社 2014 年版。

《中华舞蹈志》编辑委员会编：《中华舞蹈志·云南卷》（下），学林出版社 2014 年版。

李长中、钟进文：《生态批评与民族文学研究》，中国社会科学出版社2012年版。

金秋：《中国区域性少数民族民俗舞蹈》，民族出版社2009年版。

木丽春：《木氏土司秘史》，民族出版社2006年版。

［美］克拉克·威斯勒著，钱岗南、傅志强译：《人与文化》，商务印书馆2004年版。

薛艺兵：《神圣的娱乐：中国民间祭祀仪式及音乐的人类学研究》，宗教文化出版社2003年版。

扎雅·罗丹西绕活佛：《藏族文化中的佛教象征符号》，中国藏学出版社2008年版。

［英］罗伯特·比尔著，向红笳译：《藏传佛教象征符号与器物图解》，中国藏学出版社2007年版。

朱立元：《黑格尔美学论稿》，复旦大学出版社1986年版。

袁鼎生：《生态视域中的比较美学》，人民出版社2005年版。

郭净：《朝圣者》，云南美术出版社2009年版。

仁钦多吉、祁继先：《雪山圣地卡瓦格博》，云南民族出版社1999年版。

刘成纪：《自然美的哲学基础》，武汉大学出版社2008年版。

孙秋云：《文化人类学教程》，民族出版社2004年版。

於贤德：《民族审美心理学》，三环出版社1989年版。

钟敬文：《民俗学概论》，上海文艺出版社2009年版。

盖山林：《从阴山岩画看我国古代北方游牧人的舞蹈艺术》，《中央民族学院学报》1981年。

黄龙光：《民间仪式、艺术展演与民俗传承：峨山彝族花鼓舞田野调查研究》，《中央民族大学学报》2009年。

罗越先、贾蔓：《踏歌文化传播带与踏歌文化内涵》，《中华文化论坛》

2003 年第 4 期。

贾安林：《"篝火之舞"与"联袂踏歌"——藏缅语族圈舞文化特征和功能》,《北京舞蹈学院学报》2005 年第 2 期。

刘成成：《巍山彝族打歌的文化价值及其保护与发展对策研究》,《民间文化研究》2010 年第 5 期。

潘晓霞：《论踏歌的形态与特征内涵》,《广西师范大学学报》（哲学社会科学版）2010 年第 2 期。

张晖：《松下踏歌壁画与巍山彝族打歌》,《大理学院学报》2004 年第 6 期。

黄龙光、杨晖：《文化翻译与民俗真相——彝族花鼓舞起源再探》,《内蒙古大学艺术学院学报》2011 年第 1 期。

申波：《从峨山彝族花鼓舞的族属之争看文化的融合与传承》,《民族艺术研究》2011 年第 5 期。

戈阿干：《民族艺术研究》1996 年第 1 期。

张珏珺：《大众文艺·体艺教育研究》,云南丽江,2014 年。

戈阿干：《纳西族勒巴古舞考察》,《民族艺术研究》1996 年。

拉都：《藏族传统吉祥八宝图的文化内涵及其象征》,《康定民族师范高等专科学院学报》2009 年第 18 卷第 6 期。

李庆本：《从生态美学看实践美学》,《文艺理论研究》2010 第 3 期。

尕藏加：《论迪庆藏区的神山崇拜与生态环境》,《中国藏学》2005 年第 4 期。

康·格桑益希：《向神的顶礼——神山圣湖崇拜》,《西藏旅游》2002 年第 3 期。

后 记

　　距离我 2008 年出版的第一部专著《中国现当代精品小说研究》已过去 13 年了，即将问世的第二部拙著《图案与仪式：融合发展中的云南多民族文化》，除了我愚笨而行动缓慢外，确实得来皆不容易。记得 2011 年的某一天受命于学院领导的委托，为充实少数民族文学方向导师的匮乏而让我从现当代文学方向转过来，一切皆为学生吧。掐指一算在此领域从业也有 11 年光阴了，虽然我 1987 年就"移民"来到云南昆明，转瞬三十多年，然而真正融入"彩云之南"这个富有多民族文化迤逦风景的红土高原，还是得从研究少数民族文学方向开始。在这资源丰沃、民风淳朴、风情万种的"彩云之南"，我热衷盘旋于重峦叠嶂之间，耕耘于促膝交流之时，收获于踏歌起舞之际。

　　拙作《图案与仪式：融合发展中的云南多民族文化》共有九章，涉及云南的藏族、彝族、纳西族、白族、回族等，由于是民族文化研究，所以关于少数民族文学研究这里就没纳入，如果有第三部著述我想就应该是民族文学研究了。书中研究成果是我近十来年的辛勤耕耘，来自我的社科课题成果和论文研究，其中最为珍贵的部分是我这十来年大量田野调查的成果，包括云南各民族民俗文化和服饰文化等，以他者的眼光观照这一片红土高原的自然之景和人文之情。2012 年至 2014 年重点调研了长居昆明的顺城街回族、阿拉街道彝族撒梅支系和沙朗白族，在都市化浪潮中探究其各自民族文化的发展变迁；2015 年后我多次进入香格里拉，由于对藏区情有独钟，先后自驾跑过了川藏、滇藏和西藏大部分地区，因而拙作收入关于藏区研究的篇幅较多，占全书的三分之一，研究涉及宗教、神山、民居、门饰、色彩等等，凸显香格里拉藏族独特文化；纳西族文化研究主要突出其包容性特点，选择了纳西族玉龙县具有多元文化特征的民居为研究对象，挖掘出了其融汉族、白族和藏族建筑之神韵内核，再者，对纳西族独有的勒巴舞的生态意蕴的发现也蛮有意义；云南彝族分布广，各地文化略有差异，书中着重探究了峨山彝族的花鼓舞仪式之美。

拙作《图案与仪式：融合发展中的云南多民族文化》由书名传达出我的愿望，即不愿做学问时板着面孔论理说教，力求具有缤纷色彩和人文情怀特色，将云南文化的融合发展娓娓道来，赋予同人和爱好民族文化的读者们一个温馨而和谐的氛围、"图案与仪式"，所以书中适当的地方配有我和我的研究生们亲自拍的照片，真实而形象。

拙作今日能顺利出版，首先，感谢因疫情而未曾谋面、云上却联系了近两年的我的责编宰艳红老师，感谢她一直以来给予我撰稿方面严格规范的指导；其次，感谢学院领导的大力支持及学院出版基金委的支助，使我得以安心撰稿；再次，衷心感谢研究民族民间文学的钟进文教授为本书作序，使本书增色不少；最后，感谢我的孩儿们——师门爱徒张译匀、张耀丹、耿毓健、汪孙英、曹书铭、曾志瑶、奚茜、肖敬波的查找资料、提供部分图片等的助力，感谢褚然老师协助统稿、校稿等的付出，感谢所有给予我帮助的人！限于我的学术水平和因教学工作繁忙而致时间仓促，拙作难免有不妥之处，诚心期待大家斧正为盼！同时，祈愿拙作对热爱民族文化的同人和读者们有一定启发和参考价值。

贾　蔓

于昆明雨花毓秀书香苑

2022 年 8 月 8 日

责任编辑：宰艳红

封面设计：胡欣欣

图书在版编目（CIP）数据

图案与仪式：融合发展中的云南多民族文化 / 贾蔓 著 . —北京：人民出版
  社，2023.10

ISBN 978-7-01-025762-4

I. ①图… II. ①贾… III. ①民族文化—文化研究—云南 IV. ① K280.74

中国国家版本馆 CIP 数据核字（2023）第 105481 号

图案与仪式：融合发展中的云南多民族文化

TU'AN YU YISHI: RONGHE FAZHAN ZHONGDE YUNNAN DUOMINZU WENHUA

贾 蔓 著

人民出版社 出版发行

（100706 北京市东城区隆福寺街 99 号）

北京盛通印刷股份有限公司印刷 新华书店经销

2023 年 10 月第 1 版 2023 年 10 月北京第 1 次印刷

开本：710 毫米 ×1000 毫米 1/16 印张：16.75

字数：215 千字

ISBN 978-7-01-025762-4 定价：76.00 元

邮购地址 100706 北京市东城区隆福寺街 99 号

人民东方图书销售中心 电话（010）65250042 65289539